도서관
친구들
이야기

도서관
친구들
이야기

도서관을 돕기 위해
모인 사람들,
그 15년의 기록

여희숙 외 지음

독도 도서관친구들

눈을 감고 '도서관친구들!'이라고 가만히 불러봅니다.

아이들이 다니는 중학교에서 학교 도서관 돕는 자원활동을 하자고 시작했다가 아이들의 졸업과 함께 자연스럽게 동네 도서관으로 활동을 옮겨 들락거리며 모임이 만들어지고 이제 15년이 흘렀습니다. 5년이 되었을 때 그동안의 이야기를 담아 책을 냈고, 10주년에 개정판을 냈습니다. 다시 15년을 넘기며 10년의 기록에 조금 보태서 다듬어 냅니다. '공공도서관을 돕는 주민들의 자발적인 모임!'이라고 했지만 얼마나 도움이 되었는지 걱정스럽기도 하고, 한결같은 마음으로 후원해준 친구들에게 부족하지는 않을까 조심스럽습니다.

어떤 모임이 하나 만들어져 5년이 지나면 혼자 일어서는 정도, 10년이면 발걸음을 떼고, 이제 20년을 향해 아장아장 걸어가는 중입니다. 우리들의 지난 모습을 가만히 돌아보면 이렇게 해볼까 저렇게 해볼까 고민하며 좌충우돌, 오락가락하던 모임이 운이 좋아 어찌어찌 여기까지 온 것 같습니다. 과연 앞으로 계속 갈 수 있을지, 요만큼 하다가 아예 없어져버릴지도 모르는 그런 단계일 수도 있지요. 그런데도 이렇게 용기를 내서 다시 책을 엮는 데는 나름의 몇 가지 이유가 있었습니다.

　첫째, '기록과 정리가 필요해서'였습니다. 따로 마련한 사무실도, 구체적인 조직도 없이 우리끼리 월요일 아침 도서관에 모여 그때그때 도서관에서 필요로 하는 일들을 나누어 맡아 해온 터라 자료는 모두 제가 들고 다니는 가방에(그래서 저는 늘 가방을 두세 개 들고 다녔습니다) 담고, 사진은 그 자리에 참석한 친구들 가운데서 누군가가 카메라나 손전화로 찍어 카페에 올리고, 서류철은 파일에 담아 우리 집 책꽂이 한쪽에 두고 살았습니다. 그러다 보니 "우리가 처음 만난 게 언제였지요?", "그때 뭐하다가 그렇게 되었지요?" 물어놓고 서로 마주 보며 웃고 맙니다. 수첩을 들고 다니며 꼼꼼히 기록한다고 했지만 조직이 커지고 일이 많아지니 한 사람의 기록으로는 한계가 있었습니다. 한 해 한 해 시간이 지나니 친구들도 바뀌고 사람들의 기억도 가물가물해집니다. 망각 속으로 완전히 사라지기 전에 누군가는 기록으로 남기고 정리를 잘해두어야 한다고 생각했지요.

　둘째, 반면교사라도 되면 좋겠다는 생각이 있었습니다. 무슨 시민단체 활동을 거창하게 하는 것도 아니고, 책 좋아하고 도서관 좋아하는 사람들이 틈틈이 시간을 내고 힘을 보태서 우리 마을 도서관을 돕는 일, 누구나 마음만 먹으면 금방 할 수 있는 일이라는 걸 '좀 쉽게 알려드리고' 싶었습니다. 물론 미숙해서 주변을 힘들게 한 적도 많았고 '왜 이 일을 하고 있지?' 스스로 끊임없이 자문해야 했지만, 우리가 걸어간 어설프고 어지러운 발자국을 보며 누군가는 '아, 그렇게 가면 안 되겠구나' 하고 첫걸음부터 반듯하게 떼어놓을 수도 있겠구나 싶었지요.

셋째, 마음을 전하고 싶었습니다. 후원금은 전액 지역 도서관과 도서관친구들을 돕는 데 쓰겠다는 약속을 감히 하는 바람에, 그동안 소식지 한 장 제대로 만들어 보내지 못했습니다. 후원금은 이렇게 쓰고 있고, 모임은 이렇게 하고 있으며, 앞으로 이런 일들을 하려고 한다는 소박한 활동과 계획이라도 담아서 알려야 했는데, 그러지 못했습니다. 소식 한번 드리려면 일손도 부족하고 인쇄비나 우편요금도 만만치 않아 그동안 그저 띄엄띄엄 누리집 카페 단체 메일로만 대신했지요.

그래서 그동안 못다 보낸 사연을 담아서 친구들에게 보내고 싶었습니다. 지난 15년의 소소한 일들을 가능하면 빠짐없이 그대로, 본 대로 느낀 대로 마음을 다해 썼습니다. 꾸미지 않았습니다. 덧붙이거나 부풀리지 않고 그저 가지런히 모아놓았을 뿐입니다. 오히려 빠진 것이 많은 듯해 걱정입니다. 그동안 무심하다 여겼을 친구들에게 이 마음만은 잘 전해졌으면 좋겠습니다.

마지막으로 "아! 우리 동네에도 도서관친구들이 있었네요!"라는 말을 듣게 하고 싶었습니다. 보이지 않는 곳에서 열심히 활동하고 있는 동무도서관친구들과 그들의 활동 내용을 널리 알리고 싶었던 거지요. 알게 되면 이해하게 될 테고, 그러면 새로운 친구들도 더 많이 생겨나겠지요. '도힘사'(도서관에 힘이 되는 사람들)라는 모임으로 시작하고, 이어서 '광진도서관친구들'이 되어 몇 년 지나니 우리나라 공립도서관에 처음 생긴 도서관친구들이라고 여기저기 매체에 기사가 나고 다들 귀하게 불러주었습니다. 역사라고 하면서 말이지요.

이 책은 모두 다섯 개의 이야기로 구성되어 있습니다. 하나는 도힘사와 광진도서관친구들이 만들어지기까지의 일들을, 둘은 도서관친구들이 주로 한 일을, 셋은 도서관친구들과 지회 친구들이 연대하여 큰 모임이 된 과정과 구체적인 활동을 소개한 글로 제가 정리하고 썼습니다. 넷은 각 지역에서 동무도서관친구들을 만들었거나 대표로 활동하고 있는 친구들이 썼으며, 다섯은 도서관친구들과 함께하고 있는 사서 선생님, 자문위원, 그동안 멀고 가까운 곳에서 도서관친구들을 지켜보았거나 함께 활동한 친구들이 각자의 입장에서 쓴 글들이고, 마지막 글인 '꿈꾸는 도서관'은 창작입니다.

모아놓고 보니 뒷부분이 더 재미있고 마음에 와닿습니다. 사람들은 지난 일에 대해서는 대체로 관대해지는 경향이 있지요. 그래서일까 저도 특별하고 좋았던 일, 즐겁고 아름다웠던 기억만 남아 있습니다. 도서관친구들을 기억하는 모든 분들도 그랬으면 좋겠습니다.

가끔 '친구하기 신청서' 모음을 꺼내 처음부터 한 장 한 장 넘기며 친구들 이름을 불러보곤 합니다. 변함없이 따뜻한 마음을 보내주는 친구들의 이름을 부르고 있으면 마음속에 온기 가득한 난로 하나가 있는 것 같습니다. 얼마나 고맙고 좋은지요.

참 이상한 일입니다. 저를 보고 후원해주는 것도 아닌데 제 마음이 왜 이럴까요. "도서관친구들이 뭐예요?" 하고 물어만 주어도 고맙고, "아, 도서관친구들!" 하며 아는 척만 해주어도 반가웠습니다. 카페에 와서 인사를 건네고 댓글 한 줄 달아만 주어도 특별한 인연으로 느껴졌지요. 강의하다가 때때로 길게 설명할 시간이 없어서 서너 줄로 안내하고는 "도서관친구가 되어주세요"라고 했을 때도 선뜻 신청서를 쓱쓱 써주시는 분들을 떠올리면 가슴이 뭉클해지고 눈물이 핑 돌곤 했습니다.

한번은 아침 일찍 두툼한 등기우편물을 한 통 받았습니다. 정연미! 조금 낯선 이름에 잠시 갸웃했지만 금방 생각이 났습니다. 구미 문장초등학교에서 교사 연수가 있던 날, 그날도 마칠 즈음 친구하기 신청서를 꺼내 부탁드렸지요. 그때 도서관친구들과 독도도서관 친구들 신청서 두 장을 한꺼번에 써주신 분들이 있어 가슴이 뛰었는데, "신청서 좀 더 주실래요? 우리 학교 선생님들께도 알려서 친구하도록 해볼게요!"라고 말해주었던 바로 그 선생님이었습니다. 따스한 인상, 고운 웃음으로 격려해주어서 5시간 연수가 조금도 피곤하지 않게 느껴졌습니다.

지난 15년 동안 이런 친구들을 참 많이 만났습니다. 아무것도 묻지 않고 오래오래 보내주시는 따뜻한 신뢰에 먹먹해질 때가 많았지요. 정말 잘해야겠다고 생각하고 또 다짐했습니다.

외롭고 힘들고 지칠 때면 가만히 앉아 생각해봅니다. 어쩌면 평생 책 한 권 빌릴 일 없을 광진도서관에, 달마다 꼬박꼬박 후원금을 보내주셨던 전국의 도서관친구들을요. 그러면 신기하게도 힘이 나고 생기가 도는 것 같습니다. 정말 고마웠습니다.

실천적인 지식인으로 존경받는 하워드 진은 말했습니다.

혁명적인 변화는 하나의 격변적인 순간으로서 오지 않고(그런 순간들을 경계하라!), 놀라움, 더 품위 있는 사회를 향한 갈짓자(지그

재그) 움직임이 연속적으로 일어나서 오게 된다. 우리는 변화 과정에 참여하기 위해서 굉장한, 영웅적인 활동에 참여해야 하는 것은 아니다. 작은 활동들이 수백만의 사람들에 의해 증폭될 때 세계를 변화시킬 수 있다. 우리가 이기지 못할 때조차 우리가 가치 있는 귀중한 일에 다른 좋은 사람들과 함께 참여한 그 사실에 재미와 성취가 있다. 우리는 희망을 가질 필요가 있다.

저는 이 대목에 밑줄을 그어두고 베껴 쓰며 읽고 또 읽습니다,

도서관친구들은 열다섯 명의 친구들로 시작해 어느새 9,000여 명의 친구들로 늘어났고, 조직도 확대되어 지부와 지회로 함께 하는 도서관이 14개나 됩니다. 우리는 드디어 소망하던 '친구사서'도 모셨고, 정성을 다하는 사무국장과 간사들, 헌신적인 운영위원들의 참여로 체계적이고 조직적으로 일할 수 있게 되었습니다. 지정기부금 단체 등록이 끝나서 아낌없이 후원해주는 친구들에게 연말에 작은 보답이라도 드릴 수 있게 되었고, 특히 지회가 도서관을 돕는 데 큰 힘이 되었습니다.

2013년, 도서관친구들은 큰 어려움을 겪었습니다. 과정은 힘들었지만 돌아보니 보약이 되었고, 좋은 친구들이 새롭게 참여해주어 오히려 더 튼튼한 도서관친구들로 거듭났습니다. 어린이문화연대가 따뜻하게 손잡아주고 사무실도 내주었습니다. 덕분에 우리집 서가에, 도서관 자료 보관함에, 가방에 넣어 이고지고 다니던 자료들이 제자리를 잡았고 정리도 되었습니다. 고마운 마음, 이루 말로 다할 수 없습니다. 언젠가 우리도 다른 누군가에게 따뜻한 손이 되어

보답할 날이 오리라 믿습니다.

만약 우리가 오늘, 아무리 작은 활동일지라도 정말로 활동한다면 굳이 근사한 미래를 알아야 할 필요는 없다고 하워드 진은 말합니다. 미래는 끊임없는 오늘의 연속이니까요.

마음속으로 늘 존경을 보내는 주중식 선생님 말씀입니다.

"그 사람이 어떤 사람인지 알려면 그가 어디에 자신의 돈과 시간을 쓰는지 보면 됩니다."

돈 가는 곳에 마음 간다고 합니다. 지금도 우리나라 어느 곳에서는 도서관친구들의 물질과 마음이 모여 동네도서관에 불이 켜지고 있으리라 상상해봅니다. 이 불빛이 전국의 도서관들에 환하게 켜지는 날을 그려봅니다. 마음이 마구 설렙니다. 여러분은 어떠신지요?

2022년 12월 한강변에서
여희숙 올립니다

이야기를 시작하며   5

이야기 하나
마을 도서관이 희망이다

우리 마을 도서관은 어디인가   19
학교 도서관에서 마을 도서관으로   24
도서관에 힘이 되는 사람들   32
첫 번째 후원회원이 생기다   44
모이고 배우는 도힘사의 힘찬 발걸음   49
특별한 사람들과의 만남   53
     광진도서관 사서 선생님들   53
     도서관 친구특강과의 만남   55
     모임을 이끄는 큰 지도자 이주영 선생님   58
     향기로운 사람 이현옥 선생   60
     탁월한 도서관 운영자 김경애 선생님   63
     우리들의 '천예송' 한송이 간사   65
     아름다운 사람 강선아 간사   66
     자원활동으로 더 유쾌한 부부   68

이야기 둘
도서관친구들, 출발!

친구들의 이야기방   75
월요일에 만나요   78
문화 나들이의 즐거움   81
색깔있는 특별행사   92
     후원의 밤   92
     여름밤 달빛 낭독회   93
     토요일 오후의 풍경전   94
     첫 마음 기념하기   96
뒤풀이도 즐거운 특강   101
함께해서 더 좋은 밑줄독서모임   102
도서관친구들의 아름다운 연대   112
도서관과 함께 발맞추기   118

이야기 셋
도서관친구들이 하는 일

기금 모금: 어떻게 모아서 어떻게 쓰나　　　　　131
자원활동: 책 읽어주기, 토론학교, 독서교실　　　145
도서관 후원: 로비활동부터 문화행사까지　　　148
지역 주민 연계 활동　　　　　　　　　　　　161
홍보활동: 친친행사부터 '친구네책방'까지　　　163
동무도서관친구들의 설립과 지원활동　　　　　171
　　　도서관친구들을 어떻게 소개할까요　　　172
　　　도서관친구들 활동은 어떻게 시작하면 될까요　173
　　　도서관친구들은 무엇을 챙겨야 할까요　　176
　　　발대식은 어떻게 준비하나요　　　　　178
　　　꼭 지켜야 할 원칙은 무엇인가요　　　187
　　　어떤 원칙을 따르면 좋을까요　　　　188
도서관에서 세상을 꿈꾸다　　　　　　　　　198

이야기 넷
도서관친구들 전국에서 연대하기

전국에서 도서관친구들이 만들어지다　　　　　207

지역문화를 풍성하게　　　　　　　　　　　218
최선희 | 보령도서관친구들 대표

숲에서 책을 읽어보셨나요　　　　　　　　222
허선영 | 불암문고도서관친구들 대표

엄마와 아이를 이어주는 책의 징검다리　　　232
하시모토 아야코 | BOOK BRIDGE 작은도서관친구들 대표

한 통의 전화가 인도한 벅찬 행복　　　　　237
권미영 | 전남도립도서관친구들 대표

도서관의 좋은 친구가 될게요　　　　　　　240
김근영 | 광주도서관친구들 대표

기적 같은 나날들　　　　　　　　　　　　246
강성자 | 울산 북구 기적의도서관친구들 대표

책으로 맺은 사랑의 공동체   249
허순영 | 제주도서관친구들 대표

삶에서 가장 소중한 나눔   258
이은숙 | 윤봉길새책도서관친구들 대표

우리는 영원한 도서관친구들   264
윤정아 | 남원도통초등학교 도서관친구들 초대 대표

마음으로 지은 서재도서관   268
김인자 | 우포자연도서관친구들 2대 대표

꿈이 있는 곳에 도서관친구들이 있습니다   272
이혜림 | 마하어린이도서관친구들 초대 대표

평화를 품은 집   280
양은영 | 평화도서관친구들

원주에 도서관 문화를 심다   283
이광민 | 원주교육문화관 도서관친구들 초대 대표

새로운 친구들을 기다리며   286
강선순 | 부천도서관친구들 대표

작은 손길로 큰 그림을 그리다   290
김현숙 | 정읍도서관친구들 대표

사람이 있는 곳에 도서관을!   293
여희숙 | 독도도서관친구들 대표

이야기 다섯
도서관친구들과 나

세상일 모두 사람이 한다   301

마을 도서관 운동과 연대의 아름다움   305
이주영 | 도서관친구들 3대 회장

더 나은 세상을 향한 소망   312
최복수 | 전 도서관친구들 자문위원

우리의 미래는 '도서관친구들 이야기'에 있다   314
정병규 | 한국도서관친구들 대표

아픈 친구를 치유하는 책과 친구들   316
이현숙 | 전 도서관친구들 운영위원장

착한 물방울들이 모여 이루는 바다   322
임서영 | 남원도통초등학교 도서관친구들

책과 우정의 연금술사   327
김경애 | 도서관친구들 사서

큰 걸음으로 친구들에게 다가서다   331
신향연 | 전 도서관친구들 문화부장

나의 것을 먼저 꺼낼 때   334
한송이 | 전 도서관친구들 간사

사랑의 힘, 질문하는 능력   339
이제이 | 성공회대 신문방송학과 교수

내가 행복해지니 아이들도 행복해졌다   342
김진수 | 윤봉길새책도서관친구들

꿈꾸는 도서관   346
허선영 | 불암문고도서관친구들 대표

들꽃이야기도서관 이야기   354
김숙 | 부산 들꽃이야기도서관 관장

우리의 사랑방이 따뜻한 이유   361
박소영 | 들꽃이야기도서관친구들 초대 대표

이야기를 마치며   363
도서관친구들 15년을 축하하며   369

사람의 일이란 알게 되면 이해하게 되고 또 사랑하게 되는 지라. 평소 도서관에서 많은 기쁨을 누려왔던 우리는 자연스레 '우리도 도서관에 힘을 좀 보태보자'는 뜻을 모으게 되었습니다. 도서관에서는 그냥 개개인이 와서 활동하기보다 하나의 모임이 되면 더 좋겠다고 했습니다. 생각을 모아보니 그 편이 좋겠다는 의견이 다수였고, 그렇게 자원활동을 위한 모임이 만들어졌습니다.

마을 도서관이 희망이다

___

우리 마을 도서관은 어디인가

___

「내 친구의 집은 어디인가」라는 아름다운 영화가 있습니다. 실수로 친구의 공책을 가져온 주인공 소년이 이를 돌려주기 위해 친구의 집을 찾아 낯선 동네를 헤매는, 동심이 가득한 이야기이지요. 저에게는 광진도서관과의 첫 만남이 마치 영화 속 친구네 집 찾기 같았습니다. 어딘가에 있는 게 분명한데 위치를 정확히 알지 못해 헤매었으니까요.

처음에 그곳을 찾아가기가 정말 어려웠습니다. 누군가 일부러 꼭꼭 숨겨놓은 듯한 곳에 있었으니까요. 광진구의 맨 끄트머리로 구리시와 가까운데다가 한강변에 바짝 붙어 있었습니다. 가는 길이 불편해 택시를 타면 아저씨들이 되레 물어오지요.

"거기가 어디예요?"

13년 전, 낯선 동네 서울로 이사 와서 이웃에게 제일 처음 소개받은 곳은 백화점도 슈퍼마켓도 아닌, 바로 도서관이었습니다. 하긴 슈퍼마켓이나 백화점은 굳이 알려줄 필요도 없지요. 가깝게 있고 찾기도 쉬우니까요.

지금 생각해도 참 신기한 것은, 동네 사람들이 도서관을 알려주며 마치 자기만 아는 아주 특별한 곳을 가리켜주듯 뿌듯해하는 느낌을 받았거든요. 잘 모르는 길을 묻고 더듬어 처음 가보았던 그날의 기쁨을 어떻게 표현할 수 있을까요. 사람들이 도서관을 소개하며 짓던 그 웃음의 의미를 비로소 이해할 것 같았습니다.

팔을 뻗으면 금방 손을 담글 수 있을 것처럼 한강이 가깝고 건물은 강변을 따라 둥글게 설계되어 있었습니다. 부드러운 곡선을 따라가며 강을 향해 놓여 있는 종합자료실 의자에 앉아 있으면 서울이 아니라 한가로운 강촌마을에 와 있는 듯했습니다. 나중에 알고 보니 우리나라에서 가장 전망 좋은 도서관으로 뽑힌 곳이었다지요. 게다가 훌륭한 서비스는 거의 감동 수준이었지요.

"안녕하세요? 저 광진구로 이사온 지 얼마 안 되었는데요……."

"아, 그러세요? 대출증 만들어드릴까요?"

그 자리에서 사진까지 찍어 대출증을 만들어주고 친절하게 안내하시는 사서 선생님들도 참 인상적이었습니다. 속으로 '우와, 엄청 친절하네' 감탄하며 3층 미디어실과 정기간행물 열람실, 4층의 종합자료실까지 꼼꼼히 둘러보고 책도 빌렸습니다. 구름다리를 건너 일반 독서실 기능을 하고 있는 일반열람실도 보고 천천히 내려오니, 조금 전 그 사서 선생님이 또 친절하게 안내를 하더군요.

"가족이 있으시면 주민등록등본만 한 통 가져오세요. 직접 오시지 않아도 대신 빌릴 수 있게 해드릴게요."

"아, 그래요? 감사합니다!"

도서관에서 대접받는다는 느낌은 하루 내내 저를 상쾌하게 해주었습니다. 공공기관에서 이런 느낌을 받는다는 것도 신선했지요.

우리 도서관은 도로에 면해 있는 공간은 주차장이고, 계단을 조금 올라가야 현관이 나옵니다. 그래서 "2층 로비로 오세요" 하면 다소 혼란스러워하지요. 현관으로 들어서면 강 쪽으로 시원하게 비어 있는 공간이 있어 상쾌합니다. 가만히 앉아만 있어도 좋을 넓은 로비, 알록달록 예쁜 가구와 책으로 꾸며진 어린이 열람실, 그리고 부모님과 아이들을 위한 유아실, 장애인을 위한 서비스 공간과 검색 공간, 대출대와 사서 선생님들이 있는 사무 공간이 크고 넉넉한 느낌을 줍니다. 누구라도 손잡고 데려가서 직접 보여주고 싶은 곳이지요.

그날, 저는 마음속에 아주 큼직하고 넉넉한 보물창고 하나 마련한 기분이었습니다. 벌써 10년 전 일이 되었네요.

살다 보면 '이것이 인연인가?'라고 자문할 때가 있습니다. 서울 와서 처음 자리 잡은 곳이 왜 하필 광진구였을까, 지금도 곰곰 생각해보는 질문입니다. 40년 전, 교육대학을 졸업하자마자 3월 1일자로 발령을 받아 교사가 되었고, 22년 동안 '선생님'이라는 이름표를 달고 교사로만 살아오다가 갑자기 학교를 그만두었습니다.

그 전에 남편이 서울로 직장 발령을 받는 바람에 3년 동안 주말 가족이 되어 살았습니다. 생각해보면 좀 더 빨리 마음을 정했어야 했다는 후회가 드는 일이었는데, 아이의 중학교 입학을 앞두고 어디로 진학을 시킬까 하다가 '일단 사표를 내고 가족이 합치자' 하며 용기를 냈지요. 그때 만약 학교를 영영 그만둘 수도 있다는 생각을 눈곱만큼이라도 했다면 그렇게 쉽게 결정을 내리지는 못했겠지요. 당연히 서울 가서 적당한 학교에 복직하면 되겠지 하는 생각으로 사직서를 냈고, 큰 고민 없이 훌쩍 서울로 이사를 왔습니다. 서울에 집도 없고 연고도 없던 때라 남편 회사의 사원임대아파트가 있는 곳으로 올 수밖에 없었으니 인연이라면 인연인 듯합니다.

아인슈타인은 세상을 보는 데 두 가지 방법이 있다고 했습니다. 모든 만남을 '우연'으로 보는 것과 '기적'으로 보는 것. 세상에 우연이라고 하기에는 너무 오묘해서 기적으로 여겨질 때가 많지만, 저는 그저 '특별한 인연'으로 여기는 편입니다.

아이를 집 근처 중학교에 입학시키고 전업 학부모 생활을 시작한 것이 2002년 봄이었습니다. 교사로서 출근할 때와는 전혀 다른 느낌으로 마음 설레며 학교에 가보기도 하고 학부모 모임에도 참여하면서 새롭고 놀라운 경험을 많이 했습니다.

그런데 아이 학교에는 그때까지도 도서관이 없었습니다. 아이는 초등학교 다닐 때 엄마가 낮에 집에 없으니 학교 도서관에서 책을 읽고, 사서 선생님 심부름도 하면서 주로 시간을 보냈습니다. 그러니 도서관에서 지내는 게 익숙했지요. 별 일이 없어도 날마다 도서관에 들러 기웃거리다 집에 오던 아이한테는 그런 점에서 새 학교가 조금은 허전한 곳이기도 했을 것입니다.

저도 학교에 일하러 나갈 때는 바쁘고 시간 없다는 핑계로 읽고 싶었던 책을 마음껏 읽지 못했는데, 이제 집에만 있게 되니 시간이 많아진데다 이사 온 곳이라 아는 사람도 없었으니 주로 책을 읽으며 시간을 보냈지요. 아이가 학교 갔다가 집에 일찍 오는 날은 함께 동네 도서관에 갔습니다. 아이는 3층 컴퓨터실에서 주로 시간을 보내지만 같이 4층 종합자료실에 가 책도 골라 읽었습니다.

종합자료실에서 6시까지 책을 읽다가 자료실이 문을 닫으면 도서관 식당에서 저녁을 먹고, 다시 일반열람실에 가서 10시까지 책을 읽거나 학교 숙제를 하며 시간을 보냈지요. 아이와 제가 특별히 좋아했던 우리들만의 기억은, 문을 닫는다는 알림 음악이 나올 때까지 도서관에 있어보는 일이었습니다. 음악이 흐르는 동안 사람들이 모두 짐을 챙겨 나가고 나면 열람실 의자 정리를 하고 맨 마지막에 도서관 문을 나서는 그 기분은 정말 특별했습니다. 강변으로 난 길을 따라 걸을 때 달님이 둥실 떠 있으면 우리는 아예 걸어서 집까지 오곤 했습니다.

아이가 2학년이 되었을 때, 드디어 학교에도 도서관이 생긴다는 소문이 들렸습니다. 소문만 듣고는 긴가민가했지만 어찌나 기대가 되던지요. 좁은 운동장 한쪽에 '공사중'이란 푯말이 붙었고 천막 안에서 뚝딱뚝딱 망치 소리가 울려 퍼졌습니다. 먼지도 나고 시끄럽다고 불만들을 가질 만도 한데 도서관이 생긴다는 말에 모두들 꾹 참고 있다고 했습니다. 다들 도서관을 그리워하고 있었던 거지요.

자주 모여 학부모 모임을 함께 하던 몇몇 엄마들이 도서관 봉사를 하자고 의견을 모았습니다. 학교 도서관이 언제쯤 문을 여나 손꼽아 기다리며, 개관하면 어떤 꽃을 갖다놓고 어떻게 짝을 지어 봉사할까도 정하고 미리 회비도 모았습니다. 선생님들이 바쁘다고 하시면 "까짓 우리가 운영까지 해드린다고 할까?" 해가면서…….

학교 도서관에서 마을 도서관으로

마음에 쏙 드는 책을 우연히 만나면 어떤 기분이 드는지요? 저는 사나흘 너무나 행복해서 길 가다가도 혼자 씨익 웃곤 합니다. '마음이 오지게 좋다'는 말은 이럴 때 쓰고 싶어지지요. 『미래를 만드는 도서관』이 그랬습니다.

저는 매주 토요일 신문의 책 소개란을 꼼꼼하게 읽습니다. 한 귀퉁이의 한 줄짜리 신간 소개도 다 살펴 읽지요. 의외의 보석이 구석에 꼭꼭 숨어 있는 경우를 많이 봤거든요. 그러던 어느 날 『미래를 만드는 도서관』이라는 책이 눈에 들어왔습니다. 제목은 그리 새롭거나 눈에 확 띄는 것은 아니었어요. 그런데 소개하는 글만 읽고도 '당장 사서 봐야겠다!'는 생각을 했습니다. 바로 서점에 나가 책을 샀고, 하루 만에 앉은 자리에서 다 읽었습니다. 2004년의 일이었습니다. 그 책을 읽으면서 어찌나 가슴이 뛰었던지요. 그 후로도 여러 번 읽었고, 지금 이 글을 정리하면서도 다시 한 번 밑줄 그어놓은 부분을 찾아 읽어보았습니다.

공공도서관은 지역 사회의 교육문화 정보센터이자 레크리에이션

커뮤니티센터로 시민의 활동 기반을 형성하는 인프라다. 남녀노소, 소득수준, 직업 등을 불문하고 공적 정보에 대한 접근과 활용의 균등한 분배를 위한 지역 주민의 대학……

여러 번 읽어도 읽을 때마다 새롭습니다. '지식에 목마른 이들에게 미래를 여는 도서관, 미래의 꿈을 실현시킬 수 있는 도서관으로서의 뉴욕 공공도서관 정보 봉사'에 대한 안내는 도서관에 대한 새로운 꿈을 갖게 하기에 충분했습니다.

새로운 비즈니스를 싹틔우기 위해 빈틈없고 다채로운 서비스를 제공하는 도서관, 예술을 지원하고 육성하며 박물관과 정보센터로서 기능을 다하는 도서관, 시민과 지역의 중심에서 아이들부터 고령자, 장애우를 위하고 나아가 다문화 사회의 활력소가 되어주는 도서관, 거기에 도서관 본래의 기능과 가치를 더해 브랜드화하는 전략까지, 어떤 소설보다 더 흥미진진했습니다. 무엇보다 가슴에 와 닿은 것은 인터넷 시대에 요구되는 도서관의 새로운 역할에 대한 모색과 실험, 발신하는 도서관으로서 위상 정립에 대한 연구와 전망, 배움의 커뮤니티를 이루고 정보를 엮어 미래의 문화를 만들어가는 과정까지, 감탄이 절로 나왔습니다.

"정말 도서관이 이런 일까지 하는 걸까요?"

이 책을 읽고 제가 우리 도서관 사서 선생님께 한 말이었습니다. 이 책의 저자 역시 강연을 할 때마다 반드시 이런 질문을 받게 된다고 했습니다. 사람의 생각은 다 다르지만 때로 아주 비슷하기도 하지요. 그러나 다음 순간, 저에게 이런 질문이 생겼습니다.

'그럼 우리 도서관은 뭐지? 도서관이 맞긴 한 거야?'

제가 처음 도서관이라는 공간을 눈으로 직접 본 건 고등학교 때였습니다. 물론 도서관을 이용한 것은 아니고, 커다란 자물쇠로 잠겨 있는 책 보관교실 앞을 지나다닌 정도였지요. 가끔 역사를 가르치던 담임선생님 심부름으로 열쇠꾸러미 들고 따라가 본 그 교실의 느낌은 '어둡고, 깊고, 오래된 냄새의 기억'으로만 남아 있습니다. 많은 책을 한 곳에 몰아넣어 빽빽한 열람서가들은, 한 사람이 들어가도 조금 몸집이 있다 싶은 사람이라면 옆으로 몸을 돌려 지나다녀야 할 만큼 좁은 간격으로 서 있었습니다. 어림짐작으로 보아도 아마 제법 큰 도서실에 있었을 것 같은 많은 양의 책들을 한 곳에 넣어둔 것 같았습니다.

선생님은 그 사이를 한참 돌아다니시다 두꺼운 몇 권의 책을 골라가지고 나오곤 하셨습니다. 저보고 문을 잠그라 하시고는 두 손으로 책을 가슴에 안고 삐걱거리는 복도를 천천히 걸어가시던 뒷모습은 잊을 수 없는 장면입니다.

그렇게 도서관 앞을 지나만 다니다가 졸업하고 들어간 대학에는 그래도 꽤 큰 도서관이 있었습니다. 저는 가끔, 중간에 학교를 그만두지 않고 졸업까지 할 수 있었던 것은 그 도서관 때문이 아니었을까 생각하곤 합니다. 한 달에 한 번꼴로 학교 교문에 '휴교령', '계엄령', '비상사태'와 같은 문패가 걸려 도서관에서 보낸 시간이 훨씬 많았던 시절이었으니까요.

공부하기로 마음을 단단히 먹은 사람들이 10년 작정하고 읽는다는 사서삼경을, 저는 뜻도 모르는 채 처음부터 끝까지 한 달 만에 읽어내고는 공연히 뿌듯해하며 늦은 밤 도서관을 나서곤 했습니다. 친절했던 사서 선생님은 책 욕심이 많았던 저에게 특혜를 베풀어 주었습니다. 대출 권수는 따지지 않고 전집을 빌려주기도 했고, 장편 대하소설도 한번에 다 빌려주기도 했습니다. 나중엔 잘생기고 친절한 남동생을 소개시켜주기도 했지요. 제 마음속에 '도서관!' 하면 떠오르는 즐거운 기억입니다.

그러다 졸업을 하고 학교에 발령을 받아 초등학교 교사로 살기 시작했습니다. 당연히 도서관 같은 것은 꿈도 꿀 수 없는 시절이었지요. 그래도 제가 좋아하는 책을 아이들에게 읽어줄 수 있어서 기뻤습니다. 읽어주려고 한 권씩 사 모은 책이 학급에 모이면서 자연스레 학급문고가 만들어졌고, 교실은 제법 작은 도서실 같아졌습니다.

공립학교에서 6년을 근무하고 가족을 따라 사립학교로 옮겼습니다. 옮겨간 학교는 다른 시설도 좋았지만 무엇보다 도서관이 있어서 정말 좋았습니다. 25년 전에 이미 장서 8,000권 이상을 보유했고, 교실 두 칸 크기의 공간에 사서 직원도 있었으니까요. 그곳에서 16년을 지냈습니다. 학급문고로 교실에서 책 읽기를 즐기게 된 아이들이 학교 도서관에서 스스로 공부하는 아이들로 자라나게 하고 싶었던 저에게는 안성맞춤인 환경이었지요. 인연이 닿았던지 학교 도서관을 맡아 2년 반이나 운영해볼 수 있는 기회도 있었습니다. 아무것도 몰랐던 제가 '도서관'에 눈뜬 꿈 같은 시간들이었지요.

그러나 그 무엇보다 도서관이 많은 주택단지 안에 살고 있었다는 점이 좋았습니다. 옛날에는 이사하려고 집을 구하러 다닐 때 집 가까운 곳에 꽃집·미장원·서점, 이 세 가지가 어디 있는지 보고 골랐는데, 그때 이후로는 '도서관이 얼마나 가까운가?' 하는 것이 기준이 되었습니다. 요즘 사람들이 도서관 옆으로 이사 가는 심정을 충분히 공감하게 된 날들이었지요.

특히 포항공과대학 도서관은 교직원들이 함께 이용할 수 있는 곳이어서 정말 좋았습니다. 5층 건물이 통째로 도서관이었는데, 엄청나게 많은 책과 전망 좋고 이용하기 편리한 넉넉한 열람실이 있었습니다. 그냥 가만히 앉아 있기만 해도 휴식하는 기분이 들었고, 서가 사이를 천천히 걸어다니기만 해도 마음이 맑아지고 가지런해지는 그런 곳이었지요.

사람의 마음은 참 간사합니다. 도서관은커녕 학급문고도 변변치 못한 시골에서 자란 저였지만, 포항공대 도서관을 이용할 수 있는 교육재단에서 교사로 근무한 뒤로 제 눈높이는 하염없이 높아져버렸습니다. 그곳에서 엄청난 장서를 마음껏 이용하다 서울로 이사와 우리 동네 도서관의 장서를 보고는 그만 실망했지요. 40만 명 가까운 광진구민이 이용하는 도서관이 달랑 하나뿐인 것도 참 놀라운 일이었지만, 그 장서량을 보고는 한숨이 나오지 않을 수 없었습니다. 게다가 『미래를 만드는 도서관』이란 책을 읽고 난 뒤에는 도서관과 도서관 서비스에 대한 기대와 꿈이 더욱 커져서, 뭔가를 하지 않으면 안 될 것 같은 그런 기분이었습니다.

학교 도서관이 꽃단장을 하고 문을 열려고 했을 때는 이미 아쉽게도 우리 아이가 금방 졸업하게 될 3학년 2학기였습니다. 공사는 하염없이 길어졌고, 강당과 실습실, 주변 시설까지 다 갖추고 나서야 도서관도 개관한다는 학교 방침에 따라 10월에야 문을 열었습니다.

그래도 우리는 즐거웠습니다. '아이가 학교를 떠나도 봉사할 수는 없을까? 그렇게 할 수 있다면 부담도 없고 더 좋을 텐데……' 하는 생각을 했으니까요.

그러나 학교 도서관에서 봉사한다는 것은 우리가 예상했던 것보다 어려운 점이 많았습니다. 그런 기억 때문에 저는 지금도 학교 도서관 도우미 어머니들을 만나면 '참 대단한 분들이시다!' 하는 생각을 합니다.

우선 학교 선생님들과 마음을 맞추어야 하고, 어머니들끼리도 뜻이 모아져야 합니다. 당번을 정해놓아도 어느 날 갑자기 "오늘은 못 나가겠네요. 시어머님이 오셔서……", "어제 지방 갔다 왔더니 오늘 힘들어서 도저히 못 나가겠네요", 때로는 아무 연락 없이 안 나오는 봉사자들까지 있으니, 수시로 일어나는 이런 상황 때문에 누군가는 언제나 대기하고 있어야 했습니다. 그러는 동안 자연히 제가 학교에서 도서관 운영을 맡았을 때를 돌아보는 일이 많아졌습니다. '그때 어머니들께 좀 더 잘해드릴걸' 하는 후회도 많이 했지요. 왜 사람은 지나고 난 뒤에나 알게 되는 것인지, 어디 이 일만 그럴까요?

그래도 모아놓았던 회비로 청소용품도 사고 화분도 사서 도서관 자원봉사를 시작했습니다. 솔직히 말하면 사실 자원봉사 하러 간 날보다 가지 않은 날이 더 많았습니다. 우리 학교 도서관은 아침에 문을 열지만 수업시간에는 반별로 도서관에서 수업을 하고, 자유롭게 책을 보는 것은 점심시간 20분 정도라, 급식이 끝나는 시간에만 아이들이 달려와서 대출을 하거나 책을 볼 수 있었습니다. 게다가 운동장 옆에 따로 있는 건물의 2층에 있으니 웬만한 애독자가 아니면 교실에서 밥 먹고 거기까지 달려오기가 쉽지 않았겠지요. 그리고 다시 정규 수업이 이루어지고, 방과 후에라야 자유열람이 가능해지는 도서관이었습니다.

점심시간 전에 학교에 가려고 아침부터 준비하고 있는데 전화가 옵니다. "어머니, 오늘은 학교 행사가 있어서 도서관 개관하지 않네요. 안 오셔도 되겠어요." 이런 전화를 하도 여러 번 받아서 학교 도서관 가는 날은 아침에 전화 받기가 두려울 정도였지요.

준비해놓은 앞치마에 물도 제대로 묻히기 전에 학교 도서관 봉사는 끝이 났고, 모아놓은 회비도 많이 남아서 써야 할 데를 고민해야 했습니다. 잠깐이었지만 학부모 입장에서 본 학교 도서관 경험은 조금 쓴맛이었습니다. 그 뒤로 많이 달라졌다는 소문을 간간이 듣긴 했는데 지금쯤은 많이 좋아져 있겠지요.

그런데 살면서 보니 우리 동네는 늘 만나는 사람들이 정해져 있었습니다. 학부모 모임에서 만난 이를 시장에서 만나고, 그이를 또 도서관에서 우연히 마주쳐 눈인사를 하고, 그러다 이런저런 이야기를 나누며 우리는 이웃이 될 수 있었습니다.

특히 도서관에서 자주 만나는 이웃들과는 자연스레 책 이야기도 나누고, 요즘 학생들이 너무 책을 읽지 않는다는 걱정도 하면서, 어떻게 하면 책과 친해지게 할 수 있을까 답도 없는 고민을 진지하게 나누었지요. 그러면서 우리는 점점 정이 들었습니다.

같은 책을 읽는 사람과의 우연한 만남은 아주 특별하지요. 게다가 그 사람들이 한 동네 친구라면 얼마나 큰 축복인가요. '친구'의 정의에 관한 한 저는 권정생 선생님 말씀에 깊이 공감하는데, 어떤 책에선가 이런 말씀을 하셨습니다.

"사실 친구가 되려면 마주 앉아 아무리 얘기해도 안 되니더. 자기가 좋아하는 책을 선물했을 때 상대방이 그 책을 좋아하면 서로 마음이 맞는다고 볼 수 있어요."

좋은 책을 서로 권하고 권해 받으면서 친구가 되는 일, 도서관이 주는 또 다른 기쁨이었습니다.

아이들은 중학교를 졸업하고 고등학교로 진학했고 학교에 머무는 시간이 점점 더 길어졌습니다. 그해 우리 아이는 유난히 힘든 학교생활을 해야만 했습니다. 그런 만큼 저는 도서관에 가 머무는 시간이 길어졌지요. 천천히 봄이 오고 그 맑은 봄빛이 강물에 가만 가만 잠겨드는 모습을 도서관 열람실 창가에 앉아 오랫동안 바라보곤 했습니다.

그리고 그해 봄, 제게 좋은 일도 하나 있었습니다. 우여곡절 끝에 나온 저의 책이 드디어 도서관 서가에 꽂혔지요. 이 또한 잊을 수 없는 경험이었습니다. 2005년 봄이 가고 있었습니다.

도서관에 힘이 되는 사람들

　강변에 있는 우리 도서관에도 여름이 왔습니다. 방학을 맞아 독서교실에서 학부모 강의도 한 번 하고 아이들을 위한 수업도 하면서 도서관을 들락거렸는데, 어쩐지 도서관이 어수선한 분위기였습니다. 알고 보니 운영주체가 확실히 정해지지 않아 사서 선생님들도 혼란스럽고 도서관도 어지러운 상태였던 거지요.

　"우리가 도울 일은 없을까요?"

　마음이 쓰여 위로 반, 진심 반으로 조심스레 제안도 해보았지만 도서관도 어찌해야 좋을지 모르는 분위기였습니다. 게다가 도서관 내부의 일이라 단순한 이용자인 우리는 자세한 사정을 알 수도 없었지요.

　"7월 말까지는 어떻게라도 확정이 된다고 하네요. 조금만 더 기다려보실래요?"

　사서 선생님의 힘없는 대답을 듣고는 그저 기다릴 수밖에 없었지요. 지나고 보니 바로 그때가 우리 도서관으로서는 굉장히 중요한 순간이었습니다. 서울시의 공공 구립도서관들의 운영 주체가 구청에서 시설관리공단으로 바뀌는 시점이었다는 사실을 나중에야 알게 되었지요. 물론 그때는 도서관은 구청에서 지었으니 당연히 운영도 구청에서 하는 것이라 알고 있었습니다.

솔직히 말하면 도서관이 어떻게 운영되는지, 누가 운영하는지, 또 어떻게 운영되어야 하는지, 이런 제반의 문제는 관심 밖이었겠지요. 그저 경치 좋은 곳에 공공도서관이 있다는 사실만으로 뿌듯해하고 고마워하고 있었던 것입니다.

그 즈음에는 해마다 도서관 예산이 줄어들어 운영이 날로 힘들어지고 있었는데 이용자들만 모르고 있었지요. 조금만 관심을 가지고 들여다보았다면 누구라도 알 수 있었을 것입니다. 사서 선생님들의 고단한 미소와, 신간인지 구간인지 구분이 안 되게 띄엄띄엄 들어오는 자료들을 보면 말입니다.

도서관에서 자주 만나는 사람들과 같은 아파트에 사는 이웃들을 꼬드겨 우리도 도서관에서 뭔가를 해보자고 했습니다. 물론 그 전부터 도서관에 자주 다니면서 낯익은 사서 선생님들께 "혹시 도울 일이 있으면 언제든지 불러주세요"라고 말해놓은 상태여서 가끔 이런저런 일을 돕기는 했지만, 본격적으로 모임을 만들어 해보자고 한 것은 이때부터였지요.

그 와중에 사서 선생님께 도서관 위탁운영 문제가 마무리되었다는 이야기를 들었습니다. 역시나 예상했던 대로 되었다며 큰 걱정을 하시더군요. 그러나 복잡한 인간사 이런저런 일들과는 상관없이 흐르는 강물처럼 시간은 흐르고, 도서관은 아무 일도 없었다는 듯 무심한 일상을 되풀이하는 날들이 계속되었습니다. 사람이 추구해야 할 것은 돈이 아니라 언제나 인간이어야 한다지만, 현실은 늘 돈에 기준이 맞추어지는 것 같습니다.

그렇게 여름이 가고 2005년 9월, 가을이 시작될 즈음이었습니다. 우리 도서관에서 '한 도서관 한 책 읽기'라는 큰 행사를 준비한다는 것을 알게 되었습니다. 구민이 모두 한 책을 읽고 그 책을 가지고 대화와 토론을 전개함으로써 공동체 의식을 기르고 사람과 사람이 만나는 장을 마련해보는 이 행사는 외국에서는 이미 몇 년 동안 진행해오고 있는, 역사를 가진 의미 있는 프로그램이었습니다. 미국에서는 한 도시 전체가 한 책을 읽고 활발한 토론을 전개한다고 했습니다.

학교에서 교사로 일하면서 토론을 통해 사람의 생각과 삶이 바뀔 수도 있다는 사실을 경험한 저는 그 행사가 정말 잘 되기를 바랐습니다. 첫걸음은 쉽지 않겠지만 우선 한 도서관이 한 책을 읽는 일부터 시작하면 우리도 10년쯤 후에는 한 도시가 한 책을 읽고 함께 이야기 나누는 일이 가능해지지 않을까 하는 꿈도 가져볼 수 있었지요. 생각해보니 10년이 지난 지금도 '한 도시 한 책 읽기'는 아직은 꿈으로 남아 있습니다.

사람의 일이란 알게 되면 이해하게 되고 또 사랑하게 되는지라, 평소 도서관에서 많은 기쁨을 누려왔던 우리는 자연스레 '우리도 도서관에 힘을 좀 보태보자'는 뜻을 모으게 되었습니다. 도서관에서는 그냥 개개인이 와서 활동하기보다 하나의 모임이 되면 더 좋겠다고 했습니다. 생각을 모아보니 그 편이 좋겠다는 의견이 다수였고, 그렇게 자원활동을 위한 모임이 만들어졌습니다.

첫 모임은 9월 23일에 열렸는데, 모두 열다섯 명이 모였습니다. 대부분 30대와 40대로, 고만고만한 아이들을 둔 엄마들이었고, 한두 집 건너거나 아파트 건너편 동에 사는 이웃들이라 길 가다 우연히라도 한두 번은 마주 친 적이 있는 사람들이었습니다. 처음에는 수줍게 인사를 건네고 서로 눈치를 보지만 두어 번만 만나고 나면 금세 친해지는 게 또 엄마들의 특징인지라 우리는 금방 단짝들이 되었습니다. 그래도 조용히 드러나지 않게 봉사하자는 뜻은 한마음이었지요.

2005년, 햇볕 좋은 가을이 시작되는 즈음이었습니다.

사람이 태어나면 이름을 갖듯이 모임도 이름이 있어야 할 것 같았습니다. 일주일간 시간을 가지고 좋은 이름을 생각해오기로 하고 우리는 일주일 후에 만나 '이름 짓기' 시간을 가졌습니다. 그때의 기억을 떠올리자니 생각나는 장면이 있습니다. 도서관 관련 서적 중에서 재미있게 읽은 『히말라야 도서관』을 보면 저자가 '룸투리드'라는 단체를 만들고 초기에 그 이름을 찾기까지의 과정을 묘사한 부분이 있었는데, 단체마다 비슷한 모양이라고 생각하며 혼자 웃었습니다. 우리도 제안한 이름들이 거의 비슷비슷해서, '도서관과 함께하는 사람들', '도서관을 사랑하는 사람들의 모임', '도서관을 좋아하는 사람들 모임', '도서관에 힘이 되는 사람들'…… 이런 이름들이 후보에 올라왔습니다. 그때 사서 선생님이 "도서관과 함께하는 사람들! 어때요?" 하고 의견을 냈습니다.

"도서관과 함께하는 사람들, 줄이면 도함사?"

"음…… 또 다른 이름은?"

"그냥 도서관을 사랑하는 사람들의 모임으로 하면?"

"좋긴 한데…… '노사모'와 비슷해서 사람들이 헷갈리지 않을까요?"

"그런가요?"

"그럼 도서관을 좋아하는 사람들 모임은?"

"노좋모?"

"일본어 냄새가 살짝 나는 것 같은데, 어떠세요?"

"그럼 도힘사는 어때요?"

"그건 뭔데요?"

"도서관에 힘이 되는 사람들!"

"그건 무슨 절 이름 같지 않아요?"

"그런가요?"

"그럼 대표는 교주겠네!"

다들 배꼽을 잡았지만 "괜찮은데요, 아힘사를 연상하게 하는 느낌도 있고……"라며 지지해주는 친구도 있긴 했습니다.

그렇게 한참 수다를 떨다가 결국 '도서관에 힘이 되는 사람들'이라는 이름으로 의견이 모아졌습니다. 제가 고집을 좀 부렸지요. 다른 회원들은 썩 마음에 들어하지는 않았지만 하도 열심히 설명을 해대니 못 이기는 척 동의해주었습니다. 그러나 다들 내켜하지 않는 이름이었던 게 분명합니다. 그 이름이 금방 없어져버렸거든요. 그런 과정을 거쳐 '도서관에 힘이 되는 사람들'이라는 모임이 만들어졌습니다.

그 즈음 '한 도서관 한 책 읽기' 행사가 본격적으로 시작되었습니다. 도서관이 내세운 목적은 이러했습니다. '한 권의 책을 가지고 구민 모두가 읽음으로써 공동체 의식을 함양하고 도서관 중심의 지역문화를 육성, 지역 주민 간 하나의 주제를 가지고 토론을 통하여 정서적 일체감과 지역 정체성 마련에 도움을 주며, 독서와 토론 문화를 정착하고 도서관 이용 활성화에 기여하고자 하는 것.' 9월부터 11월까지 3개월 동안 다음과 같은 사업내용을 진행한다고 했습니다.

- 토론강의
- 독서토론회
- 독서엽서/책 만들기
- 독서퀴즈(우리가족 도전 골든벨)
- 독서경진대회
- 작가와의 만남
- 토론대회 개최
- 연극 공연
- 그림 전시회
- 선정도서 홍보 부스 설치

이런 사업이 처음이라 도서관은 책 선정에 공을 들였습니다. 구민이 쉽게 읽을 수 있는 책, 토론이 가능한 책, 구하기 쉬운 책, 이해가 빠르고 재미있는 책을 선정 기준으로 정하고 도서관 이용자를 대상으로 설문조사를 했습니다. 그리고 광진문인협회, 광진정보도서관 독서지도사모임, 광진독서회, 동화사랑연구소, 광진동화읽는어른모임과 같은 각 단체의 추천도서를 수집하고 외부 독서 관련 단체의 추천도서를 취합한 후, 도서선정위원회를 구성하여 다시 검토하고 최종 한 권을 채택했습니다. 그렇게 선정된 책이 안미란 작가의 『씨앗을 지키는 사람들』이었지요.

이제 중요한 것은 행사 기간 내에 '얼마나 많은 사람들에게 이 책을 알리고 읽게 할 것인가?' 하는 부분이었습니다. 구민들이 도서관에 와서 대출해가도록 기다리는 것이 아니라 지하철역이나 아파트 단지로 찾아가서 현장 대출을 해주는 이동도서관을 운영하기도 하고, 관내 소재 문고에 특별 코너를 마련하여 개인이 살 때는 할인도 해주도록 했습니다.

3개월이란 짧은 시간에 38만 명이 한 권의 책을 읽고 토론하기 위해서는 과연 몇 권의 책이 필요할까요? 그때 우리 도서관에는 딱 20권의 책만이 준비되어 있다 했습니다.

'한 도서관 한 책 읽기' 행사가 시작되면서 도서관에서 처음 우리 모임에 도움을 청해온 일의 목록입니다.

- 주제 도서 선정에 참여하기
- 초등학생을 위한 '토론학교' 열기
- 저자 초청 강연회 후원하기
- 백일장 작품 심사위원 추천하기
- 행사 홍보하기
- 주제도서 릴레이에 적극 참가하기
- 학부모를 위한 토론 특강 개최
- 주제 책 기증하기

도서선정위원회가 열렸고 제가 대표로 참가했습니다. 사서 선생님들이 엄선한 선정도서 후보들 중에서 여러 가지 상황을 고려하여 가능하면 많은 사람들이 짧은 시간에 읽을 수 있도록 하자는 데 동의하여 『씨앗을 지키는 사람들』로 정해졌습니다. 여러 행사가 동시에 진행되다 보니 많은 사람들의 도움이 필요했지요. 무엇보다 지역 주민들의 적극적인 참여가 중요했는데 도서관 측에서도 그것이 가장 큰 고민거리라 했습니다.

도힘사 회원들은 '왼손이 하는 일을 오른손도 모르게' 조용히 봉사하기로 했습니다. 그러나 일을 계획하고 보니 예산이 절대적으로 필요하다는 생각이 들어 '한 도서관 한 책 읽기' 후원을 위한 임시 모임을 만들었습니다. 우선 일을 나누어 맡을 조직을 꾸렸고 어떤 일을 도울지 계획을 세웠지요.

도서관이 도움을 청한 여덟 가지 중에서 일곱 번째까지는 우리 회원들이 나누어 맡아 열심히 하면 어찌 되겠지만, 마지막 항목인 책 기증하기는 고민이 조금 필요한 부분이었습니다. 우리에게는 우선 기증할 주제 도서 200권을 구입하는 데 필요한 비용이 없었습니다. 열다섯 명 회원들이 다달이 내는 회비로는 감당할 수 없는 큰 금액이었으니까요. 모여서 머리를 맞댄 결과 할 수 있는 일 중에서 도서관 이미지와도 잘 맞고 큰 어려움이 없을 것 같은 '책시장'을 열어보자는 데로 의견이 모아졌습니다.

평소 좋은 책을 출판한다고 소문난 출판사에서 책을 조금 싸게 구입하여 판매하고 남은 수익금과 회원들이 낸 회비를 보태 책을 사서 기증하기로 했습니다. 그래서 우선 제가 개인적으로 친분이 있는 한국 브리태니커 사에 전화를 걸어 사정 설명을 했더니 논의해보겠다는 긍정적인 답변을 주었습니다.

며칠이 흐르고 연락이 왔습니다.

"선생님, 우리 회사에 판매했다가 반품된 도서가 있는데 그걸 드려도 될까요? 상태는 아주 좋아서 새 책과 다름없고요. 물론 전적으로 기증하는 겁니다."

"아니, 그렇게 좋은 결정을 해주시다니요?"

입이 귀에 걸린 저는 조금 더 용기를 냈습니다. 학교에 근무할 때 학급문고 마련하느라 자주 전화로 책 주문을 했던 보리, 보림, 샨티, 서해문집…… 지금은 친구출판사가 된 이런 출판사에 전화를 걸어 사정 설명을 했습니다.

"아, 선생님 서울에 오셨군요? 최대한 싼 가격으로 보내드릴게요. 목록 보내주세요"

세상에 공짜는 없는 법. 학급문고 열심히 사 모은 덕을 전혀 엉뚱한 곳에서 이렇게도 보는구나 싶어서 흐뭇하고 즐거웠습니다. 책을 좋아하는 친구들이 몇 날을 모여 골라내 알뜰하게 마련한 목록을 보내 책을 마련하고, 여기저기 홍보물도 만들어 돌렸습니다. 그러나 처음이라 다들 기대와 불안이 반반이었습니다.

드디어 책시장이 열리는 날이 왔습니다. 평소보다 쌀쌀하게 느껴지던 토요일 오전, 갑자기 내려간 기온과 바람 많은 강변의 날씨가 걱정을 더했지만 걱정은 그것으로 끝이었습니다. 그날 하루 봉사하겠다고 나온 친구들도 예상 외로 많았고, 좋은 책들을 반값에 살 수 있다는 입소문을 들은 이웃들이 미리 와서 책시장 문이 열리기를 기다리는 진풍경이 벌어졌거든요. 날씨는 쌀쌀했지만 마음은 아주 훈훈한 토요일이었습니다. 그날 넘치는 기금을 모을 수 있었고, 200권의 책을 사서 기증하고도 돈이 많이 남았습니다.

단숨에 수익도 얻고 모임의 활동도 알리게 된 책시장은 그 뒤로 우리 도서관의 인기 행사로 자리 잡게 되었습니다. 그래서 해마다 한 번씩 열게 되었지요. 어머니들은 언제 또 하느냐고 기다리게 되었고요. 그후로 지금까지 우리는 일 년에 두 번씩 하고 있습니다.

자, 책도 준비되었으니 이제는 읽는 일만 남았습니다. 함께 읽을 수 있는 시간은 난 3개월! 어떻게 하면 많은 사람들이 이 책을 읽을 수 있게 할까 생각했습니다.

'우선 널리 홍보하기!'

'다음은 기증한 책 200권을 광진구의 20개 초등학교에 보내서 돌려 읽기를 한다!'

이렇게 방향을 잡고 회원들이 살고 있는 아파트나 동네의 게시판에 행사 포스터를 붙이고 친구들에게 전화해서 행사 참여를 독려했지만, 평소 도서관에 자주 가지 않았던 친구들은 그저 대답만 우렁차게 할 뿐이라고 했습니다.

기증도서 200권은 20개 초등학교를 다섯 그룹으로 나누어 40권씩 묶은 책을 두 달 동안 한 학교에 보름씩 보내 돌려 읽기를 하고 나면 다음 학교로 보내는 식으로 진행했습니다. 모든 행사가 끝난 뒤에는 광진도서관도 알리고 행사도 홍보할 겸 광진구 내 초등학교에 10권씩 나누어 기증하기로 했습니다.

다음은 초등학생을 위한 '토론학교' 열기입니다. 각 학교마다 6학년 중 토론에 관심 있는 학생의 신청을 받아 도서관에서 집중적으로 진행한 행사였습니다. 2주 동안 주 3회 2시간씩 토론의 기초를 배우고 연습하여, 마지막 토요일 오전에 토론대회를 열 계획이었습니다. 시간이 촉박해서 20명 정도의 학생을 모집했는데, 40명 가까운 친구들이 왔습니다. 물론 형 따라 온 어린 동생들은 중간에 구경하는 친구들로 바뀌었지만.

매번 쉬는 시간 없이 2시간이 넘게 진행되는 토론 수업이었지만 꼼짝없이 집중하는 아이들을 보며 저는 다시 학교로 돌아가 교단에 선 기분이었습니다. 대회가 열리는 토요일 아침에는 도서관 문이 열리기도 전에 와서 마저 자료를 찾아야 한다고 줄 서는 아이들을 보면서 큰 기쁨을 느끼기도 했습니다. 토론대회가 끝난 후에 학부모님들이 이런 이야기들을 하셨습니다.

"선생님, 이 토론학교 앞으로도 계속하면 안 될까요?"

"우리 애가 밤에 잠도 안 자고 혼자 이렇게 열심히 뭔가를 찾고 공부하는 모습을 처음 봤어요."

"저는 우리 애 낳고 처음으로 '애야, 좀 쉬어가면서 공부해라'라는 말을 우아하게 해봤어요."

다들 손뼉을 치며 웃었습니다. 한편 단순히 구경만 하러 온 어른들은 의심스럽게 묻기도 했습니다.

"혹시 선생님이나 어른들이 써준 원고가 아닌가요?"

"초등학생이 어떻게 저런 주장을 할 수 있지요?"

토론을 한 번이라도 해본 사람이라면 누가 써준 원고로 연극은 할 수 있지만 토론은 할 수 없다는 사실을 알지요.

토론학교를 무사히 마치고 좋은 반응을 얻은 우리는 조금 고무되었습니다. 3개월간의 '한 도서관 한 책 읽기' 행사는 제법 성황을 이루었고, 첫 행사치고는 괜찮았다는 자평과 주위의 격려도 힘이 되었습니다. 도서관 측은 우리 모임을 적극 환영해주었습니다. 우리는 지속적으로 활동을 전개할 동력을 얻은 셈이었지요.

내친 김에 더 용기를 내서 2006년 활동 계획도 세웠습니다. 도서관에 진정 힘이 되는 일은 무엇이며, 또 이를 돕는 회원들을 위해서 어떤 일을 할 것인가 여러 가지 의견들이 나왔습니다. 결국 그렇게 하려면 자주 만나야 한다는 의견이 많았고, 매주 월요일 아침 10시에 도서관 이야기방에서 모임을 갖기로 했습니다. 바로 이 모임이 지금까지 계속되고 있는 '월요모임'입니다. 중간에 형편이 어려워져 잠시 쉬는 기간이 있었지만 다시 이어지고 있는데 지금은 독서모임 형태로 이루어지고 있습니다.

모임을 해보신 분들은 아시겠지만, 어떤 단체가 매주 모임을 갖는다는 것은 굉장히 어려운 일입니다. 오래 가기가 쉽지 않지요. 주변을 돌아보면 쉽게 알 수 있습니다. 매주 모인다는 말을 처음 듣는 사람들은 "그렇게 자주 모여요?" 하며 깜짝 놀라는 모습을 많이 봤습니다. 그래서 역설적으로 처음 시작할 때부터 2주에 한 번, 한 달에 한 번 하는 모임이 많고, 두 달에 한 번 모이기도 합니다. 그러나 자주 모이는 일은 무엇보다 중요합니다. 모여야 의논도 할 수 있고 어떤 일이라도 도모해볼 수 있으니까요.

우리는 모임 자체가 사람들을 모이게 하는 힘이 있다고 생각합니다. 모일 때마다 느끼는 거지만 늘 밝고 즐거워서 좋습니다. 회원들이 유난히 웃음이 많은 친구들이라 그렇기도 하지만, 진지한 회의를 하면서도 조금만 웃겨도 사춘기 여고생들처럼 배꼽을 잡고 웃습니다. 웃음만큼 전염성이 강한 것도 드물지요. 초기 모임에서 잘 웃던 친구들이 지금은 개인 사정으로 나오지 않게 되었는데도 여전히 웃음이 많은 모임입니다.

'한 도서관 한 책 읽기'와 함께, 그렇게 우리들의 11월도 갔습니다.

첫 번째 후원회원이 생기다

'임동신'이라는 이름을 들으면 도서관 친구들 중에는 '아!' 하며 눈을 반짝 빛낼 사람들이 많을 겁니다. 아주 특별한 의미가 있는 이름이지요. 광진도서관에 도힘사 모임이 만들어지고 난 뒤 조건 없이 첫 후원회원이 되어주신 분이니까요. 그게 뭐 그리 큰일이냐고 할 수 있겠지만 그때 우리에게는 뜻 깊은 일이었습니다. 규정에도 없었고 예상도 못했던 일이었거든요.

하루는 점심 약속이 있어서 나갔는데 그 자리에서 임동신 회장님이 물으셨어요.

"요즘 어떻게 지내요? 일하던 사람이 일 그만두고 집에서 쉬는 것도 쉽지 않은데……."

"도서관에서 재미있게 놀아요. 얼마나 신나는지 몰라요."

"뭘 하면서 놀기에 그렇게 신나요?"

"같이 노는 사람들이 많아서요. 함께 모임을 만들었는데요, 놀면서 도서관도 돕고요."

"자원봉사 하는 모양이구면."

"자원봉사라고 할 수 있기는 한데요, 조금 다른 자원봉사예요."

"뭐가 달라요?"

"자원봉사는 단지 가서 일을 도와드리는 거잖아요? 근데 우리는 자원봉사는 기본, 돈도 내고 홍보도 해주고 공짜로 강의도 해줘요."

"아이고, 그 도서관 복 터졌네."

"그렇지요? 우리 도서관이 좋아하겠지요?"

"그럼, 얼마나 좋겠어요. 그런 사람들이 있으면 그 도서관, 정말 일할 맛 나겠는데요!"

"그럴까요? 혹 부담스러워하지는 않을까요? 아직은 좋아하는 것 같긴 한데……."

"그렇지 않아요. 도서관은 이용하는 주민들의 적극적인 참여가 제일 중요해요. 잘하고 있어요. 그 모임에 돈을 낸다니 나도 낼게요."

"아니에요. 광진도서관 돕는 일인데요, 뭐. 광진구민이 내는 거예요."

"꼭 그렇게 한정할 것은 없어요. 크게 보면 다 우리나라 도서관을 돕는 일인데 뭘. 그리고 나는 그 일 자체가 아주 중요하다고 생각해요. 우리한테는 그런 일이 꼭 필요해요."

"예! 고맙습니다. 그래도 괜찮아요. 우리끼리도 잘할 수 있을 거예요. 대신 회원들한테 회장님께서 우리 일이 '굉장히 중요하고 큰일'이라고 말씀하셨다고 잘 전할게요."

"그리고 이것도 받아두어요. 나중에 정 못 받겠다고 하면 다시 돌려주면 되지."

그렇게 해서 후원금을 받아들고 모임에 와서 그 이야기와 함께 임동신 회장님에 대한 이야기를 좀 들려주었습니다. 장학재단을 20년간 꾸려오신 이야기며 살아가시는 삶의 모습에 대해……. 그런데 회원들의 반응은 뜻밖이었습니다.

"받지요!"

"받아두는 게 좋겠어요!"

그러나 고민도 있었습니다. 은평구에 사시는 분이 굳이 광진도서관 돕는 모임을 후원할 필요가 있겠느냐는 것이 첫 번째 이유였고, 후원금을 낸 분께 광진도서관이나 우리가 아무것도 해드릴 것이 없다는 것이 또 다른 고민거리였습니다.

"그럼, '도서관을 돕는 사람들'을 돕는 사람들이 생기는 건가요?"

"정말 그러네요. 근데 말이 좀…… 그럼, 어떻게 되는 거지요?"

"도힘사 회원이 있고, 또 멀리서 후원금으로 도힘사를 돕는 후원회원을 둔다는 것이지요."

"아니, 무슨 그런 일이?"

"우리가 무슨 큰일을 한다고…… 사람들이 웃겠어요."

그 말을 하고는 우리가 더 많이 웃었습니다.

"그래도 꼭 후원하시겠다니 받아둘까요?"

"드디어 후원금에 마음에 가기 시작하는 건가요?"

모이기만 하면 웃음꽃을 피우는 우리들은 박장대소하며 이야기를 이어갔습니다.

"그런 회원이 생기면 좀 더 책임감이 생기기는 할 것 같아요."

"이러다 우리, 나중에 그만두고 싶어도 못 그만두게 되는 거 아닐까요?"

"할머니 될 때까지 하지요, 뭐. 호호할머니 자원활동가!"

또 다들 배를 잡고 넘어갔습니다.

"그럼 그런 후원회원은 어디까지로 정해야 하지요?"

"전국으로 하나요?"

"그러지 말고 아예 이참에 광진구민 말고 후원금으로만 돕는 회원을 두는 방안도 구체적으로 의논해보면 어떨까요? 돈도 받았는데."

"그러다 그분 말고 앞으로 한 분도 더 안 생기면 어쩌지요?"

또 까르르 웃음이 터집니다.

"요즘 서울 사람들이 얼마나 자주 이사를 다니는데, 그렇게 지역을 한정하면 누가 내 지역 도서관만을 위해서 주인정신을 가지고 돕겠어요?"

"원해서 내겠다는 분들께는 기회를 드리는 것도 좋겠어요."

"내 지역 도서관 돕는 일도 잘 안 되는데 누가 상관없는 도서관을 위해 후원을 할까요?"

"여기서 후원회원은 '도서관을 돕는다'라기보다 도힘사를 돕는다고 봐야 하지 않을까요?"

"물론 도힘사를 돕는 것이 결국에는 도서관을 돕는 일이기는 하지만……."

"그래도 잘 생각해보면, 우리나라 도서관이 전반적으로 좋아지면 언젠가 우리 동네 도서관도 좋아질 거라는 희망을 가질 수도 있으니 멀리 보면 괜찮지 않을까요?"

"그래도 그렇게 생각할 사람들이 과연 얼마나 있겠어요?"

"그런 사람들이 많아지도록 생각을 깨우면 되지 않을까요?"

"교과서에는 그렇게 나와 있지만 세상은 또 교과서대로 되지 않지요."

다양한 의견들이 쏟아져 나왔습니다. 저는 그런 분위기가 정말 좋았습니다. 어떤 주제를 가지고 자기 의견을 조곤조곤 말하고 또 다른 사람의 이야기를 진지하게 들어주는 모습이 오랜만이었습니다. 친구들이 참 멋져 보였어요.

결론은 도힘사 회원들은 정회원과 일반회원, 그리고 후원회원으로 구분한다는, 우리끼리의 규정 같은 것을 정했습니다. 정회원은 후원금을 만 원 이상 내고 모임에 적극 나와서 활동하는 사람들, 일반회원은 후원금만 내고 활동은 하지 않거나 하기 힘든, 그러나 행사에 꼭 모시는 회원, 그리고 후원회원은 광진구민이 아님에도 기꺼이 후원을 해주시는 분들로 하기로 했습니다.

그래서 임동신 님은 우리 도힘사의 첫 번째 후원회원이 되었습니다. 다음은 그분의 소개로 알게 된 동화작가 이규희 선생님이 기꺼이 두 번째 후원회원이 되어주셨으니, '그분 다음에 한 분도 안 생기면 어쩌나?' 하던 고민은 금세 해결된 셈이었습니다.

모이고 배우는 도힘사의 힘찬 발걸음

행사도 준비하고 일도 하다 보니, 모여서 이야기만 할 것이 아니라 우리 회원들에게도 뭔가 유익한 일을 함께 하는 것이 어떻겠느냐는 의견들이 많이 나왔습니다. 그렇게 '구체적인 프로그램을 한번 만들어보자' 해서 처음 기획한 것이 바로 '특강'이었습니다. 우선은 회원들 중에서 돌아가며 한 강좌씩 맡기로 하고, 기회가 닿으면 주변에 아는 분들을 모셔서 들어보자고도 했습니다.

그러다 보니 우리는 정말로 자주 만나는 사이가 되었습니다. 자주 만나니 할 일도 더 많이 생기고, 또 그 일을 통해 더 친해지고 가까워지게 되었습니다. 저녁 먹고 마실을 나가거나 소소한 일들도 같이하는 '우리 동네' 주민이 된 듯한 기분이었지요. 서울로는 가지 않겠다고 3년이나 버티다 이사 온 저는 처음으로 '이사 오길 잘했다'는 느낌이 들었습니다.

한동안 '한 도서관 한 책 읽기' 행사 지원을 위한 모임으로 바빴습니다. 책시장도 해야 했고 토론학교 진행, 백일장 지원, 저자와의 만남 지원도 있었습니다. '저자와의 만남 지원'하니까 그럴듯해 보이지만 우리가 한 일은 행사 알리기, 그 시간에 도서관에 가서 참가하기, 저자 모시고 식사 대접하기, 지하철역까지 배웅하기 정도였습니다. 우리에게는 익숙한 곳이지만 처음 방문하는 저자는 낯설 테니까요. 이러다 보니 일주일에 시니 빈은 도서관에 나와야 했습니다. 온종일 도서관에 있기도 하고 잠깐 들렀다 가기도 했으며 휴관일이면 '번개'라도 쳐서 모였습니다. 도서관과 아주 가까워진 것이지요.

그러나 행사도 끝나고 내년을 위한 계획도 세우면서, 우리는 모임의 종류와 성격을 정해 일을 분류하고 나누어 맡아야겠다는 필요를 느꼈습니다. 어떤 모임을 만들 것인지 구체적으로 그림을 그리고 모임도 정례화하기로 했습니다. 그래서 회의 모임을 일주일에 두 번 갖고 달마다 번갈아가며 특강 시간을 넣기로 했습니다.

모임에 나오는 회원들이 대부분 30대에서 40대까지 아이 엄마들이다 보니 자연히 아이들 교육에 마음이 가서 특강은 주로 교육이 주제가 되었습니다. 어렵고 당황스런 교육환경 속에서 보다 멀리 내다보며 아이들을 행복하고 건강하게 키우는 지혜를 나누고 힘도 모아야 하니까요.

첫 특강으로 회원 중에서 특히 '엄마표 수학 지도'에 전문가인 심혜숙 씨가 강의를 맡아주었습니다. 처음 강의 이야기가 나왔을 때 그녀는 손사래를 쳤습니다.

"아휴, 못해요. 아이들 수업은 도와줄 수 있지만 어른들한테는 절대 못해요. 앞에 나서서 말하는 거 딱 질색이에요."

그럴수록 우리는 간곡히 부탁을 했습니다.

"40분만 해주세요. 잘하지 않아도 좋아요. 정말 들어보고 싶어요."

그러나 '수학이 싫어요! 수학이 힘든 우리 아이, 엄마가 어떻게 도와줄까?'라는 주제로 40분만 하겠다며 조심스럽게 승낙을 한 그이가 준비한 이야기는 두 시간이 넘었습니다. 질문들도 쏟아졌는데, 어찌나 능숙하게 설명을 잘해주던지 우리 입을 떡 벌어지게 만들었습니다. 학교 수학 수업이 어떻게 이루어지는지, 학원에 보내는 것과 과외를 시킬 때의 차이점, 학원에서 이루어지는 수학 학습의 형태, 학원과 과외에 맡길 때 어떤 점에 유의해야 하는지, 아이의 수학 공부를 집에서 어떻게 도와줄 수 있는지, 그리고 진짜 수학 공부는 '혼자 할 수 있는 힘과 자신감을 길러주는 것'이라는 결론에다 참고할 만한 사이트와 참고서 종류까지……. 어찌나 내용이 풍부한지 다 못 들을까봐 흐르는 시간이 아까울 지경이었습니다.

"절대로 못한다는 사람이 어쩌면 그렇게 잘할 수 있어요?"

"우리, 앞으로 '아휴, 난 못해요!'라는 사람들 말 절대 믿지 말기로 해요."

"정말 도움 되는 시간이었어요. 어디서도 들을 수 없는 내용이었어요."

"우리 아이 수학학원 보내는 거 다시 고려해봐야겠어요."

"이때까지 너무 모르고 있었던 것 같아요. 정말 좋은 시간이었어요."

특강을 들은 사람들은 한결같이 만족해하며 이런 시간이 계속되었으면 좋겠다고 했습니다. 그러니 이제는 우리가 고민할 차례였습니다. 멋지게 첫 테이프를 끊은 '회원특강'의 기대에 부응하는 '초청특강'을 어떻게 마련할지 고민이 쌓였습니다. 그때 도서관 측에서 연말까지 사용할 예산이 조금 남았으니 그 범위 내에서, 원하면 초청특강을 기획해보겠다는 의견을 내주었습니다.

그래서 우리는 역사적인 첫 초청특강을 열 수 있었습니다. 강사는 도서평론가 이권우 선생님이었습니다. 우리나라에 '도서평론가'라는 전문 직종을 만들었다고 알려진 분이지요. 책을 읽고 책에 대해 글 쓰는 일을 직업으로 하는 '책벌레'라고 했습니다.

이권우 선생님은 '무엇이 사회를 변화시키는가?'라는 주제로 월요일 아침 모임을 알차게 만들어주었습니다. 책과 도서관을 중심으로 시민들이 토론하는 문화의 필요성을 역설했는데, 특히 '한 도서관 한 책 읽기'를 함께한 우리들에게는 각별히 가슴에 와 닿는 이야기였습니다. 이 선생님은 그때는 강사로 오셨지만 지금은 든든한 우리 도서관 친구이시기도 합니다.

이렇게 해서 우리는 월요모임을 어설프게나마 조금은 다양한 모임으로 꾸릴 수 있었습니다.

첫째 주: 정기 모임
둘째 주: 정기 모임, 특별 행사 준비
셋째 주: 친구와 명사의 초청특강
넷째 주: '이 달의 책'을 함께 읽고 토론하기

이런 형태로 8년을 모였습니다. 지긋지긋하다고 할 정도로 오래 진행한 월요모임이었지요. 회의시간이 때로는 3시간을 넘기기도 했습니다. '회의 2시간에 끝내기!'가 구호가 될 정도로 많은 이야기를 주고받았습니다. 지금 생각해보면 좀 세련되게 의사봉 두드리며 빨리빨리 진행했으면 어땠을까 아쉬움이 남기도 합니다.

특별한 사람들과의 만남

광진도서관 사서 선생님들

우리 도힘사가 만들어지고 활동할 수 있게 된 데에는 절대 빼놓을 수 없는 운명의 사람이 있습니다. 바로 정종희 사서 선생님입니다. 처음 활동을 시작할 때부터 도서관과 도힘사 사이를 직접 연결해줄 사서 선생님이 필요하다는 의견에, 정 선생님이 업무의 하나로 이 일을 맡아주었습니다. 정 선생님은 일을 업무라기보다는 삶으로 보여주는 분이었습니다. 일과 삶이 하나인 듯 자신의 일을 참으로 사랑했고, 함께하면 할수록 그 존재 가치가 빛이 났습니다.

정 선생님은 처음 도힘사 일을 시작할 때부터 5년간 우리와 함께했는데, 모임이나 행사가 있을 때 필요한 일의 준비에 있어서 따스한 배려와 도움의 손길을 아끼지 않았습니다. 자신을 드러내지 않고 묵묵히 일하는 성실함과 한결같은 자세에 배울 점이 많았지요. 도서관 휴관일이면 집에서 쉬어야 할 텐데도 간혹 제가 지방의 도서관에 강의를 가거나 도서관친구들 행사에 가면 꼭 함께 가주곤 했습니다. 물론 가서는 보이지 않는 곳에서 빈틈없이 챙겨주고 틈틈이 그곳 도서관만의 특별하고 훌륭한 점을 정리해옵니다.

2010년 도서관친구들 전국대표모임을 대구에서 했는데, 선생님은 하루 연차 휴가를 내면서까지 동행해주었습니다. 이용자 입장에서 볼 때 도서관은 휴관도 자주 하고 쉬는 날도 많은 것 같지만 사실 토요일, 일요일에도 문을 여는지라 사서 선생님들의 노동 강도는 매우 높습니다. 휴일에도 돌아가며 늘 근무를 해야 하니 쉬는 평일 하루는 금쪽 같은 휴식 시간일 텐데도 그 시간을 기꺼이 내어주시는 걸 보며 속으로 제가 많이 부끄러웠습니다. 그러고 보면 우리 도힘사뿐만 아니라 광진도서관도 참 복이 많은 곳입니다.

이어서 심재원 선생님과 조성환 선생님이 차례로 도서관친구들 업무를 맡았습니다. 두 분도 부드럽고 섬세한 감성이 정종희 선생님과 닮았는데, 책을 나르는 일 등 힘든 일도 도맡아 척척 해주었어요. 그래서 우리는 늘 이렇게 말했습니다.

"도서관을 도우려고 왔는데, 오히려 우리가 도움을 받고 가는 거 같아요."

서로 돕고 마음을 나누는 일, 어쩌면 그것만으로 충분하지 않을까 싶었습니다.

사서 선생님들이 정말로 고마울 때가 있습니다. 도서관에서 무슨 일이 생기거나 필요한 일이 있을 때 먼저 도서관친구들에게 물어봐주는 것입니다.

"이런 것도 도와주실 수 있나요?"

가장 듣기 좋은 말입니다. 우리를 믿고 또 친구로 생각한다는 의미인 것 같아서요.

도서관 친구특강과의 만남

도힘사 모임과 행사로 한창 바쁜 가운데 이웃에 있는 성동도서관에서 학부모 강의 요청이 있었습니다. 엄마들의 책읽기 모임 발족식이 있는데 40분 정도 특강을 해달라는 거였습니다. 강의 시간을 유난히 짧게 정해준 것을 보고 왜 40분만 강의를 해야 하느냐고 물었더니 책정된 강사료가 그 정도밖에 없다고 해서 한참 웃었던 기억이 납니다.

그런데 완전 초보 강사였던 저는 제 강의에 너무나 열중하고 또 듣는 엄마들의 눈빛에 빠져든 나머지 그만 약속한 40분이 1시간 40분이 되고 말았습니다. 도서관 측에서는 예기치 못한 상황에 당황해했고, 그래서 예정에도 없었던 점심을 대접받게 되었습니다.

인연이 되려고 했던지 성동도서관 관장님과 점심을 함께하며 이야기를 나누는 가운데, 관장님 친구 중 외국에서 '도서관 자원활동가'에 대한 연구로 학위를 받고 현재 대학에서 강의한다는 교수님 한 분을 소개받았습니다. 그날 수첩에 잘 적어온 그분의 연락처를 우리 도서관에 전했더니 곧 섭외를 해주었습니다. 우리는 그 특강을 만날 수 있었지요.

12월 12일 월요모임이 있던 날, 생각보다 훨씬 젊은 남자 분이 큰 배낭을 메고 시원한 바람을 몰고 오듯 성큼성큼 걸어왔습니다. 외국 도서관 친구들의 다양한 활동과 현황들을 직접 보여주기 위해 슬라이드도 준비해왔지요. 시설이 미처 준비되지 못해 이야기방에서 영화음악감상실로 장소를 옮겨 강의를 진행했습니다. 170석짜리 감상실을 고작 20여 명이 들어갔지만 그 열기는 1,700석도

채울 정도로 대단했습니다.

'도서관의 친구'에 대한 강연을 들으며 "맞아요, 그래요" 하면서 모두 연신 고개를 끄덕였습니다. 한마디도 놓치고 싶지 않았는데, 그중에서도 크게 와 닿았던 이야기가 있었습니다. 영국 공공도서관들이 1990년대 중반까지 중앙 및 지방정부의 재정 악화로 충분한 예산을 지원받지 못해 많은 어려움을 겪었는데, 그 과정에서 약 500개의 분관이 결국 문을 닫았다는 내용이었습니다.

'아, 도서관이 문을 닫을 수도 있구나' 하는 생각을 그때 처음 해보았습니다. 턱없이 부족한 것이 우리나라 도서관인지라 그저 하나라도 더 지어야 한다는 생각만 했으니까요. 그러나 시민들이 도서관의 친구가 되어 동네에 있는 도서관을 폐관 위기에서 구한 이야기는 또 그만큼 가슴을 뜨겁게 했습니다. 힘을 내야겠다고 다짐했지요. 강연을 듣고 우리는 즉각적으로 생각이 바뀌는 경험을 하게되었습니다. 지금도 그때 생각을 하면 가슴이 짜릿해집니다.

강의가 끝나고 점심을 함께하며, 우리 도힘사 활동에 대한 대략의 이야기를 듣고 나서 교수님은 이렇게 말씀하셨습니다.

"여러분이 바로 도서관의 친구입니다!"

또 이런 말을 덧붙였습니다.

"아주 잘하고 계세요. 근데 한 가지가 좀 달라요. 그것이 어쩌면 아주 중요하고 결정적인 차이라고도 할 수 있는데, '도서관의 친구'는 많을수록 좋다는 거예요."

"……?"

"몇 명이 대표로 희생하고 헌신하는 것이 아니라 광진구민 전체가 하면 제일 좋다는 뜻이지요."

"우리는 오른손이 하는 일을 왼손도 모르게 하고 싶은데요?"

"다시 잘 생각해보셔야 합니다. 도서관은 잘 이용하는 사람들만을 위한 공간이 아닙니다. 아니, 현실적으로 도서관에 오지 못하거나 오지 않는 사람들을 위해 무엇을 해야 하는지 고민해야 합니다. 그러니 여러분들이 좀 더 적극적으로 '도서관의 친구'를 알려서 도서관을 오게 하고, 관심을 갖게 해야 합니다. 더 많은 이들이 도서관 이용자가 되게 하고, 나아가 도서관의 친구이자 주인으로서 참여하게 해야 합니다."

기쁨도 웃음도 전염성이 강하지만 열정도 그에 못지않는 법입니다. 강연을 듣고 난 회원들은 우리가 도서관을 위해서 정말 해야 할 일이 무엇인지 확실한 동기와 이해를 얻었던 것 같습니다. 다시 도서관으로 모인 그날 오후, 모임 이름도 '도서관에 힘이 되는 사람들'에서 전격적으로 '광진도서관친구들'로 바뀌었습니다. 물론 표현을 두고 가벼운 논란이 있긴 했지만요.

"'광진도서관의 친구' 어때요?"

"'도서관의 친구'라는 표현이 영어 번역체나 일본어투로 느껴지지 않을까요?"

"꼭 그렇게 볼 필요는 없을 것 같은데요."

"우리말로 표현하면 '도서관친구들'이 될 것 같은데요."

"그럼 '도서관친구들'로 하지요, 어때요?"

"음, '광진도서관친구들'! 괜찮은데요."

더불어 우리는 사람의 마음을 한순간에 바꾸어놓을 수 있는 '특강의 힘'을 실감했습니다. 그렇게 해서 월요모임에 정기적인 '특강' 프로그램이 확실히 자리 잡게 되었지요.

이주영 선생님은 제게 오랫동안 저자로만 기억되는 분이었습니다. 학교에 있을 때 아이들에게 시와 동화를 들려주려고 책을 찾으면 자주 만나게 되는 이름이었지요. 아주 먼 이름이었습니다. 그리고 독서지도를 하면서 어린이도서연구회를 만드신 분으로 만났고, 한국글쓰기연구회에서도 만났습니다. 저에게는 대단한 분이었지요. 그런데 선생님께서 학교를 그만두시게 되었다는 소식을 들었습니다. 놀랍고 슬픈 소식이었습니다.

교직에 계시는 동안 학부모와 제자들의 존경과 사랑을 한몸에 받으셨고, 또 후배 교사들에게는 믿고 따르고 싶은 분으로 널리 알려져 있었지요. 아쉽고 안타까운 마음으로 먼발치에서 바라만 보다가 어린이문화연대 대표로 계실 때 다시 만났습니다. 아주 조금 가까워졌습니다. 우리 도서관친구들이 어린이문화연대에 함께하는 단체가 되었거든요.

그러다 2013년 도서관친구들이 어려움을 겪기 시작했을 때 우리는 직접 선생님의 도움을 받기 시작했습니다. 가까이서 뵈니 선생님의 또 다른 모습을 볼 수 있었습니다. 멀리서 볼 때는 아이들을 사랑하고 책을 좋아하는 큰오빠 같았는데, 비상총회에서 도서관친구들 감찰부장을 맡아 보여준 엄격함과 철저함은 칼과 같았습니다. 2년 동안 양쪽의 의견을 듣고 중재하면서 보여준 진지함과 인내심은 보통사람의 경지를 넘어선 듯했고, 도서관친구들 회장으로서 원칙을 지키고, 일을 맡겨 사람을 키우면서 민주적으로 회를 운영하는 지도력은 회원들이 믿고 따르기에 부족함이 없는 큰 지도자상이었습니다.

한번은 이런 일이 있었습니다. 달마다 하는 운영위원회에 몇 시간씩 걸려 운전해오면서도(원주에서 오는 길은 교통체증이 심하지요) 한 번도 빠지지 않고 참석한 이광민 위원을 위로도 할 겸 우리가 원주에서 운영위원회를 한번 하자고 해서 다들 직장 일을 마치고 금요일 밤 원주에서 모였습니다. 그런데 한 분이 갑자기 일이 생겨 참석을 못하게 되었다는 연락이 왔고, 예상치 못한 상황이라 과반에서 한 사람이 모자란 채 운영위원회를 해야 했습니다. 저와 김경애 선생님은 참관인이라 도움이 못 되었고요.

"그럼 오늘 운영위원회는 성원이 되지 못했으니 의결은 하지 않는 것으로 하지요!"라고 정리해주시는 겁니다.

사무국장 성공스님께서 "내규에는 1/3이 참석하면 성원인 것으로 되어 있는데요……"라고 아쉬워하며 건의를 했지만, "과반 참석해야 의결하기로 처음부터 말씀드렸으니 그대로 합시다"라고 원칙을 고수하셨습니다.

먼 길을 달려 원주에 와서 새벽까지 회의하고도 하나도 의결하지 못하고 헤어져야 했습니다. '조금 봐주시지…….' 다들 속으로 그런 마음이었지만 아무도 반대하지 못했습니다. 약속은 약속이었으니까요. 그런데 이상하게도 그 다음부터는 한 번도 과반을 넘기지 못한 회의가 없었습니다.

많고 많은 독서·문화 운동 단체들을 아우르며 힘과 지혜를 모아 일을 이루어내게 하는 추진력과, 그 많은 일들을 힘든 내색 한번 하지 않고 체계적이고 조직적으로 이끌어가는 힘은 과연 어디서 나오는 것일까요. 독서와 글쓰기, 어린이 문화 운동에 더해 장학회를 이끌고 있는 모습도 보았는데, 일을 하나 시작하면 변치 않고 오래 이어가는 모습이 감동적이었습니다. 어쩌면 그렇게도 제게 부족한 부분을 모두 갖추고 계신 분인지요. 어린이문화연대 사람들은 그렇지 않아도 바쁘고 힘드신 분을 도서관친구들 일까지 하게 했다고 저를 원망하겠지만 저는 가까운 곳에서 선생님을 보고 배울 수 있어 정말 행복한 2년을 보냈습니다.

이번에 우리는 한 열흘 동안 여럿이 함께 여행을 했습니다. 여행을 하며 더 가까이서 뵈니 아이 같은 마음과 웃음, 장난기가 귀엽기(?)도 했고 딸을 혼자 여행 보내며 걱정하고 슬퍼하는 모습은 이웃집 아저씨 같아서 편안하고 따뜻했습니다. 참 많은 얼굴을 가진 선생님입니다. 이주영 선생님을 보면 저는 왠지 방정환 선생님 생각이 납니다.

향기로운 사람 이현옥 선생

이현옥 선생과 함께한 2013년은 놀라운 해였습니다. 그해 3월에 재택근무로 1년 정도 활동했던 전 간사가 그만둔다고 해서 새로운 간사를 뽑아야 하는 고민으로 가슴앓이를 하고 있을 때였습니다. NGO대학원 모임에서 김창진 교수님이, 제 후배였던 이현옥 선생에게 권했습니다.

"이 선생이 좀 도와드리면 어때요?"

그 말에 이 선생은 조금도 머뭇거리지 않고 말했지요.

"네, 그럴게요. 제가 도와드리겠습니다."

저는 내심 '이렇게 쉽게 결정할 일이 아닌데 이 친구 괜찮을까' 싶으면서도 마음이 급했던 터라 그저 반갑기만 했습니다. 월요모임 회의록 기록하는 일도 번갈아가며 하고 있던 때라 한 사람의 손이라도 절실했지요. 생각해보니 5, 6년 지나면서 다들 조금씩 지쳐 있던 시기였던 듯합니다.

2013년은 후원하는 친구들이 폭발적으로 늘어나던 해였고, 회계 규모가 점점 커져서 새로운 단계로 정리해야 할 필요가 있었습니다. 회원은 4,000명을 넘어가고 있는데, 모금액은 그만큼 늘지 않아 무슨 연유인가 알아보아야 했습니다. 서른 군데에 이르는 지회에서 어떤 활동을 어떻게 하고 있는지, 지원은 어떤 식으로 이루어지고 있는지 정리할 필요가 있었습니다. 친구출판사로부터 기증받아 보존서고에 보관하고 있는 책은 몇 권이며, 도서관친구들 상징 물품은 얼마나 남아 있는지 등 확인해야 할 사항이 한두 가지가 아니었습니다.

이렇게 정말 도움이 필요할 때 이현옥 선생이 나타나준 것입니다. 그것도 온전히 자원활동으로 하겠다고 했습니다. 그때까지 1년 동안 운영비에서 일정 금액을 간사 활동비로 지급하고 있었는데, 운영비 마련도 고민이었습니다. 그러니 이 선생이 운영비 절약에도 큰 도움을 준 셈이지요. 물론 외국 대학원에 장학생으로 진학할 예정이어서 자신의 이름으로 된 통장을 개설하지 않았던 이유도 있었지만, 본인이 극구 사양했습니다.

우리는 한 사람이 얼마나 대단한 일을 해낼 수 있는지 날마다 놀라움으로 지켜보았습니다. 이 선생은 회원등록부터 사무국 회의 정리, 지회 지원사업과 연락업무, 보존서고 정리까지 틈날 때마다 도서관에 나와 때로는 혼자서, 때로는 함께, 업무를 깔끔하게 정리해 주었습니다. 언제나 더할 수 없이 환한 미소를 머금고 말이지요. 몇 년 동안이나 '정리해야지, 정리해야지' 하며 미뤄오던 일들이 이 선생의 손길이 가면 하루아침에 가지런히 정리가 끝나 있었지요. 각종 공문서 양식 만들기부터 친구하기신청서 파일 정리까지 안 되는 일이 없었습니다.

이 선생은 자신의 차에 사무용품까지 다 싣고 다니며 필요하면 언제나 척척 꺼내놓아 일하는 시간을 줄여주기까지 했지요. 정말 특별한 친구였습니다. 생활의 달인을 실제로 옆에서 보는 기분이랄까요? 그 친구와 함께 1년간 일하면서 저 역시 많은 것을 배웠습니다. 최근에 나온 『동네도서관이 세상을 바꾼다』라는 책을 보면 저자 이소이 요시미쓰 씨가 한번 만나고 스승으로 삼은 젊은이가 나옵니다. 이 선생과 일하던 그때 제 마음이 딱 그랬습니다.

정말 놀라운 일이 있었는데, 회원신청서를 열심히 받아왔으나 무슨 연유인지 등록되지 않고 있던 후원회원이 1,800여 명이나 된다는 사실을 이 선생이 찾아낸 것이었지요. 친구하기 신청서와 CMS 등록대장을 한 장 한 장 대조한 끝에 발견해냈다 했습니다. 회계장부는 마치 전문가가 정리한 듯 완벽하게 마무리되었습니다. 연말에 감사 자료를 준비하며 회계사에게 확인받았더니 "택배 영수증 몇 개 빠진 것 말고는 완벽하네요. 대단하십니다!"라고 해서 또 한 번 놀랐습니다.

도서관친구들이 어려운 고비를 넘길 때 우렁각시처럼 나타났던 이 선생은 지금 캐나다에서 공부하고 있습니다. 의학 분야라 학업만으로도 벅찰 텐데 계속 자원활동을 하겠다고 해서, 지금은 친구

이야기 **하나**

출판사 책 구매와 독서모임용 책 공동구매를 대신 해주고 있습니다. 가끔 연락이 뚝 끊겨 궁금할 때도 있지만 고맙다는 말로는 다 표현이 안 되는 친구지요. 지금도 그 친구 생각을 하면 수줍어하며 환하게 웃던 모습이 떠오릅니다. 향기로운 사람입니다.

탁월한 도서관 운영자 김경애 선생님

도서관친구들이 활동을 시작한 지 9년째 되던 2014년, 드디어 우리는 '친구사서 선생님'을 모시게 되었습니다. 저는 도서관친구들 일을 하며 전국의 많은 도서관을 가보았고 또 많은 사서 선생님을 만났습니다. 보이지 않는 곳에서 힘든 일을 감당해내며 즐겁게 도서관을 꾸려가는 분들을 보면서 감동받은 적이 한두 번이 아니었지요. 제가 만난 분 가운데 김경애 선생님은 단연 최고였습니다. 부천의 행복한도서관을 10년 동안 가꾸어오셨는데, 모든 면에서 놀랍기만 했지요. 마음 깊이 존경하던 그분을 첫 번째 친구사서 선생님으로 모실 수 있었습니다.

오래 전부터 도서관친구들은 이런 꿈을 가지고 있었습니다. '우리도 사서 선생님을 한 분 모셔서 도움이 필요한 도서관에 보내드릴 수 있었으면.' '더 많은 친구들이 생기면 더 많은 친구사서 선생님을 모시자.' 2014년, 그 바람이 이루어졌지요. 그해 윤봉길기념관에 새책도서관이 생기고, 그곳을 맡아줄 사서가 절실해서 김경애 선생님을 모셨던 것입니다. 그분이 도서관을 맡고 한 달쯤 지났을 때 이곳을 찾은 사람들은 입을 모아 말했습니다.

"이곳이 전에 그 새책도서관이 맞나요?"

"이 도서관에 그동안 무슨 일이 있었나요?"

"세상에 이렇게 예쁜 도서관이 단시일에 생길 수도 있네요."

김경애 선생님은 모든 면에서 탁월했습니다. 도서관을 맡자마자 깜짝 놀랄 만큼 예쁜 도서관으로 변모시키는 안목과 솜씨, 기념관에 왔던 차에 잠깐 구경하러 온 사람들까지 도서관 이용자로 만들어버리는 놀라운 친화력, 한번 온 사람은 금방 단골 이용자가 되게 하는 흡인력을 갖추었지요. 또한 1년도 채 되지 않은 도서관에 벌써 세 개의 독서모임을 만들어내는 조직력, 작은 도서관 운영의 모범을 보여주는 창의적인 프로그램 구성력과 활동력까지 지녔으니, 어느 것 하나 놀랍지 않은 일이 없습니다. 게다가 아무리 힘든 일도 싱글벙글 웃으며 해내고는 별일 아니라는 듯 말하지요.

"다 끝냈습니다!"

"준비 다 되었습니다!"

"네네!"

상큼한 한 마디로 매사를 마무리하는 그 모습은 보는 이들을 즐겁게 합니다. 평소 툭툭 던지는 말은 어록이 되어 모두의 마음속에 자리했지요.

최근 시민의 숲 안에 방치되어 있던 '지식서재'를 멋진 꼬마도서관으로 변모시켜놓았다는 소식이 들려오는데, 어서 가봐야겠습니다. 하회탈 같은 웃음과 따스한 공감 능력으로 남녀노소의 열혈 팬을 거느리고 있는 김경애 선생님은 도서관친구들 10년을 맞아 사무국장으로 자원활동을 해주고 있습니다. 참으로 든든하고 행복합니다.

우리들의 '천예송' 한송이 간사

도서관친구들 카페에 '한송이'라는 이름으로 글이 올라오면 다들 닉네임인줄 알고 '누가 이 이름으로 글을 쓸까?' '예쁜 이름인데 누굴까?' 궁금해합니다. 그런데 우리 간사님 이름이 진짜 '한송이'입니다. 이분을 빼놓고 도서관친구들을 말할 수 없지요. 현직 초등학교 선생님으로 자원활동을 해주시는 것만도 놀라운 일입니다.

교실에서 아이들과 생활하는 모습은 또 다른 감동을 주지요. 우리는 모이면 한송이 선생님 반 아이들 이야기 듣는 재미로 일단 마음을 열고, 남는 시간에 도서관친구들 이야기를 나눈다고 할 정도입니다. 아이들과 생활하는 틈틈이 하는 자원활동이라 주말이나 쉬는 날은 온전히 도서관친구들 일을 해야 할 때도 있지요. 그러면 우리는 미안해서 눈치를 보는데 한송이 선생님은 언제나 씩씩하게 말합니다.

"해볼게요!"

"제가 하겠습니다!"

"저도 갈게요!"

나팔꽃 같은 웃음을 지어 보이며 늘 하는 말입니다. 그러면 곁에 있던 사람들도 따라 웃지요. 그 모습이 꽃등불이 하나씩 켜지며 금방 꽃동산을 이루는 것 같습니다. 우리 도서관친구들이 보석처럼 빛나는 순간이지요. 도서관친구들 사이에서는 언니도서관친구들 한송이 간사 선생님과 연락할 때, '평일에는 5시 이후만 통화 가능합니다'라는 문구를 꼭 기억해야 합니다. 일과시간 중에는 아이들과 학교 일에 온전히 마음을 쏟아야 하니까요. 퇴근 후에 전화를 받을 수 있다는 뜻입니다. 그런데 친구들은 이상하게도 그 문구가 특별한 감동을 준다고 합니다. 진심이 하는 일이라서 그럴까요? 그래서 도서관친구들은 한송이 선생님을 부를 때 한송이라 부르지 않고 '천예송'이라 부릅니다. '천송이보다 예쁜 송이'라는 뜻입니다.

아름다운 사람 강선아 간사

2015년, 우리 도서관친구들에 새로운 보물이 하나 툭 떨어졌습니다. 한송이 간사의 일이 점점 많아져서 새로운 간사가 절실히 필요할 때였습니다. 저는 만나는 사람들마다 붙잡고 물었습니다.

"혹시 자원활동으로 간사 일을 해주실 분 어디 없을까요?"

그러면 다들 고개를 갸웃하면서 "요즘 같은 때 자원봉사라니요" 하며 쉽지 않을 거라고 했습니다. 그런 걸 기대하다니 이상한 사람이라는 표정을 지었지요. 독서모임 '시월애서'가 열리던 어느 날, 저는 친구들에게 간사를 구한다고 했습니다. 그랬더니 그 자리에서 어떤 분이 말했습니다.

"제가 한번 해볼까요?"

강선아 간사와의 인연은 그렇게 시작되었습니다.

저는 속으로는 정말 반가웠지만 미안해서 기어들어가는 목소리로 말했습니다.

"그럼, 1년만 부탁드려도 될까요……."

"네, 그럴게요!"

좋은 사람들은 어쩌면 이렇게 모두 시원시원할까요? 강선아 간사가 도서관친구들에 와서 보여준 꿈 같은 일들을 어떻게 말로 다 할 수 있을까요? 드러나지 않게, 진정한 나눔이 무엇인지 몸소 보여주었습니다. 선아 씨가 누군가에게 뭔가를 주거나 나눌 때 보면 '인디언이 선물하는 방식'이 생각납니다. 무슨 조건을 달거나 이유를 붙이지 않지요. 받는 사람이 부담스럽지 않게, 무심하게 툭 던지듯 말합니다.

"집에 옥수수가 좀 남아서요."

"누가 선물로 가져왔는데 너무 많아서요."

"어머님께서 주신 김치가 맛있어서 좀 가져왔어요."

정말 매력 있는 친구입니다. 제가 가끔 '선아 씨! 혹시 내일 파주에 잠깐 다녀올 수 있을까요?'라고 문자를 보내면 5분 이내에, '네, 선생님!'이란 답이 옵니다. 어떻게 이처럼 명쾌하게 대답할 수 있을까 싶은데, 다음 날 카페 '3월의 양'에서 만나면 이렇게 말합니다.

"참 이상해요. 도서관친구들 일이 있는 날이면 일이 술술 풀려요. 동생이 우리 아이들 데리고 할 일이 있다며 집에 온다네요. 그래서 오늘은 시간 충분해요!"

밝은 목소리에 그만 웃음이 나지요.

"선아 씨! 운전 너무 오래 했는데 힘들지 않아요?"

"제가 파주에 1년 반 동안 살았던 적이 있어서 이 길은 훤해요. 하나도 힘들지 않아요!"

그 말에 그저 고마운 마음으로 다시 한 번 웃고 맙니다.

지난 9월 5일, 『아침독서신문』이 100호를 내고 10주년을 맞아서, 이웃 독서운동 단체들이 축하해주자고 해서 마련한 자리가 있었습니다. 오신 분들께 이른 저녁을 대접하기로 해서 우리 도서관친구들이 나서서 식사 준비를 맡았지요. 100명분의 저녁 식단을 짜고 시장을 보고 몇 가지 일은 나누어 상을 차렸는데, 식단에 없던 맛깔스런 가지구이가 준비되어 있었습니다. 선아 씨의 솜씨였지요.

"이렇게 맛있는 가지구이를 어디서 구했어요?"

"어제 한살림 갔더니 가지가 싱싱해보이더라고요. 요즘이 딱 맛있을 때라 자연드림 가지까지 몽땅 사다 어젯밤에 구웠어요."

"혼자서요?"

"신랑이 모임 갔다가 늦는다기에 기다리기 지루해서요. 놀면서 구웠더니 금방이던데요."

강선아 간사를 보면 '꽃향기를 맡으면 힘이 솟는 꼬마 자동차'라는 노래가 생각납니다. 이슬 먹고 꽃향기만 맡으며 사는 사람 같지요. 미안하고 고맙고 늘 아름다운 사람입니다.

자원활동으로 더 유쾌한 부부

도서관친구들 운영위원회에서 큰 행사나 급한 일을 맡아야 할 사람이 필요하면 모두들 떠올리는 사람이 있습니다. 강선순 부천도서관친구들 대표지요. 해마다 총회준비위원장을 맡아 부천에서 서울까지 며칠을 출근하다시피 하며 준비를 완벽하게 해내니 이번에는 도서관친구들 10주년 기념사업도 총괄을 맡게 되었습니다. 그런데 생각해보니 강 대표한테 못하겠다거나 어렵겠다는 말을 한 번도 들어본 적이 없습니다.

도서관친구들이 '도친장터'를 열면 하루 종일 와서 엄마 따라 온 아이들에게 풍선을 불어주고 페이스페인팅도 해줍니다. 엄마들이 편하게 책 고르라는 배려지요. 이번 우포자연도서관 나들이와 『아침독서신문』 100호 기념잔치에는 너무나 예쁜 떡 케이크를 손수 만들어 왔습니다.

"강 대표님은 못하는 게 뭐예요?"

"다 못하는데요."

생글생글 웃으며 말합니다. 재주가 많고 선해서 볼수록 신기한 사람입니다.

지난 봄 우리 도친장터는 성황이었습니다. 커다란 입구 풍선이 설치되어 장터 분위기를 한껏 돋우어주었지요. 강선순 대표 부군이 마련해준 선물이었습니다. 10년 만에 처음 있는 일이었지요. 큰 차에 공기 주입 기구까지 싣고 와서 뚝딱뚝딱 만들고 하루 종일 강 대표와 함께 아이들을 위해 풍선을 불어주었습니다. 장터를 마치자 책장정리까지 도와주더니 그 큰 입구 풍선을 혼자 쓱쓱 정리해 차에 도로 싣고는 씩 웃으며 사라졌습니다.

도서관친구들 총회는 분위기가 늘 좀 딱딱합니다. 정관 개정도 해야 하고 전국 지회 소개도 해야 해서 쉬지 않고 밀어붙이지요. 그럴 때 중간중간 재미있는 진행으로 분위기를 부드럽게 만들고 한바탕 웃을 수 있게 해주는 역할도 강 대표 부군 몫입니다. 정작 본인은 웃지 않고 남을 웃게 만드는 특별한 재주를 가진 분이지요. 잘 어울리는 두 분을 생각하면 꿈속에 있는 것 같습니다.

도서관친구들 활동을 시작하고 10년을 지나오면서 '이런 사람이 한 사람만 있어준다면' 하고 바랐던 인물들이 그때마다 모여들었습니다. 어디 숨어 있다가 '이때쯤 나타나자' 하고 약속이라도 한 것 같았습니다. 혼자 앉아 생각에 잠겨 있노라면 가슴이 턱 막힐 때가 있습니다.

이 글을 정리하며 돌아보니 첫 만남부터 참 운이 좋았다는 생각이 듭니다. 우연한 선물처럼 『미래를 만드는 도서관』이란 책을 만났고, 첫 초청특강에서 좋은 이론을 만났으며, 광진도서관에서 멋진 도서관 사람들을 만날 수 있었으니까요. 이런 좋은 환경에서 도서관친구들은 8년을 살았습니다. 그러는 동안 전국의 후원친구가 4,300여 명에 이르렀고, 동무도서관친구들도 많이 늘어났습니다. 생겼다가 없어진 원주 세인도서방친구들까지 합하면 서른 군데나 되었지요.

전국을 통틀어보면 8,000여 명이 친구가 되었습니다. 처음에는 일 년에 100명씩 생기다가 500명씩 생기고, 2012년에는 일 년 동안 1,000명이 생겼으며 2013년에는 6개월 만에 1,000명의 친구가 새로 생겼지요. 놀라운 일이었습니다. 즐겁게, 많은 일들을 할 수 있겠다는 꿈을 꿀 수 있었습니다.

그러나 그때부터 내부 사람들 사이에 관점의 차이가 서서히 드러나기 시작했습니다. 어려움이 시작된 것이지요. 어떤 단체든 몸집이 커지면 구성원들 간에 생각들이 달라지고 그 차이는 다툼을 불러와 큰 어려움을 겪기도 합니다.

그런 과정 속에서 어떤 단체는 없어지거나 쪼개져 작아지기도 합니다. 또 어떤 단체는 더 건강한 조직으로 성장도 하지요. 우리나라 시민단체 가운데 10년을 넘기고 계속 성장하는 곳이 10퍼센트가 채 되지 않는다는 이야기를 들었습니다.

2013년 하반기부터는 모든 활동을 멈추고 최소한의 지회 지원 활동만 하면서, 조직을 새롭게 하고 운영위원회를 꾸렸습니다. 비상대책위원회와 비상총회를 거쳐 2014년 총회에서 새로운 회장과 운영위원들을 선출하여 3기 활동을 시작했습니다. 단체가 어려움을 겪는 가운데 절반으로 줄었던 후원친구들이 다시 늘어나 5,000명을 넘어섰습니다. 서른 군데서 열 군데로 줄었던 동무도서관친구들도 2015년에는 열일곱 군데로 늘었지요. 활동도 드러나지 않지만 알차게 차근차근 이루어지고 있습니다. 이제 더 천천히, 더 조심조심 가야 할 때라고 생각을 하고 있습니다.

많은 사람들의 자문을 구하고 다양한 의견들을 모아서 결국 그냥 '도서관친구들'로 정하는 데만 6개월이 걸렸습니다. 조금은 싱겁게 끝나버린 작명 과정이었지만, 덕분에 많은 것을 생각해볼 수 있는 좋은 기회였습니다. 이를 테면 '도서관친구들은 앞으로 어떻게 될까?', '지역 도서관친구들은 어떤 입장을 더 좋아할까?', '지역 도서관친구들과 광진도서관친구들은 어떤 관계로 연결되어야 할까?'와 같은 생각들이었지요.

이야기 둘

도서관친구들,
출발!

친구들의 이야기방

2006년이 시작되면서 우리는 바뀐 이름을 사용했습니다. '광진도서관친구들'! 이름을 붙이거나 바꾼다는 것은 특별한 일이었습니다. 단지 이름을 다르게 붙였을 뿐인데 마치 모임이 새로워지는 것 같았으니까요. 그렇다고 내용의 변화가 전혀 없었던 것은 아닙니다. 도서관친구들에 대해 더 알아보고, 알게 된 것을 실제로 해보기로 했으니까요.

우리는 순수 민간 도서관으로 개인과 후원자들의 후원으로 운영되고 있는 용인의 '느티나무도서관'에서 활동하고 있는 '도서관의 친구' 안내 자료를 우선 참고하기로 했습니다. 그것을 보며 이제 도서관친구들을 널리 알리고, 친구를 더 많이 만들려면 어떻게 해야 하는지 지혜를 모아야 했습니다.

"리플릿을 만들어 홍보를 해보는 것은 어떨까요?"

"연간 운영계획도 좀 더 자세히 새롭게 세워야겠지요?"

"조직도 꾸려야 할 것 같아요."

"한 책 읽기 모임은 어떻게 진행하는 게 좋을까요?"

"함께 읽을 책은 어떻게 선정하지요?"

"특강 반응이 좋았는데 앞으로는 어떻게 진행하면 좋을까요?"

"우리부터 도서관에 대한 공부를 좀 더 해보는 것은 어떨까요?"

다양한 의견들은 우리를 즐겁게 하고 힘도 주었습니다. 다들 이 무리 어려운 일이라도 해낼 것 같은 표정들이었습니다.

먼저 모임과 조직을 정례화하기로 했습니다. 물론 '도힘사' 모임 때도 해온 일이었지만 더 보충해서 다음과 같이 정했습니다.

첫째 주: 정기 모임, 친친행사
둘째 주: 문화 나들이, 특별 행사 준비
셋째 주: 친구와 명사의 초청특강
넷째 주: '이 달의 책'을 정해 함께 읽고 이야기 나누기

우리 광진도서관은 독특한 건물이 인상적인데, 두 개의 동으로 나뉘어 있습니다. 하나는 도서관동입니다. 어린이 열람실을 비롯해 정보자료실, 종합자료실이 있는 말 그대로 도서관의 역할을 충실히 맡은 공간이지요. 또 하나는 문화동이라고 부르는 곳으로 주로 일반 열람실이 있습니다. 사람들이 '도서관에 간다'고 할 때는 주로 문화동을 말하는 것 같아요. 문화동은 늘 자리가 모자라 '도서관에 자리를 늘려달라', '도서관동의 종합자료실에서도 수험 공부나 개인 공부를 할 수 있게 해달라'고 하는데, 종합자료실은 그 좋은 환경에서도 자리가 남아도니까요.

우리가 주로 모임을 가지는 곳은 문화동 2층의 이야기방인데 전망이 좋고 조용한 공간입니다. 온돌로 되어 있어 편하게 앉아 회의도 하고 작은 행사도 할 수 있지요. 한번 와보신 분들은 다들 반하

는 곳입니다. 방 안쪽에는 작은 창고 공간이 있어서 모임에 필요한 도구나 자료 등을 두고 꺼내 쓸 수도 있습니다. 어린이책시민연대 광진지부와 반씩 사이좋게 나누어 사용하고 있지요. 가끔 커피포트나 문구류가 섞여 사용되기도 하지만 괜찮습니다. 시민연대 일을 하는 친구들 중에 많은 친구가 우리 도서관친구들이기도 하니까요.

그곳에서 우리는 매주 월요일 아침 10시에 모입니다. 늘 그렇듯 조금 늦는 사람도 있고 사정이 생겨 오지 못하는 사람들도 있지만 일 년에 두 번 있는 방학을 빼고는 빠짐없이 모이고 있습니다.

조금 먼저 온 친구들은 이야기방 청소 봉사를 합니다. 바닥을 깨끗이 쓸고 닦고 이동식 책상도 정리합니다. 이야기방은 우리가 사용하는 월요일 아침을 빼고는 오전 오후로 나뉘어 아이들의 책 읽어주기, 영어 책 읽기부터 어르신을 위한 강좌와 요가교실이 열리기도 하는 모두의 배움의 공간이니까요. 빈틈없이 시간 배정이 되어 있을 정도로 인기가 많은 공간입니다. 때로는 한밤중까지 다양한 강좌나 행사가 진행되기도 합니다. 가끔 밤에 도서관 앞을 지나가다 보면 강변길에 가까운 우리 이야기방에 불이 켜진 것을 보곤 하는데, 얼마나 따스하게 느껴지는지요. 겨울밤 내복 하나 더 껴입은 듯 훈훈합니다.

월요일에 만나요

첫째 주는 주로 회의를 합니다. 다음 달 행사나 특강 계획, 도서관 돕는 일 등에 대해 의논을 하지요. 도서관 예산이나 운영 계획 등 큰 사안들은 연말 총회에서 이미 내년의 윤곽을 어느 정도 잡고 연초에 웬만한 것은 확정하기 때문에, 정기 모임에서는 새로운 계획이나 활동을 의논하는 것이 아니라 정해진 일의 구체적인 역할 분담이나 변경된 사항만 다룹니다. 도서관에서 특별히 바라는 것이나 알려야 할 행사, 그리고 긴급히 지원해야 할 일이 있으면 상의도 하고 홍보 일도 나누어 맡습니다. 월요모임에서 다룰 내용에 대한 안내는 그 전 주에 미리 작성해서 카페를 통해 알리고 생각할 시간을 주고 마음의 준비를 해오도록 부탁하지요.

10년을 해오는 동안 아픈 순간도 많았습니다. 지금도 선명하게 기억에 남아 있어 혼자 있을 때면 가끔 쓸쓸히 웃게 되는 장면입니다. 광명도서관 자원봉사자 모임이 우리 도서관친구들 월요모임을 참관하러 온 날이 있었어요. 이렇게 묻더군요.

"모임은 언제나 월요일에 하나요?"

그 질문에 우리 자원봉사팀 부장인 서현 씨가 말했습니다.

"예, 꼭 해요. 두 사람만 있어도 하지요."

그랬습니다. 다들 사정이 있거나 바빠서 못 나오면 둘이서도 했습니다. 지금은 웃을 수 있지만 그때는 참 외롭고 슬펐습니다.

'늘 나오는 친구가 일곱 명만 있어주면 얼마나 좋을까?'

그것이 간절한 소망일 때도 있었는데, 지나고 보니 '세 사람'만 있어도 된다는 생각이 들었습니다. 둘은 너무 외롭지요.

그리고 도서관친구들은 일 년에 두 번 방학을 하고 있습니다. 모임을 처음 만들었을 때는 일 년 내내 쉬지 않고 활동했지만 이제는 아이들 방학 기간에 맞추어 우리도 여름과 겨울에 방학을 하지요. 가능하면 아이들과 함께 있는 시간, 함께하는 도서관 나들이를 좋아하기 때문입니다. 주말마다 하는 '친친행사'는 계속하지만 정기적인 모임은 쉽니다. 그래도 보고 싶으면 언제든 '번개'라는 방법도 있으니까요.

도서관친구들이 활동을 시작한 지 8년이 되자 전국의 도서관친구들이 8,000명 가까이 되었습니다. 함께하는 동무도서관친구들도 서른 곳 정도 생겨났지요. 언니도서관친구들의 회원이 4,300여 명, 동무도서관친구들의 회원이 3,700여 명이 되어 기금도 상당히 모였습니다. 그렇게 되니 이제 월요일마다 사무국에서 몇 명의 활동가들이 모여 하는 세세한 회의도 좋지만 커진 규모에 걸맞은 조직과 운영 체계가 필요하다는 데 의견이 모아졌습니다.

2013년 7월, 전국의 도서관친구들 운영진들이 모여 밤샘 워크숍을 가졌습니다. 그 자리에서 운영위원회의 성격과 규모에 대해 의견을 모으고, 정관에 따라 운영위원회를 구성했으며, 2014년 총회에서는 운영위원도 선출했습니다. 그 후로는 한 달에 한 번 운영위원들이 모여 사무국 일을 나누어 맡아 진행하고 있습니다. 모든 활동은 카페에 올려 공개하고 있으며, 회원이라면 누구나 운영위원회에 참석하여 의견을 낼 수 있고 참관할 수도 있습니다.

문화 나들이의 즐거움

둘째 주에는 주로 문화 나들이를 합니다. 곳곳에서 열리고 있는 다양한 문화 행사나 소중한 장소에 참여해보는 것입니다. 지난 10년을 돌아보니 그래도 제법 다양한 경험을 한 것 같습니다. 크게 나누어보면 도서관이나 서점을 견학하고 책 관련 행사에도 갔습니다. 박물관이나 미술관, 특별한 문화유산을 찾아보기도 하고 영화도 함께 봤습니다. 그러고 보니 인연 따라 제법 멀리 포항, 순천, 제주에도 다녀오게 되었습니다.

맨 먼저 간 곳은 지금 다양한 독서운동을 펼치고 있는 '행복한아침독서'라는 단체였지요. 그 당시는 '푸른꿈도서관'이었고 '어린이도서관연구소'라 불리던 곳이었습니다. 한 개인이 신념과 철학을 가지고 헌신적으로 운영하는 도서관들을 보며 마음이 따뜻해지고 힘이 났던 기억이 새롭습니다.

그 다음 간 곳이 용인에 있는 그 유명한 '느티나무도서관'이었어요. 우리 광진도서관이 휴관하는 날 맞춰 사서 선생님들도 함께 갔습니다. 그때는 지금처럼 근사한 독립 건물이 아니라 상가의 지하에 있는 작은 도서관이었지요. 그 도서관의 분위기와 봉사하는 분들, 운영하시는 박영숙 관장님의 우정과 환대에 함께 간 친구들이 감동을 받아 그 자리에서 다들 느티나무도서관의 후원자가 되기도 했습니다. 느티나무도서관에서 후원하고 활동하는 도서관친구들 이야기도 들었는데, 그 리플릿을 받아보고 우리 도서관친구들 리플 릿을 새롭게 구상하기도 했습니다. 그 후 소식지를 통해 눈부시게 좋아지는 느티나무도서관을 그려볼 수 있게 되었는데요, 모두의 마음속에 희망의 나무가 하나 무럭무럭 자라고 있는 것 같아 참 좋았습니다.

작은 도서관들도 운영이 녹록치 않지만 우리나라 작은 서점들은 더 어렵지요. 이제는 어렵다는 말조차 할 수 없는 형편인데, 거의 다 문을 닫았기 때문입니다. 몇 남지 않은 작은 서점들 가운데 대학로에 있는 유일한 인문학 서점인 '이음아트책방'과 통인동에 있는 새로운 개념의 작은 문화공간이자 서점인 '길담서원'을 친구들과 함께 찾아보기도 했습니다.

두 곳 다 동네 작은 서점의 가치를 알고 소중히 여기는 사람들의 마음이 모여 따뜻한 공간을 만들어내고 있었는데, 다양하고 멋진 프로그램과 범상치 않은 사람들을 만날 수 있는 곳이었습니다. 저는 가끔 '아마 이런 게 기적이 아닐까' 하는 생각을 하곤 합니다. 두 곳 다 어려운 가운데서도 주인장께서 우리 도서관친구들의 후원회원이 되어주셔서 늘 송구한 마음이지요.

서울은 그래도 때때로 책과 관련된 행사들을 많이 합니다. 너무 서울에만 집중되어 있어서 때로는 죄송할 정도지요. 우리가 살고 있는 광진구에서 코엑스는 아주 가까운 곳입니다. 지하철로 15분이면 도착하니 해마다 서울국제도서전을 가봅니다. 처음에는 많은 출판사들의 책을 한 자리에서 구경하고 또 조금은 싸게 살 수 있는 매력만 있는 줄 알았는데, 지금은 책 구입보다 저자와의 만남, 책 낭독회, 책과 관련한 사진전, 특별 전시회와 같은 다양한 문화 행사를 더 자세히 보게 되었고, 세미나와 한일교류회 같은 학술발표회들도 참가하고 즐길 수 있게 되었습니다.

그러다 2011년 서울국제도서전에는 우리 도서관친구들도 부스를 열고 참가하게 되었습니다. 구경하는 입장과 직접 손님을 맞이하는 입장은 정말 달랐습니다. 사람들에게 좋은 느낌을 주기 위해 부스를 어떻게 하면 잘 꾸밀 수 있을까도 고민이었고, 행사가 열리는 5일 동안 누군가는 반드시 부스의 자리를 지켜야 하는 일도 만만치 않았습니다. 그러나 우리는 늘 운이 좋았어요. 부스 디자인과 관련해서는, 어디선가 멋진 건축가 친구들이 나타나 우리를 도와주었습니다. 이치훈, 강예린 소장님이었지요. 그분들은 건축사무소를 운영하는 건축가들이었으며, 『도서관 산책자』라는 좋은 책을 쓴 작가들이기도 합니다. 책을 쓰기 위해 도서관친구들을 만나러 왔다가 그 자리에서 도서관친구들이 되었고, 그 뒤로도 쭉 우리 도서관친구들을 위해 재능을 나누어주는 고마운 분들입니다.

도서전에 오는 분들에게 가장 필요한 것이 무얼까 생각하다가 우리는 '잠깐 쉬면서 이야기를 나눌 수 있는 따뜻한 공간'이라는 데 의견을 모았습니다. 부스 안에 집 모양의 천막을 제작하여 설치하기로 하고 남대문 시장을 돌아다니며 천을 구해 바느질했습니다. 좁은 공간에 가능하면 많은 사람들이 정답게 머물다 갈 수 있도록 '친구 탁자'를 디자인하여 주문 제작했습니다. 이 탁자 제작에는 도서관친구들이 도서관에 기증한 첫 물품인 '도서관친구들 독서대'를

10년째 한결 같은 정성과 가격으로 제작해주고 있는 '에이스독서대' 염정훈 사장님이 애써주셨어요.

　도서선이 얼리는 동안 전국에서 온 많은 친구들이 우리 부스를 찾았습니다. 처음 온 친구들도 차를 마시며 잠시 쉬는 동안 우리 이야기를 듣고 그 자리에서 후원자가 되어주었습니다. 도서전 기간 동안 총 70명의 새로운 친구들이 생겼지요. 한편, 저는 잊을 수 없는 경험을 했는데, 행사가 끝나고 2년이 지난 어느 날 문자 한 통을 받았습니다.

　'도서전에서 친구가 되었는데 이번에 졸업하고 취업을 했습니다. 그래서 제 여자친구 이름으로 한 사람 더 후원할게요.'

　우리는 그 기쁜 문자를 돌려 보며 그 친구들의 앞날을 축복해주는 것으로 보답하고자 했습니다. 어디서 무슨 일을 하든 언제나 행운이 가득하기를 빕니다.

　가을에는 파주출판문화단지에서 '파주북소리' 행사가 열립니다. 코엑스만큼 붐비지는 않지만 넉넉한 야외 공간에서 펼쳐지는 책과의 또 다른 만남을 즐길 수 있어 우리 도서관친구들은 소풍을 가는 마음으로 방문하지요. 남이섬 책 축제도 볼 만합니다.

　우리는 곳곳에서 열리는 책 관련 행사 소식을 카페에 알리고 함께 가곤 하는데, 특히 길담서원에서 정기적으로 하는 백야제는 또 다른 감동과 재미를 주는 행사입니다. 토요일 저녁 8시에 시작해 일요일 아침에야 끝나는 이 특별한 '토요일 밤의 열기'는 정말 대단하지요. 『평화가 깃든 밥상』의 저자 문성희 선생님을 처음 만난 것도, 홍세화 선생님과 긴 시간을 함께하며 그분의 아주 특별한 노래와 춤을 감상할 수 있었던 것도, 그 작은 공간에 빼곡히 들어찬 사람들이 서로 무릎을 맞대고 앉아서 긴 밤을 보낸 덕분이었지요. 지방의 친구들이 서울에 오면 꼭 하고 싶은 문화나들이 목록에 '길담서원 가보기'가 들어 있는 것은 조금도 이상한 일이 아닙니다. 길담서원이 문을 닫은 서울은 어쩐지 조금 허전하게 느껴집니다. 그래도 공주에서 길담서원을 새로 준비한다는 기쁜 소식을 전하며 아쉬운 마음을 달래보네요.

친구출판사인 소나무의 이혜영 씨가 『희망을 여행하라』라는 멋진 책을 펴낸 기념으로 '독서대학 르네21'에서 북세미나를 한다기에 친구들과 함께 갔습니다. 그날은 방학을 맞아 광주에서 여행 온 광주도서관친구들과도 함께했지요. 단지 같은 책을 읽었다는 사실만으로 처음 만난 사람들끼리 깊은 밤까지 함께할 수 있었던 뒤풀이도 멋졌습니다. 그 후로 『희망을 여행하라』라는 책은 우리 도서관친구들 '밑줄독서모임' 목록에 들어가게 되었고, 적어도 1년에 최소한 100명 이상은 그 책을 함께 읽고 이야기 나누는 주제의 책이 되었습니다.

2009년에는 함석헌 선생님의 전집 발간을 기념해 한길사와 교보문고가 진행하는 '함석헌 낭독회'에 우연히 나가게 되었습니다. 사실 1년 가까이 진행되고 있던 행사였는데 그 전까지는 한 번도 가지 못했습니다. '한 번 가봐야지' 하고만 있다가 뜻밖에 낭독을 해달라는 전화를 받고는 마음을 들킨 것 같아 부끄러웠던 기억이 납니다. 아무튼 그 일이 인연이 되어 우리 도서관친구들이 일 년에 한 번 여는 '광진구민 도서관 초대의 날' 특별 행사로 함석헌 낭독회를 열기도 했습니다. 다양한 분야에서 초대된 낭독자들과 함석헌 선생님 이야기를 나누는 것은 특별한 경험이었습니다.

출판사를 직접 견학하는 것도 이 문화 나들이를 통해서였는데, 비교적 활동 초기에 많이 했습니다. 출판사를 직접 가보는 것은 우리 도서관친구들에게는 각별했습니다. '한 책 읽기'를 통해 책을 조금 더 깊이 읽기 시작하면서 우리는 출판사에 대한 관심이 높아졌습니다. 태학사, 보림, 보리 등을 방문하여 각 출판사들의 독특한 건물과 갤러리, 공연장 같은 시설들을 둘러보았습니다. 특히 보리 출판사에서는 변산공동체에서 직접 농사지은 재료로 만든 맛있는 점심도 대접 받았지요. 두고두고 잊을 수 없는 경험이었다고 다들 좋아했습니다.

동시를 쓰시는 정두리 시인을 압니다. 학교에 있었을 때 우리 학교 도서관의 가을 행사였던 '달빛독서교실'에서 저자와의 만남 시간에 모셨던 인연이었지요. 그분이 멕시코의 작은 도시 찰코에 있는 '소녀의 집'을 방문했다가, 어려운 가정에서 자라온 소녀들이 배움을 계속할 수 있도록 도울 길이 없을까 고민했다고 합니다. 그 하나의 방법으로 시인이 시를 쓰고, '소녀의 집'에서 소녀들을 돌보시는 정말지 수녀님이 그림을 그려 시화전을 연다는 초대장을 받았습니다. 뭘 해도 잘 드러내지 않으시는 그분의 조용하고 따뜻한 마음이 전해져 와서 모처럼 친구들과 함께 갔지요. 포항에서는 우리 도서관친구들 자문위원이신 조유현 내외분도 올라오셨습니다. 전시된 시와 그림들이 어찌나 맑고 밝고 예쁘던지요.

그 소녀들의 집안에 울려 퍼지는 웃음과 노래, 그들 마음에 조용

이야기 둘

히 물들어가는 그리움과 사랑, 더불어 살아가면서 서로 나누어야 할 선의의 포기와 용서와 오래 참음과 상냥한 배려……. 이런 잔잔한 그들만의 이야기가 정두리 시인의 엄마 같은 목소리로 이 책을 통해 엮어졌습니다. 그리고 이곳에서 15년이란 세월의 삶을 녹여내고, 그 안에서 참 사랑을 배우고, 이별도 배우고, 완성을 향한 지름길까지도 찾아낸 제가 이 소중한 이야기를 그려내고 색깔 칠할 수 있어서 행복했습니다.

시와 그림이 예쁘게 담긴 『찰코의 붉은 지붕』이라는 책도 함께 나왔습니다. 그 책에 그림을 그리신 정말지 수녀님의 글을 읽으며 '소녀의 집'과 그 안에서 꿈을 키우는 소녀들을 상상하는 우리 마음은 꽃 등불 하나 켜든 듯 다들 환해졌을 것 같습니다. 다녀와서 우리 친구들은 한동안 시를 읽고 시집 사는 데 재미를 붙였지요.

저는 살아오면서 책과 만난 인연이 참 좋았습니다. 책을 통해 누군가를 만나기도 하고 새로운 것을 알게 되기도 하는데 그 인연 중 하나가 최순우 선생님입니다. 물론 저와는 일면식도 없었지만 『무량수전 배흘림기둥에 기대서서』라는 책을 읽고 그만 그분께 풍덩 빠지고 말았지요. 그러나 저 멀리 시골에 살던 제가 뭘 어떻게 할 수 있었겠어요. 그저 책을 읽으며 그리움으로만 간직할 뿐.

그러다 서울로 이사를 와서 우연히 신문 한 귀퉁이에서 최순우 선생님 사시던 옛집에서 선생님의 친구분들이 8회에 걸쳐 기념 특강을 연다는 기사를 읽었습니다. 하필 그날이 신청 마감날이어서 얼른 전화를 했더니 딱 한 자리 남았다고 하더군요. '인연이다!' 싶었습니다. 큰 선물꾸러미 하나 받은 기분으로 개강 날을 기다렸고, 그해 가을은 매주 목요일 오후 최순우 선생님 옛집에서 강의도 듣고 차도 마시고 뒤뜰도 거닐며 충만하게 보냈습니다.

그 기억이 너무나 좋아서 우리 도서관친구들과 함께 날을 잡아 나들이를 갔습니다. 우리 모임은 월요모임인데, 대부분의 박물관이나 기념관은 월요일이 휴관일이라 곤란하지 않을까 싶어 조심스럽게 전화를 드렸더니 기꺼이 문을 열어주겠다고 하시더군요. 덕분에 우리끼리 오붓한 하루를 보낼 수 있었습니다. 그곳에서 우리는 한옥의 아름다움도 새삼 알게 되었고, 자연유산과 문화유산 보존을 위해 설립된 '내셔널 트러스트'라는 단체에 대해서도 자세히 알 수 있었습니다. 감동하기 잘하는 우리 도서관친구들은 그 자리에서 그나마 조금 있는 운영비를 쪼개 매달 후원을 하기로 했는데, 그 인연이 10년이 지난 지금까지도 계속 이어지고 있습니다.

그래서일까요? '최순우 옛집'에 이어 '권진규 아틀리에'도 시민문화유산으로 다시 복원되어 문을 열었습니다. 곳곳에 이런 아름다운 공간이 생겨나는 것은 도서관이 생겨나는 것만큼이나 귀하다고 생각하는 우리들은 그곳에도 가보고 후원으로 한 가닥 마음의 끈을 연결해놓았습니다. 할 수만 있다면 이런 단체를 후원하는 일을 늘려가고 싶었습니다. 단체끼리 서로 돕는 일이 많아져 어떤 일에 한목소리를 낼 수 있다면 세상에 조금 더 큰 울림을 주지 않을까 싶었지요.

2010년 여름, 윤구병 선생님을 만났습니다. 이런 제안을 해주셨지요.

“어린이문화연대라는 단체가 만들어지니 함께하면 좋겠어요.”

선생님은 도서관친구들이 처음 활동을 시작했을 때 흔쾌히 평생회원이 되어주셨고, 행사가 있으면 늘 오셔서 축하와 격려를 해주셨으며, 자문위원으로 우리 모임이 나아갈 길을 제시해주셨습니다. 그런 만큼 저희는 기꺼이 함께하는 단체가 되기로 했습니다. 어린이문화연대는 어린이를 위한 독서·교육·문화·출판 활동을 하는 다양한 단체가 연대하는 것을 목표로 하고 있으니, 단체끼리 서로 돕는 데 힘을 보태기로 한 우리의 정신과도 잘 맞았지요. 어쩌다 가끔 모임에 나가지만 함께한다는 사실만으로도 든든했습니다. 2014년에는 드디어 도서관친구들 사무실도 어린이문화연대와 같이 쓰게 되었습니다.

도서관친구들 중에는 미술관에서 일하거나 미술관을 직접 운영하는 친구들이 있습니다. ‘친구 덕에 나팔 분다’고 우리는 그 덕에 자주 호사를 누립니다. 리움미술관에서 일하는 친구 덕분에 전문가의 특별한 안내를 받으며 하루를 보냈습니다. 또 최근에는 아프리카미술관 관장이시면서 우리 도서관친구들이기도 한 정해광 관장님 배려로 월요일 문화 나들이를 소격동에서 즐겼습니다. 경복궁 옆 건춘문 길 건너에 있는 작고 예쁘고 속이 꽉 찬 아프리카미술관! 지방에서 친구들이 올라오면 함께 갈 명소가 하나 더 추가되었습니다. 일원청소년독서실의 친구들도 같이 와서 더 풍성한 시간이 되었습니다. 돌아오는 길에 북촌의 이름난 칼국수 집에서 늦은 점심을 먹었는데, 멀리 포항에 계시는 조유현 님의 사연 있는 대접이었습니다.

영화를 함께 보는 것도 친구들의 중요한 나들이 행사입니다. 처음 함께 본 영화가 「식코」였습니다. 의료보험 제도에 대한 다큐멘터리였는데, 미국의 새로운 모습을 보게 되는 계기였을 뿐만 아니라 쿠바와 프랑스의 의료보험 제도를 견주어보면서 결국에는 우리를 돌아보는 시간이 되었습니다. 최근에는 「더 리더」와 「마더」를 함께 보았고, 노근리 사건을 다룬 「작은 연못」 필름 구매에 후원금을 내고, 도서관에서 공동체 상영으로 영화도 함께 보았습니다. 그 일을 계기로 도서관에서 함께 영화 보기 프로그램을 새롭게 구상하여 동무도서관친구들을 지원할 수 있게 되었습니다.

언젠가 친구특강 '저자와의 만남' 시간에 『김서령의 家』의 저자 김서령 선생님을 모신 적이 있었습니다. 그 인연으로 『여자전』을 내셨을 때 또 한 번 모셨고, 그 뒤로 쭉 선생님은 우리 도서관친구들의 든든한 친구이자 자문위원이 되셨지요.

한 번은 특강 중에 누가 이런 질문을 했습니다.

"선생님은 인생의 목적이 뭐라고 생각하시나요?"

"선(善)한 인연을 많이 만드는 것!"

인터뷰 전문 작가답게 명쾌한 답이 나왔습니다. 다들 고개를 끄덕였지요.

유난히도 우연한 인연에 따라 이루어진 일들이 많은 우리 친구들인지라 얽힌 이야기도 많습니다. 그중에서도 『김서령의 家』를 읽고 그 책 속의 집을 찾아갔던 문화 나들이가 기억납니다. 데니와 젬마 부부의 그림 같은 '마운틴'을 찾아가 집도 보고 차도 마시고, 부부와 함께 이야기를 나누며 하루를 보낸 일은 지금도 가슴 설레는 기억으로 남아 있습니다. 그 흥이 이어져서 그 다음 달에는 멀리 포항의 자월당까지 다녀왔지요.

2009년에는 우리 전통 한복 연구가이신 정희숙 선생님의 갤러리 '단'을 찾아가는 나들이도 했습니다. 천을 물들이고 손수 디자인하고 바느질을 해서 작품처럼 옷을 만드시는, 한복의 아름다움을 누구보다 잘 아는 전문가의 이야기가 샘물처럼 퐁퐁 솟아나서 오후 3시에야 늦은 점심을 먹기도 했습니다. 그밖에도 우리는 소소한 나들이를 자주 즐겼습니다. 아이들을 키우는 주부들이라 하루 시간을 온전히 내기가 쉽지 않아 늘 망설였지만 막상 다녀오고 나면 "아, 정말 좋았어요"라며 다음 떠날 날을 기다렸지요.

2014년에는 버스까지 대절해서 멀리 가보기도 했습니다. 순천 기적의도서관과 새로 생긴 그림책도서관, 진주마하어린이도서관까지 세 곳을 둘러보는 나들이였습니다. 선암사에도 도서관이 만들어지길 바라는 주지스님께 점심공양도 대접 받고, 경남 창녕 우포자연도서관친구들이 마련한 저자와의 만남 행사에도 참석했습니다. 촛불 아래서의 밑줄 낭송과 동요 공연을 보고 만찬을 즐기며 밤의 우포 나들이까지 하고서 한밤에 서울로 돌아왔지요. 다시 가겠다고 다짐도 했습니다.

참 많이도 어울려 다녔다는 생각이 드는 지난날입니다. 혼자라면 쉽지 않았을 일들이지요. 여럿이 함께해서 참 좋았습니다.

색깔있는 특별행사

후원의 밤

우리는 '후원의 밤' 행사를 두 번 가졌습니다. 처음에는 도서관친구들이 만들어진 것을 널리 알리고 또 친구들을 많이 만들어볼 욕심으로 1970~80년대 학교 근처에서 많이 하던 '1일 호프'를 흉내 내어 도서관 근처의 호프집을 하루 빌렸습니다.

홍보하기, 포스터 만들기, 티켓 판매하기, 메뉴 정하기, 안주 만들기, 장보기, 장소 꾸미기, 안내와 당일 봉사자 정하기, 행사 후 결산과 뒷정리까지, 열다섯 명 운영진들이 전원 발로 뛰고 몸으로 때운 2006년 첫 후원의 밤은 성황리에 끝났습니다. 그러나 그날 밤부터 친구들은 3일 동안 몸살을 앓아야 했으니 쉬운 일은 아니었지요. 여럿이 힘을 합쳐 큰 행사를 치르는 일이 얼마나 힘든지 톡톡히 깨달은 시간이기도 했습니다. 누군가는 부엌에서 땀을 뻘뻘 흘리며 쉴 새 없이 국수를 삶아야 하고, 누군가는 여섯 시간을 꼬박 서서 손님을 맞아야 했으며, 또 누군가는 그것을 모두 해내고도 뒷정리까지 한 뒤 새벽 3시가 넘어 집에 가야 했으니까요.

두 번째 '후원의 밤'은 2008년에 했습니다. 하다 보니 격년이 되었지만, 원래 그러려고 한 것은 아니었습니다. 2007년 후반기에 도서관친구들이 한동안 도서관에서 활동할 수 없게 된 사연이 있었지요. 그러다 다시 활동을 시작한 것이 2008년 3월이었고, 새로운 소식을 알리는 의미에서 다시 한 번 한 것이었습니다. 장소는 같았고 행사도 조금 더 풍성했지만, 결과적으로는 앞으로 다시 하지는 않기로 했습니다. 먼저 우리 자신이 너무 힘들었지요. 오시는 분들께도 혹시 '초대 받고 안 갈 수는 없고 가자니 또 그렇고……' 하는 부담이 있지 않을까 하는 마음이 많이 들었습니다.

여름밤 달빛 낭독회

'여름밤 달빛 낭독회'는 누구나 다시 떠올리는, 오래 오래 기억하고 싶은 추억의 한 장면으로 남아 있는 특별한 행사였습니다. 늘 엄마들만 도서관에 모여서 쑥덕쑥덕 일하고 회의한다 하고, 학교 갔다 집에 오면 엄마는 도서관에 가 있다 하고…… "이러다 우리 아이들이 먼저 도서관 싫어할 것 같아요!"라고 말해놓고 우리끼리 웃었습니다. 그래서 "온 가족이 함께하는 행사를 한번 해보자!"라고 해서 시작되었지요.

자기가 지은 시를 가지고 와서 낭독하라고 하면 부담감 때문에 참여자가 별로 없을 거라 예상되었습니다. 그러나 좋아하는 글 한 편, 시 한 편, 긴 글이라면 특별히 마음에 남는 부분을 따로 뽑아 준비해와서 그냥 '보고 읽는 낭독회'라면 괜찮지 않을까 싶었습니다.

처음에는 도서관친구들의 가족 중에 누구라도 참가하는 것으로 했습니다. 가족이 함께 해도 좋고 엄마 혼자, 아이 혼자, 아이들끼리……. 그렇게 스물한 팀이 참가하여 자신이 좋아하는 글을 낭독했습니다. 우리가 늘 모이는 이야기방에서 맥주 박스에 천을 입혀 만든 작은 무대에, 조명은 작은 스탠드와 수십 개의 손바닥 촛불들.

7월의 긴 여름해가 주홍빛 꼬리를 끌며 강 서쪽으로 다 넘어가고 난 늦은 8시에서 9시 반 사이, 그 작은 무대에 오르는 데도 얼마나 긴장이 되고 떨리던지요. 입학도 하기 전인 아이가 그림책을 들고 와 읽는 모습도 참 예뻤습니다. 아이 엄마가 말하길, 아직 한글을 완전히 깨치지 못해서 여러 번 읽어달래서 외웠다고 하더군요. 한 아이는 읽다가 책이 너무 길었던지 하품을 하기도 했습니다. 꾸밈없는 그 모습이 또 감동이었습니다. 그날도 임동신 회장님이 오셔서 모두에게 시원한 얼음과자를 사주시며 기쁨을 나누었습니다.

돌아보니 참 즐겁고 행복한 순간들이었습니다. 몇 년 지나니 '책, 함께 읽자'며 도서관마다 낭독회가 열리는 걸 보게 되네요.

토요일 오후의 풍경전

토요일 오후의 도서관은 활기가 넘칩니다. 주말이라 느긋한 마음으로 가족이 함께 도서관을 찾는 모습을 볼 수 있지요. 어린이 열람실과 유아 독서실에 가보면 곳곳에 한 폭의 그림처럼 아름다운 풍경이 연출됩니다. 누가 시키지 않으니 더 자연스럽고 평화롭습니다. 눈이 행복해지고 마음이 절로 따뜻해집니다. 카메라만 있다면 사진으로 담아두어 영원히 기억하고 싶어질 만큼.

그래서 사진 잘 찍는 우리 도서관친구들의 작가에게 부탁해, 토요일 오후 어린이 열람실의 풍경을 담아달라고 했습니다. 모델이 된 가족에게는 멋진 사진을 선물로 드리는 것으로 하고요. 사진으로 뽑아놓고 보니 우리끼리만 보기가 아까워 한동안 도서관동 로비에서 전시회를 가졌습니다. 전시회 이름은 '광진도서관 토요일 오후의 풍경전'.

우리 도서관친구들은 사진작가 섭외해 오기, 기금으로 사진 현상료와 전시액자, 전시대 제작비, 홍보비를 지원하기로 했지요. 전시회를 보고 난 이용자들은 "와! 너무 멋져요!", "우리도 찍어줘요?" 하는 반응들을 보여주었고, 광진구청 홈페이지에는 멋진 행사를 열어주어서 고맙다는 인사가 줄줄이 떴습니다. '도대체 어떤 행사길래?' 하면서 구청 담당자가 보러 오기도 했습니다. 그러면서 그는 해마다 했으면 좋겠다고 하더군요. 그 행사는 그 뒤로 구청의 예산까지 지원 받으며 계속되고 있습니다. 그때 풍경전을 위해 제작한 전시액자와 전시대는 그 뒤로도 도서관에서 정기적으로 열리는 원화 전시회와 각종 행사에 유용하게 쓰이기도 합니다.

4월, 광진도서관에 가면 어떤 스타의 연출된 사진보다도 멋지고 아름다운 이웃들의 책 읽는 사진이 우리를 행복하게 해줍니다.

첫 마음 기념하기

한동안 정채봉 선생님의 첫 산문집 『그대 뒷모습』이란 책을 수백 권 사서 친구와 지인들에게 선물하던 때가 있었습니다. 다음 글은 그 책의 머리글인데, 오랫동안 제 마음에 남아 있습니다.

나는 개울물에 손을 담그고서 실로 오랜만에 가슴 깊숙한 곳에서 별들처럼 숨어 있는 것들을 찾아보았다.

내 가슴 속에는
햇볕에 푸른 분수가 찰찰 빛나고 있다.
내 가슴 속에는
오동잎에 바스라지는 바람이 있다.
내 가슴 속에는
바람에 사운대는 꽃이파리가 있다.
내 가슴 속에는
별들을 간직한 하늘의 착한 마음이 있다.
내 가슴 속에는
그 아주머니의 싸늘한 젖꼭질 물고 땅을 허비던 어린 것의 뭉개진 손톱이 있다.
내 가슴 속에는
나비의 가녀린 나랫소리가 있다.
내 가슴 속에는
강물에 조약돌처럼 던져 버린 첫사랑이 있다.

내 가슴 속에는

산에 사는 나무와 나무에서 지즐대는 산새가 있다.

그렇다. 신석정 시인의 이 가슴처럼 나한테도 사기잔에 떠놓은 샘물 같은 맑은 눈빛 드는 날이 있다. 고요히 흘러 흰구름 따라가서 눈물을 글썽이고 돌아오던 한낮이 있고, 수수깡 울타리에 굴뚝새 울음 묻혀 보랏빛 완두콩 꽃이 피던 해질 무렵이 있고, 마른 풀섶 어디쯤에 잇자국 나서 던져져 있는 고구마, 그 위에 무서리 내린 아침이 있다.

내 작은 가슴 속에는, 저쪽의 받아주지 않는 거기에서 저 혼자 떨어져 익사하는 전화 벨 소리가 있고, 참깨를 털 듯 나를 거꾸로 집어들고 털면 소소소소 쏟아질 그리움이 있고, 살갗에 풀잎 금만 그어도 그대를 향해 툭 터지고 말 화살표를 띄운 피가 있다.

첫 마음에 담긴 진정성이 느껴져서일까요? 겨울이면 오는 눈이지만 첫눈은 언제나 특별합니다. 첫사랑도 그렇고 첫 입맞춤도 그렇습니다. 첫 여행도 생각해보면 그리운 기억입니다. 그럼 첫 책을 내는 사람의 마음은 어떨까요? 출판사를 차려 처음 만든 책을 세상에 내놓는 사람의 마음은 또 어떨까요? 만약 우리가 이 첫 마음의 설렘을 날마다 기억하며 살아간다면 얼마나 아름다운 삶이 될까요? 얼마나 아름다운 세상이 될까요? 그래서 도서관친구들은 '내 인생의 첫 책 출판기념회'를 기획했습니다. 친구출판사에서 첫 책을 낸 저자를 위해 정성껏 마련한 자리였지요.

- 첫 책을 출간한 저자께는 감사와 축하의 뜻을 전하고
- 친구출판사에는 새 책과 저자를 널리 알리는 기회를,
- 윤봉길새책도서관에서는 의미 있는 행사를 기획하고
- 온북티비에는 괜찮은 프로그램을 제공하며
- 도서관친구들은 저자와의 만남 기회를 갖게 됩니다.

출판사에서는 뒤풀이 비용만 내고 모든 준비는 도서관친구들이 하기로 했습니다. 온북티비는 출판기념회를 촬영해 15분짜리 영상으로 만들어 방송에 소개했지요. 늦은 밤까지 촬영, 편집, 영상 제작까지 보통 일이 아닌데도 기꺼이 맡아준 온북티비는 정말 귀하고 중요한 기부를 해주었습니다.

첫 번째 행사는 보리출판사에서 첫 책을 내신 김희교 교수님의 『안녕? 중국!』이란 책이었습니다. 2014년 7월 4일 밤은 많은 사람들에게 잊을 수 없는 날이었습니다. 예순 명이 넘는 축하 손님들도 멋진 행사였다고 손뼉 쳐주었고 김 교수님도 아주 기뻐했습니다. 저녁식사를 준비하며 바빴던 친구들도 조금도 힘들지 않았고 오히려 즐거웠다고 말해 우리 서로도 놀랐습니다.

첫 마음을 기념하는 일이 의미가 있다고 여긴 친구들이 많아져서 우리는 더욱 다양한 첫 마음 행사를 기획했습니다.

오래 전 나의 첫 책

오래 책을 써온 저자 가운데 한 분을 모시고, 첫 책을 내던 때의 마음을 떠올려보는 행사입니다. 올해 친구출판사인 돌베개에서 한홍구 교수님이 30년 전에 내신 첫 책을 다시 출간하게 되었다는 소

식을 듣고 마련했습니다. 요즘 같은 출판 불황 시대에 30년 전 책을 다시 출간하는 일은 흔치 않지요. 그닐 밤 뜻 깊은 행사를 위해 많은 사람들이 힘을 보탰습니다. 저 멀리 진주에서 스님들이 손수 만드신 연잎밥을 구해왔고, 우리는 노량진 수산시장에 가서 연어를 떠 왔으며, 경남 창녕에서 이인식 선생님은 아주 특별한 유어막걸리를 구해 고속버스 편으로 보내주어 감동을 더했습니다. 그리고 『잊을 수 없는 혁명가들에 대한 기억』의 저자 임경석 교수님이 특별 출연하여 유익한 이야기가 끝도 없이 이어졌지요. 9시를 훌쩍 넘겨서야 저녁식사를 했지만 모두 배고픈 줄 몰랐다고 할 정도였습니다.

우리는 이 행사가 앞으로도 계속되기를 희망하고 있습니다.

우리 출판사의 첫 책

출판 등록을 하고 오랫동안 정성들여 준비한 첫 책을 낸 출판사를 축하하고 격려하는 행사입니다. 친구출판사가 되기로 한 출판사 중에서 신청하면 잔치를 열어드리는데, 멀리 제주에서 '장천'이 첫 책을 냈습니다. 그리고 경남 진주의 '펄북스'도 첫 책을 냈다고 합니다. 가을이 깊어갈 때쯤 서울에서 차례로 출판기념회를 열어드리는 행복한 꿈을 꾸고 있습니다.

내가 만든 첫 책

첫 책은 저자나 출판사에게도 특별하지만 첫 책을 만든 편집자에게도 애틋하고 각별합니다. 책 만드는 일을 오래해온 편집자 분들에게 첫 책 이야기를 들어보는 자리도 의미 있겠다고 생각해 자리를 마련했습니다.

내 인생 첫 책과의 만남

태어나자마자 도서관친구가 된 아가 친구들이 있습니다. 마음 따뜻한 부모님의 배려로 시민단체 후원부터 시작하는 어린 친구들이지요. 그 친구를 위해 언니도서관친구들이 책을 선물하고 태어난 지 1년이 되었을 때, 원하면 돌잔치를 도서관에서 열어드립니다. 책과 함께 도서관에서 첫돌잔치라는 특별한 인연을 맺게 되면 멋지지 않을까요?

이런 모든 일들을 친구들과 함께 꿈꾸며 준비하는 것이 참 즐겁습니다.

뒤풀이도 즐거운 특강

셋째 주에는 주로 특강을 들었습니다. 한 달에 한 번 있으며 '친구특강'과 '초청특강'으로 번갈아가며 들었는데, 어느새 8년 동안 지속해왔습니다. 대부분의 강의는 월요모임 시간에 이루어졌고, 주요 대상은 학부모님과 도서관친구들이었습니다. 물론 도서관에 알려 전체 이용자들에게 개방하고 있습니다. 특강이야 여느 도서관 어디서나 열리는 프로그램이지만 '사람·삶·책·도서관·교육'이 주제인 도서관친구들 특강은 몇 가지 다른 점이 있습니다.

우선 강의보다 뒤풀이가 더 길다는 거지요. 보통 강의는 오전 11시에 시작해서 1시쯤 끝이 납니다. 점심을 함께 먹고 차를 마시며 이야기를 나누다가, 때로는 맥주를 한잔 하면서 저녁을 먹고 나서야 헤어지기도 합니다. 이렇게 긴 뒤풀이를 하고 나면 강사 선생님들은 대개 친구가 되어주시고, 친구특강으로 다시 오시게 되지요.

도서관친구들은 특강을 중요하게 생각합니다. 우리 역시 첫 특강을 듣고 모임의 이름이 바뀔 정도로 큰 영향을 받았으니까요. 특강 때마다 소문을 듣거나 소개로 오시는 분들도 좋은 강의를 들었다고 고마워했습니다.

함께해서 더 좋은 밑줄독서모임

넷째 주에는 한 권의 책을 읽고 이야기를 나눕니다. 즉 이 달의 책을 선정해서 단체로 책을 구입하고 한 달 동안 틈틈이 읽습니다. 처음에는 도서관에 와서 힘이 되기로 했으니 우선 '도서관에 대해서 좀 알아보는 것이 어떤가?'라는 의견이 있어 도서관에 관한 책을 읽는 것으로 시작했습니다.

살다 보면 잘 아는 것 같았지만 자세히 들여다보면 '아는 것이 정말 하나도 없구나' 하는 낭패감이 들 때가 얼마나 많은지요. 하지만 도서관에 대한 책을 읽으면서 우리가 또 하나 느낀 사실은 '책도 많지 않다!'였습니다. 우리가 도서관에 대해 모르는 것만큼이나 일반인들이 읽을 만한 도서관 관련 책들이 별로 없다는 것이었습니다. 그러나 우리는 운이 좋은 편이었지요. 처음 만난 책이 『미래를 만드는 도서관』이었으니까요.

그로부터 10년, 도서관이 많이 생겨났습니다. 우리나라 역사상 이렇게 비약적으로 도서관이 늘어난 때가 또 있었을까 싶을 정도지요. 학교마다 있는 도서관도 어느 정도 리모델링 사업을 완료하여 시설은 갖추었습니다. 전문가의 수준 높은 서비스를 기대하기에는 철학, 정책, 제도 그 어느 것도 아직은 어렵고 먼 일이지만.

2006년, 본격적인 도서관친구들 활동을 전개하면서 도서관에 관한 책을 읽다 보니 도서관이 저 혼자 뚝 떨어져서 존재하는 기관이 아니라는 사실을 알게 되었습니다. 도서관을 운영하는 주체가 따로 있다는 것, 예산과 정책을 결정하고 시행하는 기관이 따로 있다는 것도 알게 되었습니다. 그 기관이 지방자치제도 아래서 핵심 기능을 수행하는 곳이며, 그곳의 정책 결정자들을 선출하는 일이 선거라는 것, 그리고 그 선거가 곧 다가오고 있다는 사실을 알게 된 것이지요.

그래서 함께 읽은 책이 『주식회사 장성군』이었습니다. 민선 군수가 10년간 뜻을 세워 장성군의 공무원들과 함께 군(郡)을 이끈 과정과 결과가 한 권에 잘 정리되어 있는 흥미로운 책이었습니다. 그 책을 읽고 이야기를 나눈 후 우리 도서관친구들은 두 가지를 실행했습니다. 하나는 '광진구도서관 정책에 대한 질의서'를 만들어 구청장 후보 사무실을 찾아가 전달하고 의견을 들은 것입니다. 다른 하나는 꼭 투표장에 가기로 한 것입니다. 우리는 그 일을 지자체 단체장 선거가 있을 때마다 실천해왔습니다.

『좁쌀 한 알』을 함께 읽고 났을 때는 어느 샌가 모두 생활협동조합에 가입해 매장에서 만나는 조합원들이 되었지요. 『희망을 여행하라』를 읽고 난 후에는 소비하는 여행이 아니라 관계 맺는 여행, 공정 여행에 관해 알게 되었고, 커피도 골라 먹게 되었다고 했습니다. 『나무소녀』를 읽고 처음으로 과테말라를 지도에서 찾아보았고, 『왜 세계의 절반은 굶주리는가』를 읽으며 기아문제와 다국적 기업의 횡포에 대해 새로운 시각을 갖게 되었다고 했습니다. 『자원봉사도 고민이 필요해』를 읽고 '밑줄독서모임'에서 낭독할 때는 모두 고개를 끄덕이며 깊이 공감했고, 『안녕? 중국!』을 읽었을 때는 중국에 대한 선입견을 버려야겠다고 생각했습니다. 우리 모두가 자신이 가진 선입견이 얼마나 위험할 수 있는지 깨닫는 데 그리 많은 시간이 필요하지 않았습니다. 그래서 좋았습니다. 새로운 세계에 비로소 눈이 떠지는 것 같았습니다.

책을 함께 읽고 이야기를 나누다 보면 조금씩 생각이 변하는 것을 느낄 수 있습니다. 몰랐던 것을 알게 되기도 하고, 전혀 다른 관점에서 보는 안목을 갖게 되지요. 자신이 조금씩 넓어지는 것도 같고 깊어지는 것도 같습니다. 한지에 꽃물이 스며드는 것처럼 기쁘게 물들어가는 자신이 대견스러워 보일 때도 있습니다. 함께하지 않으면 절대로 알 수 없는 이 가슴 벅찬 순간들을 보다 많은 사람들이 느껴볼 수 있으면 얼마나 좋을까요. 그래서 우리는 도서관친구들 활동을 새롭게 시작하는 도서관에는 꼭 부탁을 합니다. '한 책 읽고 이야기 나누기'는 꼭 하시라고. 그래서 조금씩 성장하고 성숙해지는 기쁨을 널리 널리 나누자고.

도서관친구들이 하는 한 책 읽기 방식은 단순하고 쉽습니다. 한마디로 밑줄독서모임 방식으로 진행하는데, 아주 쉬워서 누구나 따라할 수 있지요. 책에 밑줄을 그은 문장을 준비해와서 소리 내 읽고 왜 그 구절을 뽑았는지 생각한 바를 편안하게 이야기하면 되니까요. 꼭 책을 다 읽어 와야 한다는 부담도 없습니다. 읽을 수 있는 데까지만 읽고 그 안에서 밑줄을 그어 와 이야기 나누면 됩니다. 그러나 모임을 하고 나면 꼭 끝까지 다 읽고 싶어졌다고 말하거나, 집에 가서 다시 읽어야겠다고 말하는 친구들이 많았습니다. 새로운 독서

경험이지요.

밑줄 그을 준비를 하고 책을 읽다보면 한 줄 한 줄 꼼꼼하게 읽게 됩니다. 그러면 이상하게도 책이 재미있어집니다. 책 읽는 즐거움을 새삼스럽게 알게 되었다는 분들이 많은데 바로 정독의 효과지요. 또 모임을 마치면 그 뒤에도 생각할 거리가 많아집니다. 나와 다른 생각들을 접하고 생각이 풍성해지니 저절로 그리 되는 것입니다.

책은 혼자 읽어도 좋지만 같이 읽으면 더 좋습니다. 바로 나와 다른 생각을 만날 수 있기 때문이지요. 그로 인해 사고의 폭도 넓어지고 다른 사람에 대한 이해도 깊어집니다. 모임에서 만나는 사람과 더 친해지기도 하지요. 한 권 한 권 쌓이는 독서목록은 책 읽는 습관을 몸에 붙여주고 책읽기에도 재미를 더합니다. 그뿐인가요. 옮겨 쓰기로 평생 활용할 수 있는 내 마음의 보물상자도 하나 마련하는 셈이지요.

최근 서울의 한 도서관에서 임산부를 위한 '아가마중 밑줄독서모임'을 2년간 진행했습니다. 20권 또는 40권을 함께 읽은 아기 엄마들은 한결같이 말합니다.

"이런 책들 읽지 않고 아기를 낳았으면 어쩔 뻔 했을까요."

밑줄독서모임을 하자고 하면 의외로 "어디에 밑줄 그어요?"라고 묻는 사람들이 있습니다. 도움이 될 만한 기준을 정리해보면 이렇습니다.

• 정말 멋진 생각이 담긴 문장이 나왔을 때

- 아름다운 문장이라 꼭 기억해두고 싶을 때
- 감동을 주는 문장을 만났을 때
- 특별한 경험과 상상을 불러일으키는 부분
- 명언이나 잠언 같은 문장이라 다음에 인용하고 싶을 때
- 전에 알고 있던 것과 다른 새로운 사실을 알게 되었을 때
- 내 생각을 바꾸어주는 문장을 만났을 때
- 너무 재미있어서 다른 사람에게 알려주고 싶을 때
- 내가 닮고 싶은 사람의 모습을 만났을 때
- 지은이의 중심 생각이 담긴 문장이라 여겨질 때
- 잘 모르는 내용이나 이해가 되지 않는 내용을 만났을 때

밑줄을 긋는 것까지는 어렵지 않습니다. 중요한 것은 그 부분을 다시 한 번 옮겨 적는 일이지요. 번거롭고 시간도 많이 걸려서 꼭 해야 하느냐고 묻는 이들이 많습니다. 그러나 옮겨 쓰기가 없으면 밑줄독서는 절반의 완성이니 가능하면 꼭 하라고 부탁합니다.

읽은 것을 내 것으로 만드는 가장 좋은 방법은 그대로 옮겨 써보는 것입니다. 옮겨서 그대로 쓸 때에는 컴퓨터 자판을 두드리는 것보다 연필이나 볼펜을 들고 한 자 한 자 써내려가는 편이 좋습니다. 이상하게도 우리 몸은 수고를 해야 좀 더 잘 기억하는 것 같습니다. 신앙을 가진 분들이 불경이나 성경을 베껴 쓰기도 하는데, 종교의 가르침을 체화하는 데 그보다 좋은 방법은 없다고 하지요.

책 읽는 중간에 옮겨 쓰기를 하면 흐름이 끊어지기도 합니다. 그래서 가능하면 읽을 때는 살짝 밑줄만 그어두었다가 다 읽고 난 다음에 다시 책을 훑으며 밑줄 그은 부분만 읽기를 권합니다. 그 가운

데 가장 마음에 깊이 와 닿는 부분은 밑줄독서모임에서 발표도 하고 자기만의 공책에 옮겨 써두는 거지요. 책 한 권을 이렇게 읽으면 적어도 네다섯 번은 읽은 효과가 난다고 하니 꽤 효율적인 독서 방법이 될 듯합니다.

일단 '보물상자'를 써본 분들은 그 어떤 책보다 자기만의 공책이 좋다고 말합니다. 다시 꺼내 읽으면 책에 대한 기억이 새로워지고, 좋은 문장들만 적혀 있어 명상록을 읽는 것 같다면서요.

밑줄독서모임을 어떻게 진행하면 될까요? 몇 가지 방법이 있습니다.

첫 번째, 진행자 없이 하는 방법입니다. 발제자 없이 참여한 사람들이 모두 차례대로 집에서 밑줄 그어 온 내용을 먼저 낭독하고, 밑줄 그은 이유나 하고 싶은 이야기, 나누고 싶은 일들을 자유롭게 발표합니다. 이렇게 하면 마치 책 한 권을 친구들과 함께 깊이 읽는 느낌을 가질 수 있습니다. 같은 내용을 읽고도 신기하게 다른 생각을 내놓습니다. 세상에 똑같은 사람은 없다는 말을 실감하게 되지요. 각자 다른 느낌과 생각을 만나는 과정에서 우리는 사람과 세상을 보는 더 넓은 시야를 갖게 됩니다.

두 번째, 진행자를 정해두고 읽어나가는 방법도 있습니다. 전체 진행은 한 사람이 처음부터 끝까지 맡아서 하고 처음 시작은 돌아가며 합니다. 물론 기록자도 돌아가며 역할을 맡아하면 좋겠지요. 처음 시작하는 사람이 책 전반에 대한 느낌과 새롭게 알게 된 사실들을 말하며 발제자 역할을 합니다. 이 방식은 발제자가 부담을 느끼지 않도록 하는 것이 중요합니다. 가끔 발제를 위해 긴장하는 맛이 있고 발제할 책은 더 꼼꼼히 읽게 되어 그 책에 대해 특별한 관심과 정성을 쏟게 만드는 이점이 있다는 정도의 부담만 주면 좋겠습니다. 전체 진행자기 진행을 변화 있게 이끌 수도 있고 시간을 적절하게 안배할 수 있어 좋습니다.

세 번째, 전체 진행자 없이 모두가 번갈아가며 진행과 발제, 기록을 맡아하는 방법이 있습니다. 진행을 맡은 사람은 간단히 내용을 요약하거나 책의 전체적인 느낌, 읽을 때 했던 특별한 생각이나 일어난 일화를 소개하며 모임을 열고 발제자가 준비한 발제문을 발표하게 합니다. 발제자는 책에서 찬성과 반대로 나누어 토론해볼 주제가 있다면 한두 개 제시하는 것도 좋습니다. 발제자의 발제가 끝나면 순서대로 먼저 밑줄 그은 부분을 낭독하고 이야기를 나눈 다음, 진행자가 제시한 한두 가지 주제를 가지고 토론식으로 진행하는 것도 좋습니다.

발제하는 것에 부담을 갖는 분들이 많아서 30권 읽을 때까지는 밑줄 그은 것 발표하기로, 50권 읽을 때까지는 줄거리 요약하기, 70권까지는 처음 만나는 사람에게 책 소개하기, 100권까지는 서평 쓰기 이렇게 진행해도 좋았습니다.

어떤 형태로 진행되어도 이 밑줄독서모임은 부드럽고 따뜻합니다. 책을 읽어 새로운 지식을 알기도 하고, 사람들과 소통하는 즐거움을 맛보기도 하지요. 낭독만 하고 이야기를 나눴을 뿐인데 헤어질 때면 마음이 뿌듯해지고 여유로워진다는 친구들이 많았습니다. 서로의 마음 빛깔이 섞이고 물들며 거울이 되어주는 것, 아마도 책이 부리는 마술이 아닐까요.

밑줄독서모임의 전체 진행을 다음과 같이 요약해볼 수 있습니다.

- 함께 읽을 독서목록을 정합니다.
- 책을 공동 구매합니다.
- 각자 읽고 밑줄을 그어 옵니다(깨끗한 책으로 보존하고 싶거나 빌려 온 책이라면 견출지를 붙여 와도 되겠지요).
- 정기적으로 모임을 정해 만납니다(가능하면 일주일에 한 번).
- 각자가 선정한 밑줄 부분을 서너 개 정도 정해 옵니다.
- 차례로 한 사람씩 쪽수를 밝히고 큰 소리로 낭독합니다.
- 밑줄을 그은 이유나 하고 싶은 이야기를 나누어봅니다.
- 참가자 모두가 밑줄 그은 부분을 낭독하고 이야기 나눕니다.
- 찬성과 반대로 나누어서 이야기 나눌 주제가 있으면 토론을 해봅니다(물론, 꼭 하지 않아도 좋습니다).
- 모임 일지를 기록합니다.
- 발표된 부분에서 꼭 기억해두고 싶은 것을 몇 개 골라 독서공책에 옮겨 써둡니다.

독서공책을 쓸 때 유의할 점은 이렇습니다.

- 기록할 때 반드시 읽은 책의 목록을 한 곳에 정리해둡니다. 목록을 정리해두면 나중에 나의 독서경향이나 독서생활을 반성할 수도 있고 새로운 계획을 세우는 데도 도움이 됩니다.
- 다음에 두고두고 볼 수 있도록 예쁜 글씨로, 눈에 잘 들어오게 써두면 좋겠지요. 앞으로 50년 이상 두고 볼 나만의 책이니

까요.

- 인용한 쪽수는 꼭 밝혀야 합니다. 나중에 자료로 활용할 때도 필요합니다.
- 내용이 바뀌면 줄을 한 번 띄우는 것도 좋습니다.
- 익숙해지면 관련 자료를 스크랩하기도 하고 그림과 시를 모아 두는 장으로 활용해도 좋겠습니다.

밑줄독서모임에 관한 내용은 최근에 펴낸 저의 책『아이는 도서관에서 자란다』에도 일부 소개했습니다. 부모님들이 먼저 경험해보고 나중에 아이들과 나아가 가족 전체가 함께 해보라는 뜻에서였습니다.

독서모임을 경험한 친구들 이야기를 들어보면 실패한 경험들이 많았습니다. 오래 하기가 쉽지 않았다고 하는데, 가장 큰 이유가 책 선정의 어려움에 있었다고 했습니다. 모임 구성원들의 의견을 들어 정하기도 하고 공신력이 있는 단체의 추천도서를 참고해보아도 열 권 넘기기가 힘들었다고 합니다.

무식하면 용감하다는데 제가 딱 그 수준인 것 같습니다. 용감하게 100권 목록을 만들어 함께 읽자 했으니까요. 그 목록대로 하는 모임도 있고 그 목록에 조금씩 가감하여 진행하는 모임도 있다고 들었습니다. 책 공동 구매를 부탁하는 모임도 생겨났지요. 책 선택은 운영의 묘를 살리면 좋겠습니다. 목록을 정해 드리고 난 뒤 가끔 듣는 말이 있습니다.

"선생님, 저 혼자 고르라면 평생 읽지 않았을 책이에요. 근데 읽어보니 정말 좋네요."

"고맙습니다. 세상에 이렇게 좋은 책이 많은 줄 몰랐어요."

"제 인생이 새롭게 시작된 깃 같아요. 책읽기가 저를 이렇게 만들어주었어요."

도서관친구들의 아름다운 연대

도서관친구들에게도 이제 조직이라는 것이 필요해졌습니다. '조직' 하니까 우스운데 처음에는 거의 모두가 임원(?)이었습니다. 열다섯 명으로 시작했는데 임원이 열두 명이었으니까요. 처음에는 다섯 개 부서에 한 가지 일을 두 사람씩 나누어 맡았습니다. 살림하는 주부들이 매주 월요일마다 나와야 하니 혹시 부담스러울까봐, 번갈아 나와도 좋도록 한 것입니다. 그러나 지금은 회원이 늘어 중앙의 언니도서관친구들만 2,500명이 넘었고, 연대하는 동무친구들까지 더하면 5,000명이 넘는 친구들이 생겨 새로운 조직을 꾸려야 했습니다. 조직이 변해온 과정을 잠깐 돌아보겠습니다.

맨 처음 우리가 갖춘 조직은 회장(1)과 부회장(1), 하는 일에 따라 기금모금부, 문화부, 홍보부, 자원활동부로 나눠 각각 두 사람이 맡았고, 동대문정보화도서관 친구들이 생긴 것처럼 이웃 도서관에서도 도서관친구들이 더 생길 수 있기 때문에 서로 긴밀하게 연락하고 협조할 수 있도록 대외협력팀(국내1, 국외1)도 두어서 조직 구성을 마친 것이 2006년 가을이었습니다.

그러나 2008년은 다시 새로운 조직으로 운영하게 되었습니다.

회장단을 없애고 회장과 부장 각 한 명씩 해서 다섯 명의 운영진으로 축소했습니다. 경제 여건이 변하면서 지속적으로 모임에 나와 활동할 친구들이 줄어든 대신 작지만 후원금으로 지원하는 친구가 더 많아진 현실을 반영한 개편이었지요. 비교적 유연하게 운영하려는 우리 모임의 특징이기도 했습니다.

하지만 2009년 9월 23일, 4주년을 기념하는 모임을 계기로 새로운 활동가들이 자발적으로 참여하고 영역별로 봉사자들이 보강되면서 운영위원회를 구성할 수 있을 만큼 활동가들이 늘었습니다. 게다가 전국적으로 30개 도서관에 도서관친구들이 만들어져 함께 연대하며 활동하게 되었습니다. 2009년부터는 한 해에 한 번 전국에서 우리와 연대하고 있는 도서관친구들의 대표들이 모여 정기적인 모임도 할 수 있게 되었지요.

그러나 2013년 여름, 내부 구성원들의 생각 차이와 그 틈을 타서 도서관친구들 조직을 차지하려는 외부인 개입으로 혼란과 어려움을 겪으며 3년을 보냈고 2015년에는 다시 17개 지회로 축소, 회원은 절반이 남는 것으로 정리가 되었습니다.

오래 전부터 비영리 민간단체나 사단법인으로 등록하고 활동하는 것이 어떻겠냐는 의견들이 있었습니다. 그러나 지속적으로 활동하는 운영진이 부족하고 간사를 두고 활동비를 지급할 수 있는 정도의 운영비도 없는 상태에서 조직적인 활동을 하는 것은 매우 부담이 가는 일이었습니다. 게다가 우리 단체의 조직 구성과 활동 내용이 일반적인 법인이나 민간단체와는 많이 달라서 등록 자체가 쉽지 않다는 점도 있었습니다. 많은 사람들이 우리 도서관친구들의 사무국과 지부 조직 구성 형태를 궁금해합니다. 많이 다르거든요.

일반적인 단체의 조직은 중앙에 대표성을 가진 상부 조직이 있고 그 조직의 활동과 역량이 커짐에 따라 지방에 하부 조직을 두면서 가지를 뻗어 나가듯 커져가는 형태가 있습니다. 또 다른 형태는 처음부터 행정 구역에 따라 전국에 시·도 지부를 두고 중앙에 대표 조직을 만들어 운영하고 있는 단체들이 대부분인 것 같습니다. 그리고 우리 모두는 그런 형태의 전국적인 조직 활동에 비교적 익숙한 것 같습니다.

이런 형태는 오래 활동해온 단체들에 의해 효율성이 검증된 방법일 것입니다. 그러나 모든 단체가 그런 조직 형태여야 하는지에 대해서는 조금 의문이 듭니다. 게다가 비영리 민간단체로 등록을 하는 데는 그러한 조직 구성과 형태에 맞지 않으면 등록 자체가 어렵도록 규정이 되어 있더군요. 다양한 형태의 조직을 허가하고 인정할 만큼 조금 더 열려 있었으면 좋겠다는 생각이 들었습니다. 선한 뜻과 뚜렷한 목적을 가지고 함께하고자 하는 사람들이 모인다면 일단 모금이나 재단의 일을 시작할 수 있도록 간편하게 등록하게 하고, 이후에 투명하고 목적에 맞게 운용되는지 철저히 관리 감독을 하는 것이 합리적이지 않을까 하는 것입니다.

우리는 도서관친구들 조직을 이 절차와 형식에 맞추어 등록하느라 힘이 들어서 지쳐버릴 지경이었습니다. 그래서 우리 도서관친구들은 사실 일반적인 그런 형태의 조직과 단체의 성격으로 합법화하는 것에 대해 오래 망설이기도 했지요.

그러나 공동의 목표를 향해 함께 연대하되 상부와 하부 조직이 아닌 수평적이고 대등한 지역 조직끼리 연대하는 모임을 꿈꾸었던 우리 도서관친구들은 이제 오랜 고민 끝에 2010년 3월 15일, 제2

회 전체 대표 모임에서 우리 나름의 지향과 가치를 크게 훼손하지 않는 선에서 조직을 새롭게 구성했습니다. 각 지역 도서관친구들의 활동을 보다 적극적으로 지원하는 데 필요하다는 판단이 섰기 때문이지요.

그에 따라 도서관친구들의 회칙을 마련하였고, 각 지부는 회칙을 기준으로 활동을 하되 구체적인 것은 나름의 내규를 만들어 해나가기로 했습니다. 친구들끼리 주고받는 정보와 교류는 홈페이지를 통해 하기로 했기에 홈페이지를 새롭게 정비했으며 이제 제자리를 잡아가고 있는 중입니다.

그러는 가운데서 우리가 가장 크게 고민해야 했던 것이, 우리와 연대하고 있는 모든 도서관친구들을 대표하는 단체의 이름을 정하는 것이었습니다. 카페에 올려 전국의 회원들에게 묻고 자문위원들에게 의견을 구했으며 도서관친구들을 잘 모르는 사람들에게도 물었지요.

'한국도서관친구들'로 할 것인가? 우리 모임이 '한국도서관친구들'이란 이름에 걸맞은가? 아니면 '광진도서관친구들'로 할까? 그러면 연대하는 친구들은 어떻게 해야 하나? '전국도서관친구들'이라면? 그럼 연대하지 않는 도서관친구들과의 관계는? 차라리 '도서관친구들 연대'는? '도서관친구들 연합회'로?……

많은 사람들의 자문을 구하고 다양한 의견들을 모아서 결국 그냥 '도서관친구들'로 정하는 데만 6개월이 걸렸습니다. 조금은 싱겁게 끝나버린 작명 과정이었지만, 덕분에 많은 것을 생각해볼 수 있는 좋은 기회였습니다. 이를 테면 '도서관친구들은 앞으로 어떻게 될까?', '지역 도서관친구들은 어떤 입장을 더 좋아할까?', '지역 도서관친구들과 광진도서관친구들은 어떤 관계로 연결되어야 할까?'와 같은 생각들이었지요.

선체를 아우르는 이름이 정해졌으니 각 지역 도서관친구들은 자연스럽게 '도서관친구들'이란 이름 뒤에 도서관의 고유 명칭을 붙여 사용하는 것으로 정해졌습니다. 예를 들어 평화도서관이라면 '도서관친구들·평화도서관'이 되는 것이지요. 그냥 부를 때는 '평화도서관친구들'로 부릅니다. 새로 생기는 도서관친구들 가운데 기존의 다른 이름으로 오래 활동을 해와서 정 바꾸기 어렵다면 그 이름을 그대로 사용해도 좋은 것으로 했습니다. 하지만 한참 지나다 보니 그냥 편하게 도서관 이름에 '친구들'이라는 말이 붙어버렸습니다.

아직 도서관친구들 조직이 없는 도서관에서 활동을 시작하려고 할 때 광진도서관친구들은 여러 가지를 도와주었습니다. 특강을 지원한다든가 발대식을 돕거나 기금 마련과 친구들 홍보를 위한 상징 물품을 지원하지요. 이때 사람들이 가장 크게 의문을 갖는 것이 '그러면 우리 도서관은 광진도서관친구들의 지부가 되는 것인가?' 하는 것이었습니다.

사실 정말로 이런 질문을 많이 받았는데 일일이 설명하기가 쉽지 않았습니다. 그래서 이 문제를 근본적으로 해결하기 위해서는 광진도서관친구들과는 별도로 사무국을 두어야겠다고 생각했지요. 그러고 나니 다음 문제는 '사무국은 어떻게 운영하나?'였습니다. 지역 도서관친구들은 '사무국을 운영하는 데 드는 비용의 일부를 나누어 내야 하는가?' 하는 질문을 또 해왔지요.

보통은 지부에서 사무국이나 중앙 조직에 일정한 기금을 내거나 운영비를 나누어 내는 것이 일반적인 조직의 운영 형태이지요. 기구를 유지·운영히면서 활동을 하려면 운영비가 들게 마련이니까요. 그러나 도서관친구들은 사무국 운영비를 광진도서관친구들이 모두 부담하도록 한 것이 특이한 점이라 할 수 있습니다. 왜냐하면 멀리 제주에서부터 창원, 울주, 포항, 태백 같은 지역에서도 서울의 광진도서관친구들을 후원하며 기금을 보내주는 분들이 오히려 광진구민보다 더 많기 때문입니다. 그러므로 지역의 친구들이 내는 후원회비는 전부 그 지역의 주민들이 이용하고 후원하는 도서관을 위해서만 쓰일 수 있도록 했습니다.

사무국은 최소한의 경비만으로 운영하는데, 그 경비도 도서관친구들이 내는 후원금이 아니고 운영위원이 내는 운영비와 비정기 특별기부금으로 따로 마련하여 쓰고 있으며, 각 지역 도서관친구들은 자립하여 독립적으로 기금을 운용하고 활동할 수 있도록 했습니다.

사무국은 그저 전체 도서관친구들의 다양한 활동 지원과, 처음 시작하려고 하거나 자원봉사 단체로 활동하다 새롭게 시작하는 도서관친구들을 물심양면으로 지원하는 일만 하기로 했습니다. 이때까지 사무국 일과 광진도서관을 지원하는 일을 함께 해왔던 광진도서관친구들은 다른 도서관친구들과 동등한 형태의 '도서관친구들·광진도서관'이란 지부 조직으로 거듭났지요. 그러나 지금은 광진도서관친구들이 없어져서 혼란도 자연스럽게 사라졌습니다.

이렇게 연대하는 친구들을 연결하고 사무국과 지역 도서관친구들이 하는 일을 나누어 맡아, 2010년 11월 '도서관친구들'이라는 비영리 민간단체 등록을 완료했고, 현재는 사무국을 중심으로 전국 14개 도서관친구들과 연대하여 활동하는 전국 조직이 되었습니다.

도서관과 함께 발맞추기

초기 광진도서관에서는 관장님과 사서 선생님들이 매우 우호적이었습니다. 그리고 사서 한 분이 전담 역할을 맡아 우리 도서관친구들 활동을 지원하고 도서관과의 소통에 다리를 놓는 역할을 했습니다. 월요모임에는 담당 사서 선생님이 꼭 참석하였고 회의 중에는 '도서관에서 바랍니다'라는 시간도 있어서 도서관이 필요로하는 것이 무엇이며, 도서관친구들이 어떤 도움을 줄 수 있을지 의논하는 시간을 가졌습니다.

8년 가까이 도서관을 드나들며 행사도 하고 회의도 하면서, 저는자주 만나서 생각을 나누어야 서로에 대한 이해가 깊어진다는 단순한 진리를 몸으로 깨달을 수 있었습니다. 이해가 안 되는 부분이있으면 듣는 이가 언짢지 않게 "어떻게 해야 하는지 한 번만 더 설명해주시겠어요?"라거나 "이렇게 정리하는 게 맞는 거지요?", "우리가 해드려야 하는 것이 요거하고 요거, 또 요거라는 거지요?"라고 묻는 것이 자연스러워졌습니다. 그러다 보니 한결 마음이 편안해졌고, "저는 생각이 좀 다른데요"라는 말도 쉽게 할 수 있게 되었습니다. 그래서 아예 어떤 결정을 내려야 할 때는 반드시 '생각이 다른 사람'의 의견을 듣고 난 다음에 하는 것으로 정해져버린 것 같습니다. 만약 '생각이 다른 사람'이 하나도 없으면 우리는 반드시 "어, 이거 위험한데요"라고 합니다.

사서 선생님들은 회의 참석 외에도 여러 가지 자료들을 모아서 우리가 계속 공부할 수 있도록 도와주고, 도서관친구들이 도서관에서 하는 모든 활동에 적극적인 지원을 보내주어 우선 인간적으로 감동하게 합니다. 정기적인 모임 장소 제공부터 각종 인쇄물과 자료 준비, 도서관친구들 활동 알리기, 행사 협조까지 아낌없는 지원에, 우리 도서관친구들은 도서관에 힘이 되는 게 아니라 오히려 힘을 받고 간다고 말하곤 합니다. 그래서 도서관이 더 가깝고 따뜻하게 느껴집니다. 사서 선생님들은 도서관의 업무 순환원칙에 따라 돌아가며 도서관친구들 사서 선생님이 됩니다. 더 오래하면 도서관 사서 선생님들 모두와 아주 친해지게 될 것 같습니다.

물론 우리가 도서관과 이렇게 우호적인 관계로 발전하게 된 과정이 그렇게 순조롭지만은 않았습니다.

"우리는 주민들이 나서서 돕네 어쩌네 하는 거 별로 좋아하지 않아요. 그리고 요즘 공공시설들이 얼마나 좋아졌어요? 예산도 충분하고…… 그러니 공연히 이런 짓들 하지 마세요."

"……"

"아줌마들이 공공도서관을 확 바꾼다고 신문에 크게 났던데, 도대체 공무원들은 뭐하고 있었냐고 위에서 말하지 않겠어요?"

"……"

"주민들은 하나도 안 줄 땐 아무 소리 못해요. 그러다가 뭐라도 하나 주면 왜 두 개, 세 개를 주지 않느냐고 하는 사람들이에요. 그러니 처음부터 아예 한 개도 주지 말아야 해요."

"……"

구립도서관을 위탁 운영하는 시설관리공단의 책임자가 바뀌었다고 해서 인사 나눌 기회가 있었습니다. 위의 말들은 가벼운 마음으로 인사 나누러 갔다가 공단으로부터 들은 말들이었습니다. 우리는 너무나 놀랍고 부끄럽고 당황스러워서 한동안 도서관에도 나가기가 힘들었습니다. 지금은 당연히 그렇게 말하는 사람들이 없겠지만 그때는 있었습니다.

2005년, 열다섯 명의 '도서관에 힘이 되는 사람들'(도힘사)이 도서관을 돕는다고 했을 때는 정말 좋은 일이라며 큰 칭찬을 들었습니다. 구청에서는 '사랑의봉사단'이 조직되어 있으니 함께했으면 좋겠다고도 했습니다. 하는 일이 다르니 함께하는 것은 어렵겠지만 사랑의봉사단 자원 활동에도 희망자를 추천해 활동하기도 했습니다. 일곱 명이 사랑의봉사단 활동도 하고 도힘사 활동도 했지요. 그런데 고작 1년 후, 사람들은 왜 이렇게 변한 것일까요?

도힘사가 '광진도서관친구들'로 바뀌면서 나타난 가장 큰 변화는 회원 수의 증가였습니다. 1년 사이에 100명 가까이로 늘어난 것이지요. 활동도 보다 적극적으로 바뀌었습니다. 2006년 단체장 선거를 앞두고 구청장 후보 사무실에 '도서관 정책 질의서'를 보내기도 했고, 사무실을 방문하기도 했습니다. 가을에는 구의회의 도서관 관련 예산 심의 과정을 참관하기도 했지요. 구의회에서 예산이 어떻게 심의·조정되는지 찬찬히 볼 수 있는 유익한 기회였지만, 의원들이나 구청 담당 공무원들에게는 의외의 상황이었던 것 같습니다. 대단히 불쾌한 반응을 보이는 공무원들도 있었지요. 그러나 도서관 자료 구입비는 삭감되지 않고 전액 그대로 확정되는 좋은 결과가 있었습니다.

그러나 의회 참관이 있고 난 다음부터 도서관친구들한테는 직접적인 변화가 생기기 시작했습니다. 월요모임 장소로 이용하는 이야기방 사용에 대한 제재, 업무과다로 인해 직원이 사퇴했는데도 충원 계획을 보류한 일 등……

우리들에게는 도서관을 돕는 일을 하면서도 도서관의 눈치를 봐야 하는 이상한 현상이 생겼습니다. 시간이 흐르자 사서 선생님들까지 도서관친구들을 불편해하며 피하기 시작했고요. 그래서 우리도 이참에 조금씩 쉬어가며 하자고 방학을 만들었습니다. 12월에 겨울방학을 하고 2007년 3월에 다시 활동을 시작했는데, 분위기는 조금도 나아지지 않고 오히려 점점 더 싸늘해졌습니다.

"선생님, 사직하는 직원들은 늘어가는데 인원 보충이 안 돼서 과로로 병가 내는 사서 선생님들이 많아졌어요."

눈치 없는 저는 아무것도 모르고 물었습니다.

"공단에서는 왜 새 직원을 뽑지 않을까요?"

"……"

어렵게 전해준 한 사서 선생님의 말씀이 지금도 생생합니다. 직원이 줄어서 일이 많다고 하자 시설관리공단의 담당자가 이렇게 말했다지요.

"직원이 왜 더 필요해요? 광진도서관은 친구들 많잖아요. 그 친구들한테 도와달라고 하세요."

이런 말을 하는 사람의 말투와 표정이 그려지시는지요? 그 말을 듣고 우리는 우리가 도서관을 돕는 것이 아니라 도서관에 폐를 끼

치고 있었다는 사실을 알게 되었습니다.

따뜻한 봄날 시골집 마당가 조그만 꽃밭같이, 그 안에서는 모두가 온기를 나누어 가질 수 있는 작고 소박한 모임을 꿈꾸었는데 어쩌다가 이렇게 얼음장 같은 마음들을 갖게 만들었을까요? 이제 앞으로는 어떻게 해야 할까요? 고민하다 우연히, 정말 아주 우연히 광진도서관의 과거 사연을 알게 되었습니다.

광진구에 처음으로 구립도서관이 지어진다고 했을 때 주민들은 정말 열광적으로 환영했다고 합니다. 우리 친구들 중에 광진구에 오래 살고 있는 한 친구는 "선거 때 도서관 짓겠다고 하기에 무조건 그 후보 찍었어요!"라고도 했습니다. 그렇게 소중한 바람들이 모여 지어진 광진도서관이었지만, 개관 때부터 공정하지 못한 인사 관리로 끝없이 문제가 제기되었다고 합니다. 하여 광진구의 시민단체들이 연대한 광진주민연대가 광진구 공공시설 인사비리 1호로 지목하여 가열찬 저항 운동을 펼친 곳이 바로 우리 도서관이었음을 알게 되었지요. 사실 인터넷 검색만 해봐도 쉽게 알 수 있는 일이었지만 저는 전혀 모르고 있었습니다. 그러나 정치적인 문제라 그랬는지 현실은 바뀌지 않은 채 별 소득도 없이 그럭저럭 조용해졌고, 선거 때면 한 번씩 거론되는 부끄러운 주제였다고 했습니다.

그랬는데 한동안 잠잠하던 그 도서관에 난데없이 '친구들'이라고 하면서 자발적으로 돕겠다고 하는 주민들이 나타났으니 의심의 눈길을 보낼 수밖에 없었겠지요. 속으로 얼마나 놀랐을까요? 구청의 자원봉사센터에 소속된 단체도 아니고, 사랑의봉사단에도 합류하지 않겠다고 하고, 그렇다고 도서관에 소속된 단체도 아니라고 하니까요. "도대체 그 사람들 정체가 뭐야?" 했다지요.

그제야 우리도 시설관리공단이 왜 그렇게 민감한 반응을 보였는지 좀 이해할 수 있게 되었습니다. 미리 알았다면 좀 더 조심스럽게 접근할 수 있었겠지요. 시민들의 모임이라고 하면 한때 문제가 되기도 했던 아파트 부녀자 모임으로 생각하거나 단체의 이익만을 위해 힘을 행사하려고 모인 사람들로 인식하는 부분도 있는 게 엄연한 현실이었으니까요. 비판과 감시와 견제의 기능에 충실한 우리나라 시민단체들의 활동은 어느 부분에서는 처음부터 함께하고 싶지 않은 껄끄러운 거부와 견제의 대상이 되기도 합니다. 도서관을 돕는 도서관친구들 활동은 필요하지만 시민단체로서 인정할 수 없다는 입장이었지요. 우리는 서로 무척 힘이 들었습니다.

도서관친구들은 도서관과 시설관리공단의 노골적인 냉대와 수모 속에서 여러 차례 모여 의논을 했습니다. '1인 시위를 해보는 것은 어떨까?', '고충처리위원회에 내용을 알려볼까?', '구청장님께 의논을 드려보는 것은?'…… 그러나 최종적으로 우리가 내린 결론은 '활동을 멈추고, 광진도서관이 입장을 정하고 시민들의 자발적인 도움이 필요하다는 것을 인정하고 도움을 청할 때까지 기다리기'였습니다. 친구하고 싶지만 상대가 친구하지 않겠다고 한다면 어떻게 해야 할까요?

"친구는 서로가 친구라고 생각해야 가능하지요. 친구하고 싶지 않은 사람한테 자꾸 친구하자고 하면?"

"스토커지요!"

좋은 친구는 못 될망정 스토커가 되어서는 안 된다며 우리는 조용히 활동을 접었습니다. 그리고 기다리기로 했습니다. 그렇게 기다리며 쉬는 동안 우리는 이웃 도서관에 더 많은 친구들을 만들었습니다. 2006년에 처음 만들어진 '동대문정보화도서관'에 이어 '부천 복사꽃 필무렵 작은도서관'과 '금산기적의도서관', '신묵초등학교도서관'에 친구들이 생겼습니다. 외롭지 않다는 생각이 들었습니다. 갑자기 든든해진 기분이었습니다. 친구가 많다는 것은 정말 신나고 힘이 나는 일이었지요. 광진도서관으로부터 받는 냉대가 크게 섭섭하지 않을 정도로.

그러는 동안 지난 활동을 정리하면서 좀 더 멀리 내다보고 계획을 세웠습니다. 안정적인 기금 모금을 위해 CMS 제도를 도입했고, 홈페이지 제작도 마치고 새로운 활동을 위한 준비를 하고 있었습니다. 물론 여기저기 옮겨다니며 모여야 하는 불안한 모임이었지만 월요모임도 계속 가졌습니다.

그러나 불편한 점도 한두 가지가 아니었습니다. 우선 도서관친구들의 상징이 새겨진 물품들을 보관해둘 장소가 마땅치 않았습니다. 초기 제작비를 아끼기 위해 한꺼번에 많이 제작해두었거든요. 다행히 동대문정보화도서관에서 공간을 만들어주어 일부는 그리로 옮기고 나머지는 친구들 집에 분산 보관했으며, 우리집 창고는 도서관친구들 물품으로 가득 차서 다른 것은 넣을 공간이 없을 지경이었습니다.

지금은 웃으며 돌아보지만, 2008년 2월은 더 당황스런 일이 기다리고 있었습니다. 숭례문이 불에 타서 전 국민이 슬퍼하고 있었을 때 우리 도서관친구들은 걱정이 하나 더 있었습니다. 나라에서 국공립 공공시설 안전점검을 대대적으로 실시하는 바람에 비상이 걸렸지요. 으레 그래왔듯 큰 사건이 하나 터지면 관련 시설 안전점검이다 시설 관리다 해서 벌집 쑤시듯 하지요. 물론 아무리 큰일이라도 사람들의 관심에서 멀어지면 또 태연히 일상으로 돌아가는 것이 우리네 행정입니다.

역시 그때도 동대문정보화도서관에 보관 중이던 물품들을 빨리 치워야 한다는 연락이 왔습니다. 화재 예방 점검이 있어서요. 밤에 급히 짐을 옮겨야 했는데, 다행히 그 즈음에는 광진구청과 이야기가 잘 되어 3월부터는 다시 도서관친구들 활동을 재개하기로 한 터여서 그나마 일부는 광진도서관으로 다시 옮길 수 있었습니다. 슬픈 가운데서도 조금은 위안이 되었지요.

기다리는 시간은 그리 힘들거나 길지는 않았습니다. 많은 분들이 격려해주었고 더 많은 친구들이 후원금을 내거나 물품을 함께 나누어주며 힘을 실어주었습니다. 그렇게 해서 2008년은 새로운 발걸음을 옮길 수 있게 된 것입니다.

1인 시위나 고충처리위원회에 말해보라는 의견들도 있었지만 참고 기다리며 꾸준히 설득한 결과, 2007년 연말에 드디어 새로운 관계를 모색해보자는 구청과 시설관리공단 측의 제의로 만남을 가졌고, 진지한 대화로 서로에 대한 이해의 폭을 넓힐 수 있었습니다. 그리고 공공도서관과 시민들의 자발적인 협조가 조화를 이루는 멋진 도서관을 만들어보자는 합의가 이루어져 우리는 기대로 부푼 새해를 맞이했고, 전보다 더 힘차게 나아갈 수 있었습니다.

돌아보면 이런 과정이 그리 나쁘지만은 않았던 것 같습니다. 상대의 입장에서 서로를 바라볼 수 있는 마음을 갖게 했고 서로를 깊이 이해하게 되었으며, 활동의 여러 가지 원칙들을 생각해볼 수 있는 기회가 되었습니다. 어둠 속에서도 내일을 위해 조용히, 차근차근 나아갈 길을 생각해볼 수 있었던 것도 좋았습니다.

그렇게 우여곡절을 겪으며 키워온 광진도서관친구들도 8년이 지난 2013년 12월을 끝으로 이제는 그 활동을 완전히 접게 되었습니다.

도서관이 어려움에 처했을 때 도서관친구들은 그 문제를 해결하기 위해 예산을 마련해 지원하고 정책 결정자와의 만남을 통해 문제를 해결하기도 했지만 정작 도서관친구들이 어려움에 처하자 도서관은 친구들의 존재를 힘들어했습니다. 만나서 이야기를 해본다거나 문제 해결에 머리를 맞대는 것이 생각보다 참 어려운 일이라는 것을 실감했지요. 특히 단체 내부에서 생각의 차이로 문제가 생겼을 때는 도서관도 입장이 난처할 거라는 생각이 들어 저희는 조용히 도서관을 떠났습니다.

언니도서관친구들은 그동안 지역의 작은 도서관친구들이 후원금을 정기적으로 모금할 수 있도록 돕기 위해 CMS를 개설하여 사용료를 부담하고, 월말에 모아진 후원금을 전액 동무도서관친구들한테 돌려보내는 지원 구조를 가지고 있었습니다. 그러나 단체가 커지고 회계 규모도 방대해져 더 체계적인 관리가 필요해졌지요.

이 구조는 회계를 통합해서 관리해야 하고 감사도 중앙에서 해야 한다는 번거로움이 있어 운영위원회에서 긴 논의를 거친 끝에 각각 독립된 단체가 되기로 했습니다. 2014년 8월에는 지역별로 도서관이 있는 지자체에 비영리 민간단체나 임의단체로 등록하여 완전히 독립 단체로 활동을 시작했습니다. 그러나 후원회원이 너무 적어서 후원금을 다 모아도 CMS 사용료조차 되지 않는 작은 도서관친구들이나 이제 활동을 시작하는 도서관친구들은 CMS 사용료를 언니도서관친구들이 전액 지원하기로 했습니다.

이렇게 언니도서관친구들로부터 지원 받으며 조금씩 성장한 동무도서관친구들은 때가 되면 서로 돕기도 하고 또 새롭게 시작하는 더 작은 도서관친구들을 돕는 일을 하겠지요. 우리는 이것이 도서관친구들의 가장 중요한 정신이라고 생각해왔습니다.

그리고 10년이 된 오늘, 드디어 우리는 서로 돕는 동무도서관친구들의 아름다운 활동을 눈으로 직접 볼 수 있게 되었습니다.

제주에는 가족사랑도서관과 불턱책읽는방을, 2015년에는 전국의 동무도서관친구들이 십시일반 기금을 모아 경남 창녕 우포자연도서관에 서재도서관을 열었습니다. 그곳에 우포를 보러 오는 전국의 도서관친구들이 편안히 묵어갈 수 있도록 예쁜 숙소까지 마련했지요. 우포에 가시면 왜가리 이인식 선생님 안내로 특별한 우포를 만날 수 있습니다.

2018년 서울에는 언니도서관친구들의 지원으로 일본어 도서관인 '북브릿지도서관'이 은평구에, 2021년에는 제주도서관친구들의 '친친작은도서관'이 전국의 동무도서관친구들이 보낸 선물로 가득 찬 공간을 열었습니다.

단지 도서관을 돕는다는 그 생각만으로 보내주는 그 마음
에 어떻게 보답할지 고민해야 했습니다. 그래서 광진도서관
친구들은 한 가지 일을 더 하기로 했는데, 바로 '다른 도서
관에도 우리처럼 도서관친구들이 생기도록 돕자'라는 것이
었지요. (…) 그렇게 돌고 돌아 세상에 도서관친구들이 아주
많아지는 것을 상상하니 너무나 즐겁습니다. 우리는 정말로
'도서관친구들의 친구'가 되고 싶었습니다.

도서관친구들이
하는 일

기금 모금: 어떻게 모아서 어떻게 쓰나

도서관친구들은 도서관을 물리적·경제적으로 돕기 위해 기금을 모읍니다. 기금은 친구들이 정기적으로 내는 후원금과 책시장, 후원의 밤 같은 행사를 통해 얻는 수익금, 정회원들이 내는 회비로 마련합니다.

친구하겠다는 이에게 후원금을 꼭 내야 한다고 하면 "도서관친구들은 자원활동으로 도서관을 돕는데 돈까지 내가며 해요?"라는 질문을 많이 받습니다. 하긴 요즘 도서관에 가서 자원봉사를 하면 적으나마 차비도 주고 봉사 실적도 쌓아준다고 합니다. 그러니 이 부분이 자원봉사하는 일반 도서관 모임과 도서관친구들이 가장 크게 다른 점이라고 할 수 있습니다.

'기금을 내거나, 기금을 내면서 후원 활동도 하는 것!'

도서관을 돕는 일을 해보면 기금의 필요성을 많이 느끼게 됩니다. 턱없이 부족한 도서관 운영비와 자료 구입비 때문에 전전긍긍하는 사서 선생님들을 보면 어떻게라도 도와드려야겠다는 생각이 들지요. 십시일반으로 모아진 기금이 도서관을 돕는 데 얼마나 요긴하게 쓰이는지 알게 되면 모두 놀라게 될 것입니다.

기금을 모으는 의미는 또 있습니다. 물리적으로 시간을 낼 수 없는 사람들도 도서관을 돕는 일에 동참할 수 있게 하지요. 후원을 하면서 좀 더 적극적인 관심을 갖게 되는 효과도 있거든요. 우리가 '도서관에 힘이 되는 사람들'이었을 때는 모임에 나오는 사람들만 회비를 냈지만, 이제는 후원금의 형태로 모든 친구들이 내도록 한 것입니다. 물론 그에 더해서 시간이 있는 사람은 시간으로, 재능이 있는 사람은 재능으로 도울 수 있습니다. 현재 자신이 가진 것으로, 할 수 있는 방법으로, 무엇이든 도움을 줄 수 있거나 나누고 싶은 것을 드러내게 하고, 또 그것을 모으는 일에 초점을 맞추었습니다.

"아휴, 이거 가지고 도움이 되겠어요?"

한 구좌씩 후원해달라고 하면 후원회원 신청서를 쓰면서 수줍게 말합니다.

"그럼요, 얼마나 큰 힘이 되는데요. 달마다 우리를 기억하고 힘을 보내주는 친구가 있다는 사실이 중요하지요."

'도대체 2,000원 가지고 뭘 할 수 있을까?' 싶겠지만, 궁금해하며 들여다봐주는 친구들이 있다는 그 사실이 정말 중요한 거지요.

도서관친구들은 모두 한 구좌 2,000원을 냅니다. 연회비로 낼 수도 있고 특별회비로 낼 수도 있습니다. 다양한 방법으로, 가능하면 우리 모두가 도서관의 친구가 되는 일이 중요하다고 생각합니다.

처음 한동안은 한 구좌 내는 친구, 세 구좌씩 내는 친구, 다섯 구좌씩 내는 친구가 있었지만 서서히, 모두가 그냥 한 구좌씩 내는 것으로 굳어졌습니다. 후원자를 모으기 위해 신청서를 내보이면 대개는 이 단체 저 단체 후원하고 있는 분들이 또 하게 되지요. 작은 금액도 여럿을 하면 부담스럽습니다. 스웨덴에서는 국민 한 사람이 평균 여덟 개의 시민단체를 후원하고 있다는 기사를 읽은 적이 있습니다. 부러운 이야기지요. 우리나라는 95%가 단 한 단체도 후원하지 않는다고 하는데 말입니다.

우리는 이런 말을 나누곤 했습니다.

"'한 사람이 한 시민단체 후원하기' 운동을 벌이면 어떨까요?"

"그 한 단체가 도서관친구들이면 정말 좋을 텐데, 그렇지요?"

그 한 단체 후원을 '도서관친구하기'부터 시작할 수 있도록, 최대한 부담을 줄이고 참여하는 기쁨을 드리자는 취지에서 후원금은 2,000원으로 정하고 신청서에도 그렇게 안내했습니다. 이렇게 정하니 신청서 쓰시는 분들도 홀가분해하고 즐거워하시네요. 농담 삼아 "저는 3,000원 하면 안 될까요?" 하는 분도 있는데 그러면 이렇게 말하지요. "안 되는데요. 특혜를 드리면 안 되지요."

책시장은 기금을 마련하는 데 효과적이고, 친구들을 알리고 친구를 새로 맺는 데 좋은 행사입니다. 그러나 책시장을 한 번이라도 기획하거나 실제로 해보신 분들은 그 일이 얼마나 손이 많이 가고 힘든지 아실 것 같아요. 도서관이라는 공간이 있고 또 친구들이 많으니 '큰 어려움은 없을 것!'이라고 고른 종목이었는데, 실제로 해보니 엄청난 일이라는 것을 알게 된 대표적인 행사입니다.

책시장에 대해서는 조금 자세히 정리해볼까 합니다. 도서관친구들이 가장 많이 하는 큰 행사니까요. 도서관친구들은 일 년에 두 번 책시장을 했습니다. 봄에는 신간 위주로, 가을에는 '도서관 초대의 날' 행사에 함께하는 친구출판사 기증도서전으로 책시장을 열었지요. 그런데 도서정가제가 실시되고 있는 지금은 기증도서전만 하고 있습니다.

책시장을 준비할 때 가장 먼저 고민해야 하는 것은 어떤 책을 판매할 것인가, 즉 목록을 마련하는 일입니다. 판매하는 일이니 많이 파는 것이 목적이겠지만 '우리는 좀 다르게 접근해보자!'라며 의견을 모았습니다. 어차피 판매할 수 있는 책의 종류는 많지 않으니, 아예 널리 알리고 싶고 가능하면 많은 사람들이 읽었으면 하는 책을 골라 판매하기로 한 것입니다. 이를테면 '도서관친구들이 권하는 책' 정도 되겠지요.

이것은 시간이 많이 걸리는 일이라 충분한 시간을 두고 준비해야 합니다. 순서대로 정리를 해보면 대략 다음과 같습니다.

첫째, 책 시장의 주제 정하기

주제를 정하면 일이 효율적입니다. 주제에 따라 목록이 다르게 나오고 범위도 좁혀져서 행사의 취지도 살리고 홍보하기에도 좋습니다. 책시장 홍보는 거의 입소문이니 주제가 있으면 전달하기 쉽지요. 약 2개월 전부터 준비를 시작합니다.

둘째, 목록 작업

유아용, 초등용, 청소년용, 부모용, 일반용 등 분야별로 분담을 합니다. 그리고 각자 준비한 목록을 가지고 모여 다시 전체 회의를 하고, 돌려가며 확인하여 최종 목록을 정합니다.

셋째, 책 주문하기

책시장 2주 전쯤 출판사나 단골 도매서점을 이용하여 주문합니다.

넷째, 책 정리하기

출판사에 부탁해서 책이 들어오는 날을 2~3일 사이에 집중해서 받아 한 곳에 모읍니다. 수시로 보내오는 책 뭉치들은 특정한 장소에 모아둡니다.

다섯째, 일 나누어 맡기

판매대별로 책 분류하기, 도장 찍기, 가격표 만들기, 홍보지 나누어 붙이기, 입소문 내기, 당일 봉사해줄 봉사자 모으기, 계산기와 잔돈 준비하기 등까지 생각해야 합니다.

여섯 째, 책시장 열기

책과 함께 판매할 도서관친구들 물품까지 정리하고 나면 대략적인 준비는 끝났습니다. 이제 남은 고민은 행사 당일에 날씨는 맑을까, 사람들은 얼마나 많이 올까, 당일 홍보는 어떻게 할까, 카드 결제를 해야 한다면? 등입니다.

일곱째, 마무리와 정리

봄에 열리는 책시장은 신간 위주로 엄선한 책이기 때문에, 판매하고 남은 책은 잘 정리하여 도서관에 기증합니다. 즉 도서관에 기증할 만한 책을 판매한다고 봐야겠지요. 가을에는 친구출판사의 기증도서로 합니다. 최근에는 도서정가제가 시행되어 봄가을 두 번 다 친구출판사의 기증도서로 하고 있습니다.

광진도서관친구들 책시장을 열며

1. 목적
아름다운 광진도서관 만들기 및 특별 행사 후원을 위한 기금 마련

2. 일시
2007년 6월 9일 토요일(하루 동안), 오전 11시~오후 4시 30분까지

3. 장소
도서관동 2층 입구와 어린이 열람실 일부

4. 세부내용
주제: 학부모님이 먼저 읽고 아이들에게 권하는 책

판매도서: 행사 스티커가 부착된 판매도서, 기증도서, 협찬도서

판매물품: 도서관 친구들 로고가 부착된 독서대, 티셔츠, 가방

판매활동: 도서관친구들 운영위원과 자원활동을 희망한 도서관친구들 10여 명 내외

책 맛보기 행사: 어린이 열람실

홍보: • 책 시장을 알리는 현수막, 포스터와 홍보지를 도서관 주변과 도서관 친구들이 사는 동네 게시판을 통해 널리 알립니다.

　　　• 광진도서관 홈페이지와 도서관친구들 카페를 통해 홍보합니다.

　　　※ 홍보지 별첨

5. 협조사항
• 책시장 개장 및 폐장 시간에 행사장·판매대 정리에 사서 선생님과 직원들의 협조를 부탁드립니다.

• 판매할 책과 자료가 미리 도서관에 왔을 때 일정한 장소에 잠시 보관될 수 있도록 부탁드립니다.

• 책 전시를 위한 탁자와 간이 전시대, 자원활동가를 위한 의자를 빌려주시면 고맙겠습니다.

야! 기적의 책시장이다!

1. 왜 할까요?
아름다운 도서관 만들기 및 도서관 행사 후원을 위한 기금 마련을 위해

2. 언제 할까요?
2014년 11월 15일(토)~16일(일), 이틀 동안

오전 11시~오후 6시(도서관 폐관 시간까지)

3. 어디서 할까요?
윤봉길기념관 현관 입구(지하철 신분당선 매헌역 5번 출구 시민의 숲)

4. 누가, 어떤 일을 할까요?
주제: '선물로 마련한 기적의 책시장'

판매도서: 도서관친구 출판사의 반품도서와 도서관친구들이 특별히 추천하
는 책

판매물품: 도서관친구들 로고가 부착된 독서대, 가방, 컵, 앞치마 등

판매활동: 도서관친구들과 자원활동을 희망하는 새책도서관친구들

5. 다른 책시장과 어떤 점이 다를까요?
- 우선 '주제가 있는 책시장'이에요.
- 도서관친구들의 친구출판사에서 반품도서를 선물로 보내주셨습니다. 그 책들
로 책시장을 마련했어요. 판매수익금은 다시 친구출판사의 새 책을 구매해 도
서관이나 책이 필요한 곳에 기증할 예정입니다.
- 반품도서는 모두 새 책들입니다. 서점에 잠깐 다녀온 책이지요. 그래서 도서관
친구들에게는 70퍼센트를 할인해드립니다. 특별히! 친구 아닌 분은 50퍼센트
에! 왜냐하면 친구출판사들이 후원하니까요. 할인도 받고 도서관도 돕고! 와
우!
- 어떤 책을 읽어야 하지? 고민하는 분들을 위해 아주 좋은 책들을 준비했습니
다. 오셔서 보시면 '흠!~ 괜찮은데' 하실 거예요.
- 사실 좀 어려운 책도 있습니다. 도전 정신도 필요하잖아요!
- '친구출판사'가 뭐냐고요? 저어~기 서 있는 광고판 봐주세요!^^

도서관친구들은 해마다 광진도서관에 약 천만 원 정도의 책을 기증해왔는데, 기증하는 책의 목록은 주로 도서관에서 필요로 하는 책을 추천받아 목록을 만들었습니다. 2011년부터는 1년에 약 이천만 원 정도의 책을 기증했네요. 그러고 보니 꽤 많은 책시장 행사를 했습니다.

행사를 준비하다 보면 그렇듯, 날씨 걱정도 한몫 합니다. 날이 궂으면 궂은 대로 도서관에 오는 사람들이 없을까봐 걱정, 날이 좋으면 밖으로 놀러나가느라 또 사람이 없을까봐 걱정이지요. 이렇게 글로 정리하다 보니 새삼 그 많은 일들을, 즐겁게 오랫동안 함께 해준 우리 도서관친구들 운영진에 말로 다할 수 없는 고마움으로 가슴이 먹먹해집니다.

그럼 이렇게 모인 기금은 어디에, 어떻게 쓸까요? 기금사용에도 원칙이 있습니다. 오직 도서관을 돕는 일을 위해서만 쓴다는 것이지요. 간혹 "사람들이 모여서 활동을 하다보면 경비가 들게 마련인데 어떻게 운영비 없이 모임을 꾸리는지요?" 궁금해 하기도 합니다. 그런 데 드는 소소한 운영비나 지출은 운영에 참가하는 활동가들이 따로 운영비를 조금 더 내거나 물품의 형태로 기부하고, 운영비를 기부해주는 외부 친구들의 힘으로 최소한의 경비만 사용하고 있습니다. 그래서 사람들이 도서관친구들 회계장부가 좀 희한하다고 합니다.

"매일 모이면서 차도 안 마셔요? 보니까 날마다 마시던데?"

"모일 때마다 밥 같이 먹던데 밥값은요?"

"특강 끝나고 뒤풀이 진하게 한다고 소문났던데 그 경비는 어디서 나와요?"

"문화 나들이 나가면 경비는 어떻게 해요?"

"하다못해 펜과 문방구 하나, 종이라도 있어야 일을 하는데 그런 건 어디서 나오나요?"

이런 경비들은 그때그때 내고 싶은 사람이 냈습니다. 도서관친구들이 낸 후원금으로는 쓰지 않는다는 것이지요. 이 원칙은 앞에 말씀드린 임동신 회장님의 초청특강을 듣고 받아들인 정신입니다. 물론 매우 실험적인 원칙이고, 과연 지속가능할 수 있을지에 대해 많은 사람들이 걱정스러워한다는 사실을 알고 있습니다. 횃불장학재단과는 운영방식도, 활동영역도 다른 단체지만 그래도 하는 데까지 한번 해보고 싶은, 꼭 지켜보고 싶은 원칙이었습니다. 비영리단체로 등록한 뒤에는 정회원들이 따로 내는 회비로 운영비를 마련하고 있습니다.

광진도서관에서 그동안 모은 기금은 크게 책 기증, 시설과 비품 지원, 문화행사 후원하는 데 썼습니다. 책 기증은 신간도서 기증과 행사용 책 기증을 주로 합니다. '한 도서관 한 책 읽기' 책 200권 기증을 시작으로, 해마다 조금씩 양을 늘려서 2013년에는 약 2,000만 원 정도의 책을 구입하여 기증했습니다. 도서관에서 기증받기를 원하는 책 목록을 받아 하기도 하고, 이용자들이 좋아해서 자주 대출하는 도서의 복본을 기증하기도 하지요. 또 행사가 있을 때도 특별히 기증합니다. 저자와의 만남이나 낭독회를 개최할 때 참가자들에게 선물로 드리는 책을 후원하는데 도서관 측도 좋아하고 참가하는 이용자들도 아주 좋아합니다.

이런 일을 하면서 우리가 가장 기쁘게 생각하는 것은 도서관친구들이 기증하는 만큼 해마다 도서관의 자료 구입비가 늘어난다는 점이었습니다. 해마다 도서관 예산이 줄어서 전년도의 절반 또는 그 이하라고 하는데, 광진도서관만은 오히려 예산이 늘었다고 했습니다. 2005년에는 1년 자료 구입비가 5,000민 원이었는데, 2010년에는 3억 원이 되었다니 많이 늘었지요. 도서관에서는 도서관친구들 덕분이라고 했지만 사서 선생님들의 열정과 정성이 만든 결과라고 생각합니다.

또 시설과 비품 지원에도 기금을 사용합니다. "그런 것은 구립이니 도서관 측에서 당연히 해야 하는 거 아냐?"라고 하시는 분들도 있습니다. 물론 이런 일은 근본적으로 도서관 예산으로 해야 하지만, 진행하다 보면 미처 예상치 못한 비품, 또는 예산 편성의 우선순위에서 밀려 오랫동안 해결하지 못하고 있는 시설 지원 같은 것도 있을 수 있지요. 그런 부분들을 도서관친구들이 해왔습니다.

이때도 물론 기금 사용 원칙을 세워두고 있는데, '기본적인 것은 도서관 예산으로 하되 조금 더 보태면 이용자들의 만족도가 월등히 높아질 수 있는 부분을 지원한다'였습니다. 예를 들면 '종합자료실과 어린이 열람실에 독서대 100개 기증하기' 같은 지원이었지요. 요즘은 개인이 각자 들고 다니기 때문에 꼭 없어도 되지만, 준비되어 있으면 누구나 편리하게 사용할 수 있거든요. 개인이 들고 다니지 않아도 되고요.

이런 예의 하나로 이야기방 암막 설치 기증이 있습니다. 이야기방은 한강이 내다보이는 멋진 공간이긴 하지만 어린이 프로그램을 담당하는 분들이 늘 아쉬워하는 부분이 있었습니다. 바로 '빛 차단' 문제였습니다. 완벽하진 않지만 암막을 설치한 후 아이들의 작은 발표회나 빛그림 공연, 영화 상영에 그런대로 유용하게 쓰였습니다. 원래 우리의 처음 계획은 '빛을 완전히 차단하여 아이들이 온전한 어둠을 제대로 경험해보게 하자!'였지만, 아직은 적당한 재료가 없다는 것이 암막 제작자의 말이었습니다.

이야기방은 모임 공간이 부족한 우리 도서관의 단 하나뿐인 시설로, 아이들과 어른들이 함께 사용하는 귀한 공간입니다. 암막 설치는 성인 대상의 특강 시간에 영상물 보기도 한결 좋게 해주었습니다. 이밖에도 이동식 책상 20개 조, 바닥에 앉아서 강의 들으시는 어르신들을 위한 접이식 의자 30개 조, 어린이 이용자를 위한 방석 30개 등도 기증했습니다.

전시회용 간이 전시대(이젤) 30개는 어린이책시민연대 모임에서 해마다 하는 정기 행사 때 꼭 필요하다고 해서 도서관친구들이 기증한 품목입니다. 전시할 작품까지 다 준비했는데 막상 전시대가 없다고 해서 도서관친구들이 이틀 만에 구해서 기증했지요. 그래서 그런지 어린이책시민연대 회원들 중에는 우리 도서관친구들도 많은 것 같아요.

아크릴 전시 액자 20개는 '광진도서관 토요일 오후의 풍경전'이라는 특별 행사 때 주문 제작하여 기증했습니다. 행사 끝난 뒤에는 곳곳에 하나씩 내놓고 간단한 알림판이나 간이 전시용으로 유용하게 쓰인다고 사서 선생님들께서 많이들 좋아하셨습니다.

도서관 안내 데스크 설치는 우리 도서관의 숙원 사업이었습니다. 겉에서 보면 근사하게 지어진 도서관이지만 로비에서 대출증 발급을 위해 신청서를 작성할 때 보면, 이용자들은 정보 검색용 모니터 옆의 작은 책상에 허리를 굽히고 엎드려 써야 합니다. 어쩌다 아이를 업고 오거나 안고 오신 분들로서는 참 난감해지는 상황이었지요. 신청서를 서서 쓸 수 있고 각종 신청서들이 보기 좋게 진열되어 있는, 이용하기 편리한 안내 데스크도 우리 도서관 로비에 잘 어울리게 주문 제작하여 기증했습니다.

그 외에도 도서관 행사에 점심 지원하기, 문화 행사 예산 지원, 특강을 위한 강사비 지원 같은 데도 기금을 사용하고 있습니다. 특히 유용하고 효과적이었던 것이 특강 강사비 지원이었습니다. 공공도서관 초청강연 행사의 강사비가 아주 비현실적으로 책정되어 있다는 거, 행정기관만 모르고 세상은 다 아는 사실이라고 우리는 웃으며 말합니다. 그렇게 책정된 예산으로는 웬만한 강사들은 초청할 엄두조차 낼 수 없지요. 그래서 부족한 부분을 도서관친구들이 지원하기로 했는데, 사서 선생님들께서 정말 좋아하셨습니다.

"강사비가 너무 적어서 선생님들께 전화드릴 때마다 늘 미안한 마음이었거든요."

다행스럽게도, 그런 현실이 도서관 예산 책정에 반영되어 해마다 강사비 예산이 조금씩 올라가고 있다는 점입니다. "현실적으로 충분한 예산이 지원되어 공공도서관에서도 수준 높은 강좌들이 열려서 강사님들은 연구와 강의에만 집중할 수 있고, 시민들은 평생학습의 기회를 동네 도서관에서 얻을 수 있었으면 좋겠습니다."

작년 인문학 특강 뒤풀이에서 이런 말씀을 드렸더니 오신 강사님께서,

"꿈이 크시네요. 그건 우리 연구자들, 또 강사들의 꿈이기도 하지요."

라는 쓸쓸한 답변에,

"아니에요, 집에만 있어야 하는 우리 아줌마들의 꿈이기도 해요."

라고 해서 다들 웃었습니다. 아직은 꿈이지만 여럿이 꾸면 현실이 되기도 하지요. 날마다 더 크게 꿈을 키워가는 우리 도서관친구들입니다.

할 수만 있다면 도서관에 좋은 그림과 작품들을 기증하는 것도 또 하나의 꿈입니다. 예술가들의 창작 의욕도 북돋우고, 도서관과 도서관을 이용하는 사람들이 문화적으로 넉넉해지고 풍요로워지는 그런 기증이 되지 않을까 합니다.

문득 까닭 없이 힘이 빠지거나 세상에 뚝 떨어져 혼자라고 느껴질 때, 아름다운 작품들과 손때 묻은 책, 향기 나는 사람들의 보이지 않는 손길로 가득한 도서관이 가까이 있어 말없이 친구가 되어준다면 얼마나 좋을까요. 한 독서가는 "책과 가까이 지내다 보면 어느새 책은 따스한 피가 흐르는, 살아 있는 벗이 되기도 한다"고 했습니다. 도서관친구들은, 도서관이 우리 모두의 친구가 되는 그런 날을 그려볼 수 있어서 참 좋습니다. 그런 꿈을 꾸는 날은 이 세상 어딘가에 꽃 한 송이 피어날 것 같습니다. 별 하나 살짝 생겨날 것 같습니다.

도서관친구들 사업은 아니었지만 또 하나 의미 있는 일이 있었습니다. 바로 멀리 버마 홀라얀따야에 '꽃 키우는 손' 도서관 건립을 지원한 일입니다. 전국의 많은 친구들이 자발적으로 후원금을 보내주었고, 도서관친구들도 회의를 거쳐 약간의 건립 후원을 했습니다. 전국의 동무도서관친구들도 형편에 맞게 조금씩 후원을 했지요. 여러 차례 모임을 가졌고, 회의도 하여 모금을 했습니다. 그 일을 한 이들이 거의 도서관친구들이었던 터라 미얀마에서는 우리 도서관친구들이 지어준 도서관으로 알고 있지만 정확하게 말하면 그렇지 않습니다. 고백하고 나니 속이 후련합니다.

2013년에는 직접 도서관을 방문해 부족한 책들을 구입하여 기증하고, 찾아가는 이동도서관 마련 기금도 전달했습니다. 이 일을 계기로 2013년 정기총회에서 정관을 개정하여, 해외 도서관 건립 지원과 교류활동을 목적사업으로 추가했습니다. 하여 캄보디아와 몽골에도 평화기행으로 책을 전해줄 수 있게 되었네요.

2014년 정기총회에서는 좀 더 커진 도서관친구들의 역량으로 감당할 수 있는 일들을 찾아 영역을 넓혀보기로 했습니다. 그 첫 지원 사업으로 소외 지역과 사회적 약자들을 위한 도서관 건립지원이 채택되었습니다. 제주에 '가족사랑작은도서관' 건립을 지원했고, '불턱책읽는방' 만들기도 무사히 끝내고 개관하였습니다. 도서관이 만들어져도 어디 내놓고 자랑하거나 이야기할 수 없는, 조금은 특수한 곳이어서 도서관친구들이 하기에 딱 좋은 일이었습니다. 그 일을 진행하면서 드디어 제주에도 도서관친구들이 만들어졌고, 친구들이 프로그램을 만들어 지속적으로 지원하고 있습니다. 어머님과 아이들이 난생 처음 도서관에서 책을 읽고 독서모임도 해보았다는 소식을 전해주어 친구들이 모두 즐거워하고 있습니다. 가정폭력을 피해 새로운 일상을 준비하는 곳으로, 1년만 있는 곳이라 자립할 때 도서관친구가 되어주고 퇴소했다 들었습니다.

자원활동: 책 읽어주기, 토론학교, 독서교실

도서관친구들 중에서 시간적으로 여유가 있는 사람은 각자의 능력과 관심 분야에 따라 자원활동을 하고 있습니다. 이때까지 주로 해온 것은 책 읽어주기, 어린이 토론학교 열기, 소식지 발간 돕기, 서가 정리, 독서교실 운영, 도서관 특별 행사 진행과 안내, 이야기방 청소 봉사와 같은 것들입니다.

책 읽어주기 봉사는 요즘 어느 도서관에서나 흔히 하고 있는 일이지만, 결코 소홀히 할 수 없는 중요한 부분입니다. 우리 친구들 중에는 도서관에서 책 읽어주기 봉사를 하다가 이제는 찾아가서 책 읽어주는 봉사까지 몇 년째 지속적으로 하고 있는 친구들이 있습니다. 책에 대한 사랑을 넘어 듣는 이에 대한 사랑으로 가득한 모습이 보는 이에게 큰 감동을 주지요. 그러나 정작 읽어주는 친구들은 "아니에요. 우리가 더 행복해요"라고 말하며 활짝 웃습니다. 요새는 월요모임 때 우리 도서관친구들을 위해서도 그림책을 읽어주는 시간을 만들었습니다.

그러고 보면 누군가의 목소리를 통해 책을 듣는 일은 언제든 특별한 느낌을 줍니다. 보이지 않는 세상의 구석구석에서 지금도 따뜻한 정이 담긴 목소리로 누군가를 위해 책을 읽어주는 사람들이 있음을 떠올려봅니다. 마음이 따뜻해지고 편안해집니다.

독서교실 운영도 도시관에서는 아주 중요한 봉사 영역입니다. 광진도서관에서는 초등학교 고학년을 위한 '5, 6학년 독서교실', 중학생을 위한 '청소년 독서교실', 일반인과 직장인을 위해 2주에 한 번씩 저녁에 열리는 '직장인 독서교실' 운영을 우리 친구들이 맡았습니다. 학교 공부가 많아 책 읽을 시간이 부족한 아이들을 위해 '책 읽는 토요일'에, 직장 일을 하기에 빠듯한 시간을 쪼개 저녁에 나와 함께 책 읽는 시간을 만들어가는 분들을 보면 좀 더 많은 활동가가 있었으면 좋겠다는 생각을 합니다. 일원청소년독서실에는 초등학교 저학년 아이를 둔 어머니들의 '책 읽는 엄마학교'가 매주 열렸습니다. 일주일에 한 권씩 책을 읽어내야 하는 학교라 "에구 힘들어요" 하면서도 엄마들은 그 시간을 좋아한다 했어요. 광진도서관에서도 책 읽는 엄마학교와 아가마중 독서모임까지 일곱 개 반이 만들어져 책을 공동 구매하고 밑줄독서모임으로 함께 읽기를 했습니다. 이 프로그램은 3년간 진행되었습니다.

그 외에도 도서관에서 필요로 하는 일이라면 힘닿는 대로 나와서 돕습니다. 그러나 때때로 우리가 돕는다고 하는데, 받는 상대는 어떻게 느끼는지, 무엇을 원하는지 궁금할 때가 있지요. 또 우리가 제대로 하고 있는지 은근히 걱정되기도 하고요. 그래서 도서관친구들 월요모임에는 언제나 사서 선생님이 참석하고 있습니다.

작은 견해 차이라도 알게 모르게 조금씩 더해지면 나중에는 걷잡을 수 없이 큰 오해가 되기도 합니다. 여러 사람이 모여 일을 하다 보면 가끔 생각의 차이가 크다는 것을 느낄 때가 많지요. 이해해야 한다고 생각은 하지만 뭘 어떻게 이해해야 하는지 막막할 때도 있고, 잘 알지 못하기 때문에 이해가 불가능할 때도 있습니다.

　서로를 잘 이해하려면 서로에 대해 충분히 알아야 합니다. 그러나 상대를 잘 알기란 참으로 어려운 일이지요. 특히 생각이 다를 때는 더더욱 그렇습니다. 그래서 우리는 상대가 내 생각을 알아주기 전에 '잘 알리자'고 합니다. 오해 없이 소통하기 위한 첫걸음이지요. 그래서 회의 중간에 '도서관에서 바랍니다'라는 순서를 두었습니다. "이런 일들을 도서관친구들이 도와주면 좋겠습니다"라고 하면 어디까지 할 수 있는지 논의하고, 할 수 있다면 누가 어떻게 할 것인지도 정합니다.

도서관 후원: 로비활동부터 문화행사까지

우리 속담에 '중이 제 머리 못 깎는다'는 말이 있습니다. 도서관의 사정은 누구보다 사서 선생님들이나 관리하시는 분들이 잘 아시겠지요. 그러나 업무의 당사자이기 때문에 직접적으로 문제를 제기하거나 요구하기가 어려운 부분도 많습니다.

이용자들의 요구 수준은 해마다 높아지고 전문화되는데, 거기에 맞춰 수준 높은 서비스를 제공하기 위해서는 무엇보다 유능하고 전문적인 지식과 열정을 갖춘 사서 선생님들이 많이 필요합니다. 그러나 우리나라는 법정 사서 수를 확보하는 것조차도 힘든 상황이지요. 최근의 자료를 보니 우리나라 도서관은 법정 사서 수의 30퍼센트 정도를 확보하고 있습니다. 정말 놀라운 수치인데 아무렇지도 않게 여기는 것이 현실입니다.

전반적으로 도서관에 대한 가치와 철학의 문제이기도 하지만, 무엇보다 도서관에 대한 이해가 부족한 정책 결정자들을 설득하는데 어려움이 있습니다. 지역공동체의 중심에서 '누구나 차별 없이 지식, 정보, 문화에 접근할 기회를 보장하는 기관'이라는 도서관의 이념 구현보다 '도서관은 조용히, 열심히 공부하는 곳' 정도로 알고 계신 분들이 생각보다 많습니다. 또 이용자들도 도서관을 공공 독서실로만 활용하려는 사람들이 책 읽는 도서관으로 이용하는 사람들보다 많습니다. 특히 독서실로 이용하는 사람들의 요구는 도서관 본연의 역할 면에서 볼 때 받아들이기 어려운 부분이 많습니다. 그런데 이런 이용자들의 요구는 때때로 민원의 형태로 제기되어 사서 선생님들이 적극적으로 대응하기 어려운 일이 되기도 합니다.

저도 처음에는 공공도서관에 아예 열람실을 두지 말아야 하는 게 아닌가 했지만 오래 이런저런 활동을 하다 보니 생각이 좀 달라졌습니다. 독서실처럼 다니던 수험생들이야말로 장차 도서관 이용자가 될 확률이 가장 높다는 사실을 알게 된 것이지요. 함께 도서관에 오는 가족도 그렇고, '책 읽는 엄마학교'나 '아가마중 독서모임'에 나온 예비 엄마들도 한결같이, 도서관에서 수험공부하던 시절이 이곳에 대한 좋은 인상을 심어줬다고 말했습니다. "이 공부가 끝나면 나도 저 종합자료실에 가서 읽고 싶은 책 마음껏 읽어야지!", "나중에 우리 아이들 생기면 가족이 함께 도서관에 와야지!" 그런 생각을 했다는 것입니다. 그래서 도서관친구들은 독서실로 이용되는 도서관 문화동 열람실 앞에서 따뜻한 차를 대접하는 '친친행사'를 자주 했습니다. 처음에는 쭈뼛거리며 멀리서 보기만 하던 사람들이 다가와 이야기도 나누고 차를 마시며 고마움을 전할 때, 우리 마음도 좋아졌던 기억이 새롭습니다.

요즘은 공공도서관도 경제와 시장 논리로 가야 한다며 시설관리공단이나 민간단체에 운영을 맡기기도 합니다. 물론 모든 도서관을 정부나 지자체가 직접 운영해야 한다고 할 수는 없겠지요. 또 모든 민간단체가 경제 논리로만 도서관을 운영하지는 않을 것입니다. 이

문제 앞에서 저는 예전에 읽었던 다음 글을 생각합니다.

"도서관은 일상 속에서 참여와 자율에 의한 평생학습의 장으로, 지역공동체 문화 공간으로 뿌리내릴 수 있어야 한다. 그러기 위해서는 도서관에 대한 올바른 인식을 토대로 도서관과 시민이 힘을 모아 우리 사회에 적합한 도서관의 발전 방향과 모델을 모색해나가야 한다"(박영숙, 제42회 전국도서관대회 세미나에서, '도서관에도 이제 친구가 필요합니다').

바로 이 지점에서 도서관 운영 관계자와 이용자, 우리 도서관친구들, 정책 결정자 모두의 고민과 관심이 모아져야 합니다.

그럼, 어떻게 하면 이런 현실적인 문제들을 부드럽게 제안하고 모두가 즐겁게 고민하게 할 수 있을까요? 이에 도서관친구들은 2006년 지자체 선거 기간 중 구청장 후보 사무실을 방문하여 미리 준비한 도서관 정책 질의서를 전달하고 후보의 정책을 들었습니다. 당선 후에는 구청을 방문해 정책 실행을 위한 구체적인 의견을 듣기도 했습니다. 당선 후 공식적으로 구청을 방문했을 때 한 손에는 수첩을 들고 한쪽으론 시계를 보시며 "자, 무엇을 도와드릴까요?"라고 물으시던 구청장님이 생각납니다.

"아닙니다. 좋은 도서관을 지어주셔서 잘 이용하고 있다는 말씀 드리려고 왔는데요."

"고맙습니다. 그래도 뭔가 부탁이 있어 오신 거 아닌가요?"

"아닙니다. 오히려 우리도 도서관을 돕겠다는 말씀을 드리려고요. 도서관을 돕는 시민들의 모임이 도서관친구들이거든요. 관과 민이 합하면 더 좋은 도서관을 만들 수 있지 않을까 생각합니다."

"좋은 생각이네요. 그래도 뭔가 바라시는 게 있겠지요?"

주민들이 구청을 방문하는 까닭을 '항의할 것이 있거나', '민원이 있어서'라고 받아들이는 생각은 쉽게 바뀌지 않을 것 같았습니다. 그래도 100명이 넘는 주민들이 광진구립도서관을 돕고 있다는 사실을 전한 것은 의미가 있었습니다. 다음 해 예산 편성에서 자료 구입비 예산이 대폭 늘어났다고 전해 들었으니까요.

그래도 그나마 조금 늘어난 자료 구입비가 구의회 심의를 거치는 동안 대개 삭감된다는 이야기를 듣고, 도서관 예산 심의가 이루어지는 날 구의회를 참관하기로 했습니다. 책정된 예산도 기실 '부끄러울 정도로 부족한 도서관 자료 구입비'임을 전달해서, 다행히 한 푼도 삭감되지 않고 그대로 통과시키고 추가로 예산을 편성하겠다는 긍정적인 답을 듣기도 했습니다.

그러나 회기 중에 구의회를 참관했던 그 하루의 기억은 오래 잊히지 않을 것 같습니다. 제 개인적으로도 특별한 경험이었지만 그 뒤의 여파가 만만치 않았기 때문이지요. 구민이 구의회를 참관하는 것은 사실 권리이자 의무라고 할 수 있지만, 일부 의원들과 공무원들 입장에서는 무척 불쾌한 일이었던 것 같습니다. 그 뒤로 지속적으로 도서관친구들에 대한 오해와 비난과 압력이 계속되었으니까요. 그러다 결국 2007년 여름을 끝으로 우리는 광진도서관 돕는 일을 그만두기까지 해야 했습니다. '주민들이 도와주지 않아도 될 만큼 잘하고 있다. 그러니 상관하지 말라. 친구도 필요 없다'라는 것이 시설관리공단 측의 의견이었습니다.

그때는 어이없고 막막한 일이었는데, 지나고 나서 돌아보니 우리도 좀 더 조심스럽게 접근했어야 했다는 생각이 들기도 합니다. 미리 도서관친구들의 활동을 충분히 알리고 참관에 대해 의견을 나누어보았다면, 어쩌면 그 자리에 가지 않고도 우리의 뜻을 부드럽게 전할 수 있었겠지요. 또 참관해야 한다면 그 일이 어떤 의미인지 사전에 정확히 전달하고 진행했으면 좋았겠다는 것이지요. 제가 미숙해서 여러 사람이 힘들었고 도서관도 힘들게 했습니다.

2010년에도 지자체 단체장을 뽑고 의회 의원들을 선출하는 선거가 있었습니다. 이번에도 미리 '광진구 도서관 정책에 대한 질의와 제안서'를 만들어 후보자 사무실에 보내고, 후보자 사무실을 방문하여 도서관 정책에 대한 의견을 나누었습니다. 그리고 후보 측에서 보내온 답변서는 홈페이지와 카페에 올려 도서관친구들에게 널리 알렸습니다.

외국의 도서관친구들 활동을 보면 기금 모금에 이어 로비 활동을 활발하게 합니다. 이 부분이 우리나라 도서관들의 자원봉사 활동과 가장 크게 차별화되는 지점 같습니다. 전통적으로 지나치게 정치적이거나 아예 반정치적이기를 바라는 심리가 공존하는 우리나라에서 로비 활동은 다소 부정적인 이미지가 있어서 오해를 불러일으키기 쉬운, 조심스러운 영역이기도 합니다.

"도서관친구들은 주로 어떤 일을 하지요?"라고 질문을 받으면 다른 활동들에 비해 로비 활동은 소개하기가 곤란한 경우가 많았습니다. 우리한테는 익숙지 않은 개념이고, 또 설령 활동을 했다고 해도 "이것이 바로 그 효과입니다" 하고 구체적으로 드러내 보이기도 모호한 것이 사실입니다. 정책 결정에는 여러 가지 요인들이 작용하니까요. 앞으로 지속적으로 새로운 방향을 모색해봐야 할 부분입니다.

광진구 도서관 정책에 대한 질의와 제안

I. 광진구립도서관 일반사항

1. 공공도서관 1개관당 봉사 대상 인구

구분	인원	비고
우리나라	38,251명	
OECD국가 평균	17,000명	
광진구	126,000명	2010년
	95,000명	2011년 구의도서관 개관 후

2. 도서관 자료 구입비 비교

구분	예산	비고
문래정보문화도서관	2억 7,000만 원	2009년 기준
미국 뉴욕공공도서관	676억 원	
광진구립도서관	2억 1,000만 원	2010년 기준

3. 국민 1인당 장서 수

구분	권	비고
한국	0.85	
미국	2.73	
일본	2.53	
프랑스	2.6	
광진구	0.6	

4. 법정 사서 수

구분	법정 사서 수	현재 인원	비율
노원정보도서관	41명	13명	31%
관악문학관도서관	42명	13명	30%
은평구립도서관	44명	15명	34%
증산정보도서관	11명	8명	72%
광진구립도서관	43명	11명	25%

II. 후보자님께 여쭈어보고 싶은 점

1. 도서관 건립 계획에 대하여

광진구는 서울에서도 특별히 도서관 시설이 부족한 지역입니다. '걸어서 10분 거리에 작은 도서관 설립을!' 소망하는 구민들이 참 많은데요. 현저히 부족한 광진구 내의 도서관 건립에 관해 후보자님 의견은 어떠신지요? 특별히 생각하고 계신 도서관 건립 정책이 있으신지요?

2. 도서관 운영 예산

도서관 운영 예산이 많이 부족하다고 알고 있습니다. 2008년과 분관이 생긴 2010년을 비교해보면 예산상 그리 큰 차이가 없는 것 같습니다. 도서관 예산이 줄면 구민에게 돌아가는 서비스의 질이 떨어질까 걱정이 되는데요. 도서관 운영 예산에 대한 후보자님의 의견이나 정책이 있으신지요?

3. 자료 구입비 증액 관련

한 해 우리나라에서 출판되는 도서의 종류는 약 4만 종입니다. 현재 도서관의 자료 구입비로는 광진구립도서관은 9,000종, 중곡도서관은 6,000종, 자양도서관은 3,000종의 도서밖에 구입하지 못합니다. 많은 구민들이 정보 입수 창구로 도서관을 이용하고 있는 현실에서, 누구나 무료로 도서를 이용할 수 있는 공공도서관의 자료 구입비를 좀 더 획기적으로 늘리실 계획은 없으신지요?

4. 사서 인원 확보

현재 광진구립도서관의 사서는 11명으로 법정 사서 직원의 25퍼센트입니다. 아무리 물적 자원이 넉넉하게 확보되어도 그 자원을 활용할 인적 자원이 없으면 도서관 성장이 쉽지 않습니다. 훌륭한 시설에 어울리는 수준 높은 서비스를 위해, 후보님이 구청장이 되실 경우 도서관 직원의 효과적인 확보 및 운영 방안이 있으신지요?

5. 광진정보도서관 리모델링

도서관 때문에 이사를 못 간다는 친구들이 있을 정도로 광진구의 자랑거리인 광진구립도서관이 어느덧 개관한 지 10년이 되었습니다. 현재 외관이 많이 낡았을 뿐만 아니라 시설 역시 노후화되었고, 서비스는 시대의 변화와 요구에 부응하지 못하는 부분이 많은 것 같습니다. 광진구 소재 도서관의 본관으로서 역할을 수행할 수 있도록 '광진정보도서관 리모델링'을 제안하고 싶습니다. 어떠신지요?

6. 광진구립도서관 운영위원회 운영

현재 도서관법 제30조와 광진구립도서관 설치 및 운영조례 제20조에서도 설치 및 운영을 의무화하고 있는 '도서관운영위원회'가 광진구립도서관에는 존재하고 있지 않습니다. 그 이유는 시설관리공단 이사회가 그 기능을 대체하고 있기 때문이라고 합니다. 그러나 시설관리공단 이사회에서 도서관 운영에 대한 논의는 좀 미비하다고 생각됩니다. 후보님께 주민이 도서관 운영을 돕고 함께할 수 있는 방법으로 '도서관운영위원회 설치 및 운영'을 제안하고 싶습니다. 어떠신지요?

도서관친구들 활동 중 이용자들의 직접적인 호응으로 인해 즐거웠던 일들이 바로 여러 가지 특강을 비롯한 문화 행사들이었습니다. 특히 도서관 예산 부족으로 전면 중단되있던 문화 행사 중 강연회를 맡아, 달마다 작가나 명사들을 초청하여 특강을 들을 수 있게한 것이지요. 특별한 대중강좌를 빼고는 대개 월요일 아침 모임 시간에 이루어지기 때문에 주로 도서관친구들과 엄마들이 오는 편입니다. 그러나 친구 따라 강연 들으러 왔다가 도서관 이용자가 되는모습을 보면 작지만 의미 있는 시간이라 생각합니다.

광진도서관에서 함께한 특강들을 정리해봅니다. 우리끼리는 "와, 이렇게나 많이 했어요?" 싶어집니다. 그중 생각나는 초청특강과 친구특강들을 떠올려봅니다.

이권우 도서평론가의 '무엇이 사회를 변화시키는가?', 이용훈 서울도서관 관장의 '지역사회와 공공도서관', 이규희 작가의 '아버지와 나 그리고 글쓰기', 백창우 선생님의 '엄마와 함께 부르는 동요, 우리 노래', 임동신 회장님의 '아름다운 삶 사랑, 그리고⋯⋯', 이태진 서울대 교수님의 '동경대생들에게 들려준 한국사', 김서령 작가의 '김서령의 가(家)'와 '여자전', 이채완 피디의 '1:1:1 독서의 이론과 실제', 오진희 작가의 '짱뚱이 나의 살던 고향은', 김지연 작가의 '그림책 자세히 보기', 주중식 교장선생님의 '들꽃은 스스로 자란다', 김창진 교수님의 '러시아 문학과 시베리아', 신효순 원장님의 '장애아와 함께하는 우리 아이 학교생활', 이제이 작가의 '역사 in 시사', 고규홍 선생님의 '나무가 말하였네', 김민웅 교수님의 '창세기 이야기', 김정우 팀장의 '내 아이의 새로운 친구 이주아동', 김한중 피디의 '지식채널을 만드는 사람들', 천정환 교수님의 '근대의 책읽기', 최정규 작가의 '공정여행'까지 참 많은 분들이 이 자리에 와주셨습니다.

2009년 11월에는 '인문학으로 행복해지기' 집중 강좌를 열었습니다. 당시 유행하던 신종플루 때문에 20명 정도만 모집했는데, 40명이 넘는 도서관 이용자들이 이야기방을 가득 메웠지요. 매주 금요일 밤마다 모처럼 늦게까지 불 밝힌 그곳에서 철학과 과학을 주제로 이야기꽃을 피웠습니다. 4주 동안의 뜨거운 참여와 열렬한 성원은 강사님들을 감동시키고 광진구청도 감동시켰나 봅니다.

2010년에는 드디어 인문학 교실을 위한 예산이 마련되었다고 했습니다. 소식을 듣고 정말 즐거웠습니다. 그뿐만 아니라 도서관 차원의 특강들이 다시 활발히 기획되기 시작했습니다. 물론 예산이 어느 정도 확보된 점도 있지만, 사서 선생님들이 부지런히 공모전에 참가해서 예산을 따오기도 했습니다.

그동안은 도서관친구들이 맡아 기획하고 진행하던 도서관 특강 행사였는데, 요즘은 도서관에서 기획한 특강 행사에 우리 친구들은 후원과 자원활동으로 돕는 역할만 하게 되었습니다. 이것이 바로 우리 도서관친구들이 기대했던 방향이고 희망적인 변화입니다.

이 외에도 도서관친구들은 몇 가지 특별한 행사들을 열기도 했습니다. 여름밤 '달빛 낭독회'를 열어 강변 도서관에서의 아름다운 추억을 만들기도 했고, '도서관친구들 후원의 밤'을 열어 기금도 모으고 친구들도 새로 만났습니다. 또 지난 봄에는 '광진도서관 토요일 오후의 풍경전'을 열어 많은 분들이 도서관에서 잊을 수 없는 행복한 기억을 나누었습니다. 제1회 '구민 도서관 초대의 날'을 기획하기도 했습니다. 도서관친구들이 구민들을 도서관에 모시자는 취지로 일 년에 한 번 다양한 행사를 엽니다. 첫 행사는 '특강과 다과, 그리고 책시장'으로 주제를 정했습니다. 특강은 제가 맡았고, 책시장은 친구출판사에서 반품도서를 기증 받아 도서관친구들에게는 정가의 30퍼센트에, 일반 구민들에게는 50퍼센트에 판매했습니다. 주민들은 별 기대 없이 왔는데 따끈한 차와 정성이 담긴 다과를 즐기며 특강도 듣고 책도 싸게 사서 너무 좋았다는 반응이었습니다.

이런 분위기에 힘입어 2009년 12월 5일에 열린 제2회 행사는 좀 더 크게 했습니다. 변산공동체에서 농사지은 곡식을 주문해서 몸에 좋은 '도서관친구표' 주먹밥을 직접 만들고 따끈한 차를 곁들였으며, 함석헌 낭독회와 책시장, 그리고 '이담 선생님 원화 전시회'를 일정 기간 계속했고, '저자와의 만남' 시간도 가졌습니다. 그저 도서관에 오기만 하면 풍성하고 유익한 즐거움을 덤으로 선물받을 수 있는 행사로 기획했는데, 다들 너무나 만족스러워해서, 행사를 준비하며 느꼈던 피곤도 다 잊을 수 있었습니다.

2010년 가을은 도서관친구들이 활동을 시작한 지 5년째 되는 해였습니다. 더 크게 일을 벌여 전국에 있는 도서관친구들이 한 자리에 모이는 '도서관친구들의 날' 행사도 열었습니다. 책마음샘 음악회, 책시장, 사진전, 『도서관친구들 이야기』 출판기념회를 함께 해서 풍성한 잔치가 되었습니다. 전국에 1,000명이 넘는 도서관친구들이 있다는 사실만으로도 힘이 되는 해였습니다.

2011년, 도서관친구들은 두 가지 의미 있는 경험을 했습니다. 하나는 서울국제도서전에서 부스를 운영한 일이고, 또 하나는 성공회대 NGO대학원으로부터 전략기획에 대한 컨설팅을 받게 된 일입니다. 한 해 동안 대학원생들과 정기적으로 만나 비전을 다듬고, 내부자 분석과 관계사 인터뷰, 미래 방향 설정에 대한 제언, 후원회원 모집에 관한 분석, 조직구성의 강점과 약점을 정리할 수 있었지요. 김형진 교수님과 NGO대학원생들께 감사한 마음 가득했습니다.

2012년에는 일이 점점 커진다는 느낌에 다들 조금 긴장했습니다. 연초에 박원순 시장님 초청 정책 간담회를 광진도서관에서 열었는데 도서관친구들은 행사 준비와 비용부담, 장소 제공을 맡았습니다. 서울의 도서관 정책에 대해 다양한 의견들이 나와서 2시간 참석을 예정하고 오셨던 시장님이 4시간을 계시다 가셨고, 간담회에서 나온 의견들은 바로 도서관 정책에 반영되었습니다. 특히 가을에 문을 열게 될 서울대표도서관을 위해 도서관계의 관계자와 전문가들이 모여 네트워크를 만들었고, 지속적으로 만나 소통하며 도서관 정책을 논의하게 되었지요.

4월에는 문화체육관광부 장관 초청 간담회에도 초대되어 장관님을 도서관친구로 만들기도 했습니다. 10월에 서울광장에서 '달빛독서한마당'을 열었습니다. 그 역시 잊지 못할 추억이 되었네요. 서울시청 앞 옛 시청 건물이었던, 역사적이고 의미 있는 공간을 서울도서관으로 단장해 문을 여는 날, 도서관친구들은 개관 축하행사를 준비했습니다. 늘 서울시 또는 서울도서관이 시민들을 위해 행사를 기획하고 준비하며 개최해왔는데, 이번에는 반대로 시민들이 행사를 책임졌습니다. 저희는 서울시와 서울도서관에 드리는 선물로 행사를 마련했는데 아무도 모르더군요. 그래서 좋은 선물(?)이라 생각했습니다.

참가자를 모집하고 북라이트를 비치해 서울광장을 마치 달빛에 물든 책 읽는 광장으로 만들었지요. "달빛으로 어떻게 책을 읽나요?" 진지하게 묻던 한 참가자의 표정이 재미있었습니다. 달리는 차들과 오가는 사람들로 소란스러웠지만 책 읽는 서울광장과 사람들은 고요하기만 했습니다. 그 정경이 아름다웠지요. 북라이트는 반딧불 같아서 환상적이기까지 했습니다. 그날 참가자들은 도서관친구들이 준비한 북라이트를 빌려 책을 읽었는데, 행사가 끝난 후 정리해보니 북라이트는 단 한 개도 없어지지 않았습니다. 성숙한 시민의식에 작은 감동을 받았습니다.

지역 주민 연계 활동

지역의 행사나 지역 내 다른 단체의 활동에 참여하여 직접 주민들을 만나 도서관의 필요성과 중요성, 도서관이 제공하는 각종 서비스와 도서관친구들의 활동 내용을 알리는 것입니다. 한마디로 정리하면 지역 사회와 도서관을 연결하는 활동이지요. 독서, 독서교육, 논술, 책…… 이런 주제들이 끊임없이 대화의 주제가 되고 있지만 그에 비해 도서관이 주제가 되는 경우는 참 드문 것 같습니다. 의외라는 생각이 들기도 합니다. 그만큼 도서관의 가치와 중요성에 대해 잘 알지 못한다는 의미이기도 하겠지요.

제가 어디 가서 "도서관친구들 대표입니다"라고 말하면 대개는 도서관을 운영하는 사람인 줄 압니다. 심지어 관장이라고 소개하는 사람도 있지요(물론, 그게 아니라고 자세히 설명하다 보면 오히려 도서관친구들을 알게 되어서 좋은 점도 있긴 하지만요). 그도 아니면 '도서관에서 아이들을 지도하는 사람'쯤으로 생각합니다. 그래서 늘 제 소개를 할 때 '도서관을 돕는 사람들의 모임인 도서관친구들 대표' 누구라고 말합니다.

그래도 요즘은 도서관친구들이 많아진지라 조금 달라진 반응들을 보게 됩니다. "아, 도서관 서포터즈요?"라고 하기도 하고, 구에서 여러 가지 행사를 할 때 도서관친구들을 자주 부르기도 합니다. 광진구민을 위한 백일장을 할 때는 심사위원으로, 워크숍을 하면 사례 발표자로, 소식지 만들 때는 원고청탁으로, 또 무슨무슨 위원회가 열리는데 그곳에 나와달라면서 말이지요.

저나 우리 친구들은 할 수 있는 한 번갈아 나가려고 노력합니다. 그것은 우리 도서관을 알리는 일이 되고, 또 도서관친구들을 널리 알려 친구를 많이 만들 수 있는 길이기도 하니까요. 또한 다른 모임에 후원금을 내거나 활동을 지원하기도 합니다. 무엇보다 지역 사회에 조금씩 알려가는 것이 중요하니까요. 모임에 가거나 새로운 사람을 만날 때마다 가끔 한 이야기를 하고 또 하게 될 때면 '이런 이야기를 앞으로 얼마나 더 해야 할까?' 혼자 생각해보곤 합니다. 100만 친구가 생기려면 적어도 100만 번은 더 한다고 각오해야겠지요.

홍보활동: 친친행사부터 '친구네책방'까지

도서관에서 도서관친구들에게 바라는 도움 중에서 가장 큰 일은 무엇일까요? 기금? 자원활동? 로비?…… 물론 관장님이나 사서 선생님, 운영자들의 입장에 따라 다르겠지요. 처음 도서관친구들 활동을 시작했을 때 우리는 '아마 자원활동일 거야! 열심히 해야지!' 이렇게 생각했습니다. 그런데 뜻밖에도 자원활동은 제발 하지 말아달라고 했습니다. 자원활동가들이 많아지면 그나마 있는 일용직, 비정규직 일자리조차 줄어들 수 있다고 하면서.

그러고는 정말 도서관이 필요로 하는 것, 가장 급한 것은 의외로 '홍보!'라고 했습니다. 아무리 좋은 자료가 들어오고 좋은 행사를 기획해도 참가하는 사람은 늘 한정되어 있다고 합니다. 오는 사람만 온다는 거지요. 게다가 우리 도서관에 주로 오시는 분들의 거의가 도서관을 독서실로 이용하는 일반 열람실 이용자들이라 행사에 참여하거나 도서관을 적극 이용하지는 않는다고 합니다.

특히 우리 도서관은 주민들이 자주 찾아가기가 어려운 곳에 위치하고 있어서, 특별히 마음먹지 않으면 오기도 힘들고, 그러니 소식도 잘 알 수 없지요. 정말 교통이 불편합니다. 그러나 한 번만 오고 나면 그 매력에 다시 오고 싶어지는 곳이기도 합니다. 그러니 처음 한두 번 오게 하는 일이 중요하지요. 책만 빌리러 오든, 특강을 들으러 오든, 싼 책을 사러 오든, 음악을 들으러 오든, 영화를 보러 오든, 아이 공부 때문에 오든, 그냥 놀러 오든 우리는 거기에 초점을 맞추어 행사를 기획하고 생각을 모았습니다.

'일단, 한 번만 오게 하자!'

도힘사일 때는 생각지도 못했던 행사 하나가 도서관친구들이 되고 난 다음에 추가되었는데 바로 '친친행사'입니다. '친구와 친구하기' 행사의 준말인데 우리는 다양한 의미로 사용하지요. 주로 '도서관과 친구하고 도서관친구들과도 친구하기' 정도의 의미로.

'친친행사'는 달마다 첫째 주 토요일 오후나 일요일 오후에 도서관동 로비에서, 도서관에 오시는 분들께 따끈한 차 한 잔을 공짜로 대접하는 행사입니다. 뜨거운 차를 마시기에 너무 어린 친구들에게는 볶은 콩이나 우리 쌀로 만든 엿이나 떡, 착한 초콜릿 같은 간단한 간식도 준비하지요.

처음에는 공짜로 드리는 것에 대해 어색해하거나 멀리서 구경만 하다가 망설이며 다가오시는 분들이 많았는데, 요즘은 로비에 앉아 책 읽으며 이야기 나누며 차를 종류별로 대여섯 잔씩 드시고 가는 단골(?)들도 생겼습니다. 아이쿱 생협에 주문해서 차를 종류별로 골라 마실 수 있게 다양하게 준비했지요.

차 한 잔 마시며 이야기 나누다가 진짜 도서관친구들이 되어서 대접하는 마담(?)들에게 감동을 주는 일도 있긴 했지만, 5년 동안 그 수가 10명 될까 말까 한 것을 보면 친구 만드는 데는 별 효과가 없는 행사인 것 같습니다. 그저 차가 준비되기를 기다리는 동안 도서관친구들 리플릿을 관심 있게 보거나 한 장 가져가는 정도지요. 그분들 대개는 '뭐하는 사람들이지?', '판매하는 것인가?', '어떤 단체의 홍보를 위해 나왔나?', '시음행사?' 정도로 여깁니다. 또 선뜻 기부하는 일에 대한 낯설음도 한 몫 하는 것 같습니다. 그러나 도서관에 대한 좋은 인상을 준다는 점에서는 그 어떤 행사보다 효과가 있었습니다.

"와! 광진도서관 진짜 좋네요!"

"마음까지 따뜻해지는 것 같아요. 광진도서관 정말 좋아요!"

"광진도서관 최고예요!"

차를 드시며 하는 말씀 거의가 이랬습니다. 차 한 잔이 우리 도서관을 '진짜 좋은 도서관', '정말 좋은 도서관', '최고 도서관'으로 만들어주는 것, 우리는 그거면 충분합니다.

차를 대접하는 행사다 보니 날씨가 따뜻할 때에는 매달 첫째 주 토요일이나 일요일에, 이용자가 가장 많은 때를 골라 주로 열고, 겨울이 시작되는 12월부터 다음 해 3월까지는 매주 토요일 오후 2시부터 5시, 도서관 문 닫을 때까지 했습니다. 너무 추울 때는 일요일 오후에도 다시 엽니다. 도서관에서 특별한 강좌나 행사가 있을 때는 따로 행사장 앞에서 차를 대접하기도 하지요.

친친행사는 주로 자원활동부 부장님이 기획하고 준비하며, 그날 봉사할 시간이 있는 사람에게 연락해서 진행합니다. 누구라도 시간과 마음만 내면 되는 일이니 정해진 봉사자 없이 그때그때 하는 것이 특징이기도 합니다.

"정 시간 되시는 분이 안 계시면 우리 아이와 할게요."

아주 가끔이었지만 함께 할 사람이 없으면 자원활동부 부장님은 고등학생인 딸과 하기도 했는데, 그 모습도 참 훈훈해 보였습니다. 그래도 앞으로는 '친친행사 함께 하실 분 계신가요?'라는 문자가 오면 언제나 가장 먼저 '저요!'라고 답해야겠다고 마음먹었지요.

친친행사를 하다 보면 도서관에 오시는 이용자들만 좋은 게 아닙니다. 자원활동을 해보신 분들은 다 알지요. 고작 차 한 잔에 진심으로 감동하시는 분들 뵈면 부끄럽기도 하고 한편으로는 즐겁기도 합니다. 그것이 자꾸 친친행사를 하게 하는 원동력이기도 하겠지요. 때때로 어린 꼬마 친구들이 보여주는 순수한 보답이 메마르고 지친 가슴에 한 줄기 샘물이 됩니다. 세상 일이 다 그렇듯, 나누다 보면 나누어드리는 것보다 얻고 배우는 것이 훨씬 많은 것이 자연의 고마운 이치인 듯해요.

또 한 가지, 도서관 행사나 도서관친구들의 행사가 있을 때는 소식지와 포스터를 친구들이 살고 있는 아파트와 주택가에 직접 붙이기도 하면서 도서관 소식을 널리 알리는 일들을 하고 있습니다.

"이번에 광진도서관에서 인문학 특강 있다는데, 지민엄마 함께 갈래요?"

무엇보다 중요한 것은 친구들의 이런 말 건넴과 입소문이 아닐까요? 또 이렇게 책으로 만들어 이야기를 나누는 이유도 바로 여기에 있고요.

도서관친구들 카페와 홈페이지에 보면 '친구네책방'이라는 방이 하나 있습니다. 어떤 책을 파는지 들어와 보면 책뿐만 아니라 다양한 물품들이 있지요. 물건들은 처음부터 판매하려고 준비한 것은 아니었습니다. 도서관에 기증하거나 도서관친구들이 쓰려고 만들었는데, 제작 단가를 낮출 수 있다고 해서 한 번에 대량으로 만들다 보니 기증하고 남은 물건을 판매도 하게 되었지요.

처음 우리 도서관에 책을 기증하고 다음으로 독서대를 기증할 때였습니다. 도서관친구들로 이름도 바뀌었고 뭔가 상징하는 것이 있어야 되지 않을까 해서 디자인을 하게 되었는데, 처음에는 보기 좋은 글자체를 골라서 새겨 넣었습니다. '광진도서관친구들' 이렇게요. 그런데 독서대 반응이 너무 좋아서 원하는 사람들한테는 판매도 해보자고 하여 대량 주문하게 되었지요. 그때 로고에 대한 이야기가 나왔습니다.

"글자에 어울리는 상징 같은 것도 하나 만들면 어떨까?"

"일이 점점 커지네, 이거."

"하는 김에 디자이너에게 맡겨 제대로 해야 하지 않을까요?"

"그래요. 한번 정하면 바꾸기도 어려운데."

그때 사서 친구 중에 디자이너가 있는데 한번 부탁해보겠다고 했습니다. 그 친구가 세 가지 시안을 준비해왔는데, 그 가운데 하나를 고른 것이 지금 우리 도서관친구들의 상징이 되었습니다.

"색깔을 좀 더 한국적인 것으로 하면 어떨까요? 그냥 척 보면 알 수 있게요."

"이 땅의 처녀총각이구나, 하는 느낌이 나면 좋겠어요."

"표정을 좀 더 밝고 즐겁게, 행복하게 하면 어떨까요?"

이런 다양한 의견들을 반영해 독서대에 새겨 넣었습니다. 그러다 동대문구 정보화도서관에 도서관친구들이 생기면서 그 친구들이 신영복 선생님의 멋진 글씨체를 사서 우리 도서관친구들 로고를 만들어주었습니다. 자연스럽게 두 가지를 함께 쓰거나 따로따로

써도 되게 되었지요.

그러고 보면 참 많은 것들이 친구들의 따뜻한 마음과 손길로 하나하나 만들어져왔는데, 고맙다는 인사도 제대로 못했습니다. 그래서 그런지 늘 마음에 잔잔하게 남아 있습니다. 언젠가 "덕분에 이렇게 되었습니다!" 하고 다 함께 만나서 인사하는 날이 오겠지요.

처음 독서대를 만들어 기증한 뒤에도 후원의 밤과 책시장 하느라고 티셔츠를 만들었고, 곁들여 자원활동할 때 입어보자고 앞치마도 만들었습니다. 다음에는 이야기방과 어린이 열람실에 기증하느라 방석과 쿠션을 만들었고, 도서관 자주 다녀야 하니 책 많이 넣어 다닐 수 있는 크고 튼튼한 가방도 만들었습니다. 제가 우겨서 작은 바랑도 만들었고, 도서관친구들 상징을 넣은 가방이나 옷에 꽂는 동그란 버튼도 만들었습니다.

제품은 전부 염색과 표백을 최소화하여 튼튼하고 건강한 제품으로 국내에서 직접 제작한다는 원칙을 지켰습니다. 그러다 보니 제작 원가가 많이 들어서 거의 원가에 판매하게 되었지요. 물품 제작의 목적은 기증도 하고 널리 홍보하는 것이었으니 큰 수익이 남지 않아도 섭섭하지 않았습니다. 그리고 책시장이나 행사 때 판매하는 품목이 다양해져서 좋고, 지역 도서관에 연대하는 친구들을 지원할 때 유용하게 쓰이기도 합니다. 아주 가끔이지만 길을 가다가 우연히 도서관친구들 상징이 새겨진 가방을 들고 가는 사람을 보면 정말 반갑지요. 저는 주로 선물용으로 사는데 받는 분들이 좋아하는 것 같습니다.

도서관친구들이 한동안 활동을 접어야 했을 때 대량 주문해놓은 물건들 때문에 아주 힘든 적이 있었습니다. 그때 초등학교 교사 커뮤니티인 '인디스쿨' 장터에 허락을 받아 올려서 선생님들께 주문판매도 했는데요, 전국에서 많은 선생님들이 우정주문(?)을 해주셔서 고마웠던 기억이 납니다. 독서대를 사용하시면서, 교실 의자의 방석에 앉으실 때나 가방을 들고 다니실 때마다, 아무것도 묻지 않고 우리 도서관친구들을 돕기 위해 마음을 냈던 그 순간을 기억해주시겠지요. 저희들도 그 마음 꼭 잊지 않겠습니다.

"우리 동네에 도봉도서관이 있어요. 그래서 거기 자주 가는데 '도서관친구들'이라는 이름이 새겨진 예쁜 방석이 있더라고요. 저게 뭘까 했는데 그 친구들이 이 친구들이었군요."

'독서대학 르네 21'을 만드신 성공회 신부님을 처음 만났을 때 제게 해주신 말씀이에요. 그 이야기를 듣고 가슴이 찡해졌습니다. 그 다음 대화는 일사천리였지요. 저는 도서관친구들을 설명하고, 신부님은 르네 21을 소개하며 서로 홍보 효과를 톡톡히 봤습니다.

다음으로 구운 종이컵도 만들었습니다. 도서관친구들이 매주 모임을 가질 때마다 대개 일회용 종이컵을 사용해서 아깝기도 했고, 또 지난번 어느 도서관에서 갔을 때는 보니 스테인리스 컵으로 뜨거운 차를 마시는 것이 좀 안돼 보이기도 했어요. 재활용도 하고 홍보도 할 수 있는 컵을 만들어보자는 의견이 자연스럽게 나왔고, 그래서 일회용 컵 모양의 도자기 컵을 만들었습니다. 연대하는 친구들한테 선물하고 도서관의 사서 선생님들께 사무용 컵으로 기증도 했습니다. 친구출판사에도 선물로 보내고 가벼운 선물용으로 판매도 하면서 도서관친구들을 널리 알렸지요. 봉사하는 친구들이 많을 때는 친친행사 때도 사용했습니다. 보시는 분들이 한결같이 '예쁘다', '좋은 생각이다!'라는 반응이어서 참 기뻤습니다.

또한 행사 때마다 사용하는 일회용 그릇 양을 줄이고 싶어서 재활용할 수 있는 그릇이 없을까 생각했습니다. 온북티비 정진희 부사정이 이탈리아 도시진에 다녀오며 일회용 그릇들을 기념으로 가져왔습니다. 튼튼하고 아름답기까지 하다며 보여주는데, 그런 그릇이라면 많이 제작해서 전국의 도서관친구들이 같이 쓰면 좋겠다 싶었지요. 하지만 제작해줄 곳을 찾아보았으나 우리나라에서는 현실적으로 불가능하다 했습니다.

적당한 그릇을 찾을 수도, 만들 수도 없어서 도자기 그릇을 하나하나 준비하고 있습니다. 100명이 모여 행사를 해도 일회용 그릇 대신 도자기 그릇을 사용하도록 운영비가 생길 때마다 조금씩 마련해가고 있지요. 현재는 60명 정도가 사용할 수 있는 도자기 그릇을 준비했습니다.

학교 도서관에서 달빛행사를 할 때 저는 형광등 불빛이 싫어 촛불을 많이 켰습니다. 그러나 일반 초를 사용하면 실내 공기가 탁해지는 느낌이 있어서 조심스러웠는데, 이번에 좋은 천연 왁스로 초를 만드는 솜씨가 있는 친구를 소개받았습니다. 주로 성당에 초를 납품한다고 하는데, 우리도 행사 때 한번 주문해 써보고는 그만 반하고 말았습니다. 촛농이 거의 흘러내리지 않고 그을음이 나지 않으며 불빛도 은은하고 초의 모양도 독특했습니다. 가격까지 착해서 도서관친구들 신상품으로 운영위원회에 추천하여 공동제작까지 마쳤습니다. 양초 한 귀퉁이에 아주 작게 '도서관친구들'이라고 이름을 새겼으니 우리의 상징물품이 되었지요. 촛불에 담긴 의미도 생각하면서 보니 더 정이 갑니다.

동무도서관친구들의 설립과 지원활동

도서관친구들은 기본적으로 주민들이 자주 이용하는 도서관을 주민 스스로 돕는 것을 목적으로 하는 모임입니다. 동네의 이용자들이 동네 도서관을 위해 내는 기금이니 사용도 그렇게 해야겠지요. 그러나 광진도서관친구들은 앞에서도 소개했듯이 조금 특수한 경우입니다. 전국에서 후원금을 보내오니까요. 그중에는 어쩌면 평생 한 번도 광진도서관을 이용하지 않을 친구들도 있을 것입니다.

단지 도서관을 돕는다는 그 생각만으로 보내주는 그 마음에 어떻게 보답할지 고민해야 했습니다. 그래서 광진도서관친구들은 한 가지 일을 더 하기로 했는데, 바로 '다른 도서관에도 우리처럼 도서관친구들이 생기도록 돕자'라는 것이었지요. 앞으로 어디선가 '어, 나는 광진도서관친구들한테 후원했는데 우리 도서관에도 친구가 생기네?'라는 말을 듣게 된다면 참 좋겠습니다. 그렇게 돌고 돌아 세상에 도서관친구들이 아주 많아지는 것을 상상하니 너무나 즐겁습니다. 우리는 정말로 '도서관친구들의 친구'가 되고 싶었습니다.

2011년, 도서관친구들은 비영리 민간단체로 등록을 하면서 도서관친구들과 지회로 이름을 정해야 했습니다. 그러나 도서관친구들은 일반적인 본부와 지회의 개념으로 묶어 생각할 수 없는 조직 특성을 가지고 있습니다. 벌써 전국의 14개 도서관에 연대하는 친구들이 생겼습니다. 동네마다 도시관이 생기고 디 많은 친구들이 그곳에서 활동하는 날이 오기를 희망합니다. 도서관친구들을 만들고 싶은 도서관이나 이미 자원활동 모임이 있는 도서관이 활동을 더 활발히 하고 싶다면 언니도서관친구들 사무국으로 연락하면 다양한 지원을 받을 수 있습니다.

도서관친구들을 어떻게 소개할까요

도서관친구들은 도서관을 좋아하는 주민이 도서관의 운영과 활동을 돕기 위해 만든 자발적인 모임입니다. 이미 세계적으로 미국의 약 5,000여 개를 중심으로 영국, 호주, 캐나다, 일본 등 여러 나라에 조직되어 열심히 활동하고 있는 모임이지요.

도서관친구들은 도서관을 자신의 친구로 만든 사람들이 모여 도서관에서 행사가 열릴 때 자원활동가로서 진행을 돕거나 새로운 프로그램을 기획합니다. 또 후원제도를 통해 기금을 모아두었다가 도서관이 필요로 할 때 경제적으로 후원하기도 하지요. 도서관이 어려움에 처하면 이를 위해 캠페인을 벌이기도 하고, 도서관 정책 결정자와의 만남을 통해 문제 해결을 돕기도 합니다. 또한 도서관과 도서관 프로그램의 필요성과 중요성을 지역 주민들에게 널리 알려 모두가 이용자가 되게 하고 도서관친구들이 될 수 있도록 적극 홍보도 합니다.

2021년 10월 현재, 도서관친구들을 지지하고 후원하는 친구들은 9,000여 명에 이르고 있습니다. 도서관친구들은 사무국 체제를 도입해 친구들이 내는 후원금이 전국의 도서관친구들에게 잘 쓰일 수 있도록 관리와 운영에 더 신경을 쓰고 있습니다. 튼튼한 조직으로 홀로서기를 할 수 있을 때까지 기금 마련을 위한 상징물품과 도친장터에서 판매할 책, 홍보를 위한 리플릿과 신청서, 광고판 등을 공동으로 제작해 무상으로 지원합니다.

그러나 이런 지원에 대해 지역 도서관친구들이 사무국에 납부해야 할 회비나 갚아야 할 어떤 의무는 없습니다. 전국 후원자들의 선의를 되돌려 확산하고 연대하는 뜻이 있을 뿐이지요.

도서관친구들 활동은 어떻게 시작하면 될까요

'도서관친구들'이란 이름이 참 좋다고 합니다. 소개하면 누구나 공감이 가는 활동이라며 우리 도서관에도 생겼으면 좋겠다고 합니다. 설명을 들으면 수월해 보이지만 현실은 결코 녹록치 않습니다. 막상 시작하려고 보면 어디서부터 어떻게 해야 할지 막막하고, 누구에게 물어야 할지, 도서관에서는 어떻게 생각하는지, 함께할 친구들은 있는지, 도서관과의 관계는 어떻게 맺어야 하는지, 오랜 시간 지속적으로 고민하고 노력해야 할 일들이 눈앞에 다가섭니다. 시작도 하기 전에 좌절부터 하고는 결국 첫걸음도 못 떼는 친구들도 많이 봤지요. 그간의 경험에 비추어볼 때 도서관친구들 모임을 만드는 데는 네 가지 요소가 꼭 필요한 것 같습니다.

도서관 운영자의 열린 마음과 사서 선생님의 협조, 이용자들의 적극적인 동참, 끝으로 대표와 운영진을 맡아서 모임을 만들고 활동의 시작을 일려줄 친구 세 사람의 존재입니다. 이 가운데 하나라도 빠지면 어려워지는 경우를 가까이에서 많이 지켜봤습니다. 도서관 관장님이 찬성해도 사서 선생님들이 협조하지 않으면 활동에 힘이 없어지고, 사서 선생님들은 원하지만 관장님이 좋아하지 않으면 그도 어렵습니다. 이용자들이 원하나 운영진을 구성할 분들이 앞장서주지 않으면 현실적으로 실천하기 어렵습니다.

처음부터 모든 요소를 완벽히 갖추고 시작할 수야 없겠지요. 그렇다면 도서관친구들이라는 이름도 들어보지 못한 사람들에게 어떻게 모임을 설명하고 동참하라고 할 수 있을까요?

우선, 도서관친구들이 무엇을 하는 모임인지 알아볼 기회를 만들면 좋겠습니다. 누구든 조금이라도 더 알고 있는 사람이 먼저 제안해보기 바랍니다. 도서관 특강 기회도 좋고, 자원활동가들의 연수, 도서관학교의 한 프로그램도 좋습니다. 도서관친구들 홈페이지나 카페를 방문해 정보를 수집하고, 가까이에 활동하고 있는 도서관친구들은 없는지 알아보면 좋겠지요.

다음은 도서관친구들이 되어 활동할 용기를 가진 이용자들을 찾아봅니다. 처음부터 많은 이용자들이 나서지는 않을 것입니다. 도서관을 좋아하고 그 가치를 소중히 여기는 이용자들 가운데 적극적인 한두 분이 주축이 되어 주변의 서너 분을 더 동참시키면 모임이 만들어집니다. 작지만 이 중심 모임이 정말 중요하지요.

모임이 만들어졌으니 이제 정기적으로 만남을 가져야 합니다. 가능하면 자주 만나야 합니다. 도서관에서 만난다면 자주 봐도 되지 않을까요? 모임을 시작했다면 도서관 측에 알려서 사서 선생님이나 시간 나는 관계자 분이 함께하면 좋겠습니다. 도서관을 돕는 친구들이 있다는 사실을 알리고, 무엇을 도우면 좋을지 물어보고 도서관 측의 의견을 듣습니다. 무엇보다 도서관과의 소통이 중요하다는 점을 꼭 말씀드립니다.

만약, 전국의 다른 도서관친구들과도 함께하고 싶다면 도서관친구들 사무국이나 홈페이지나 카페에 의견을 주시면 연락을 드릴 것입니다. 함께하기로 서로 약속하게 된다면 우리 도서관친구들은 다음과 같은 도움을 드릴 준비가 되어 있습니다.

첫째, 발대식을 돕습니다.

둘째, 독서모임 활성화를 지원합니다.

셋째, 정기적으로 책시장을 열 수 있도록 친구출판사의 책을 무상으로 보내드립니다.

넷째, 원화 전시회나 강연 프로그램, 작은 음악회 같은 다양한 프로그램을 마련할 수 있도록 지원합니다.

다섯째, 인문학 특강과 저자와의 만남을 기획하면 기금 지원과 강사 섭외를 도와드립니다.

여섯째, 일정 기간 동안, 일정한 수의 후원하는 친구들이 모일 때까지 CMS 이용료를 지원해드리기도 합니다.

그러나 앞서 자세히 설명한 것처럼 지역 도서관친구들이 사무국이나 도서관친구들을 위해 해야 할 어떤 의무는 없습니다. 단, 도서관친구들의 활동 목적과 원칙에 동의하고 그 약속은 꼭 지켜야겠지요. 전국의 도서관마다 도서관친구들이 많이 생기면 좋겠습니다.

한편, 국내에서 발표된 자료를 찾아보다가 이런 글을 발견했습니다.

> 지역별로 도서관친구와 같은 도서관 협력 조직을 마련하여 인력 부족 문제 해결 및 도서관 행사시 도우미 역할, 도서관의 운영과 서비스 내용 홍보 그리고 도서관을 대신하여 도서관의 어려움을 알려줌으로써 정책 결정자가 도서관의 필요성과 중요성을 바르게 인식할 수 있도록 하고 그들을 통해 도서관 운영의 문제점 및 개선점 등을 발굴하여 도서관이 발전할 수 있는 힘을 키워나가야 한다. 또한 이들을 기반으로 민관협력 사업을 발전시켜나갈 수 있을 것이다.

'2006 경기도 공공도서관 정책 북유럽 해외연수 보고서'에서 읽은 어느 사서의 소감입니다. 다른 글들에서도 비슷한 내용을 많이 발견할 수 있었지요. 도서관이나 사서 분들도 이제 도서관친구들 활동의 필요성을 인식하고 있음을 알게 되어 반가웠습니다.

도서관친구들은 무엇을 챙겨야 할까요

도서관친구들을 만들고, 발대식을 갖고, 운영을 시작하는 데 꼭 필요한 내용과 양식을 간추려 소개합니다. 꼼꼼히 읽어보고 적용하는 데 도움이 되면 좋겠습니다.

도서관을 좋아하고 자주 이용하며 도서관을 돕고 싶은 이용자 중에서,

- 자발적으로
- 무보수로
- 공공의 이익을 위해
- 성실하고 지속적으로
- 후원금을 1구좌(2,000원)씩 내면서
- 적극적으로 활동하려는 분들이 다섯 분 이상 모이면,
- 도서관의 사서 선생님이나 관장님과 의논하신 후
- 도서관친구들 사무국으로 연락주세요.
- 구체적인 활동을 시작하실 수 있도록 지원하고 안내합니다.
- 보다 자세한 내용은 『도서관친구들 이야기』를 참고하시면 좋습니다.

도서관친구들이 도서관을 돕는 활동은 다음과 같습니다.

- 기금으로 돕기
- 자원봉사부터 재능기부까지 다양한 자원활동으로 돕기
- 도서관과 도서관의 프로그램 홍보하기
- 도서관을 지지하는 정책 제안과 캠페인 활동에 참여하기
- 지역 주민을 도서관과 연결하여 도서관에 오게 하기
- 동무도서관친구들, 이웃도서관친구들과 서로 돕기

너무 어렵게 생각하지 마시고 다음(Daum)에 있는 도서관친구들 카페와 홈페이지를 참고해 다른 도서관친구들은 어떻게 활동하고 있는지 살펴보는 것도 좋겠습니다. 노움이 필요한 노서관에서는 천천히 한 걸음 한 걸음 나아갈 수 있도록 언니도서관친구들이 도울 것입니다.

첫걸음은 세 사람 이상이 운영진을 꾸리고, 도서관친구들 홈페이지 자료실에 마련된 회원명부에 1구좌(2,000원)를 후원하는 친구들 50명 이상의 명부를 작성해 대표 메일로 보내주시면 됩니다. 그러면 사무국에서는 원하는 지회에 한해, CMS 계좌를 열어 후원금을 지속적이고 안정적으로 모금할 수 있게 해드립니다. 비용은 사무국에서 지원합니다. 그리고 활동 시작을 알리는 발대식(또는 첫걸음 떼기)을 준비할 수 있도록 도와드립니다. 참고로 신규지회 안내문을 소개합니다.

발대식은 어떻게 준비하나요

신규지회를 꾸린 친구들은 이제 발대식을 열어 동무도서관친구들과 이웃들에게 첫인사를 하고 첫 발걸음을 함께 시작하게 됩니다.

도서관친구들은 조용히 도서관을 돕는 사람들이라 크게 소리를 내며 활동하지는 않습니다. 그러나 친구들이 생기고 활동 시작을 널리 알리는 일은 필요하다고 생각합니다. 현재 활동하고 있는 친구들 가운데 원주교육문화관과 충남보령도서관, 울산북구기적의도서관, 진주마하어린이도서관, 경남우포자연도서관, 전남도립도서관, 전북남원도통초교도서관, 서울윤봉길새책도서관, 서울불암문고도서관 친구들이 멋진 발대식을 해주셔서 고마웠습니다.

지회에서 발대식 준비에 필요한 것들을 살펴보니, 운영진과 후원 친구들만 있으면 큰 문제는 해결됩니다. 하지만 현실적으로 크게 두 가지를 갖추어야 합니다. 경비를 마련하고, 행사 진행의 내용과 순서가 있어야 합니다.

1부 개회(사)

　오신 손님 소개

　인사말씀과 도서관친구들 소개

　경과보고(우리 도서관에 도서관친구들이 만들어지기까지)

　축하의 말씀

　축하 선물 받기(사무국에서 준비한 선물이 있습니다)

　기념촬영

2부 특강

3부 간단한 다과 및 친구하기 시간

위의 내용은 제가 나름대로 세워본 발대식 순서입니다. 도서관의 특징과 특기를 살려 더 재미있고 의미 있는 행사를 만들어보는 것도 좋겠습니다. 각 순서에 몇 가지 소소한 설명을 덧붙이자면 다음과 같습니다.

하나, 발대식이란 이름도 정해진 것은 아닙니다. 서울불암문고도

새로운 도서관친구들께

안녕하세요.

새로운 도서관친구들 지회로 활동하시게 된 것을 환영합니다. 아래는 동무도서관친구들로 등록하기 위해 필요한 자료입니다. 전국 도서관친구들과 연대하고 사무국으로부터 지원을 받는 데 필요한 자료는 다음과 같습니다.

- 회원명부: 본회의 회원명부 양식에 따라 회원자료를 보내주시면 됩니다. 보내주신 자료는 엄격히 관리하고 회원 현황 파악을 위해서만 사용하겠습니다.
- 운영위원회 등 조직도: 지회에서 활동하는 대표 및 운영위원으로 구성된 조직도를 보내주시면 됩니다.
- 연간 활동계획 및 정기모임 계획: 간략하게 앞으로의 활동계획을 작성하여 보내주시면 좋겠습니다.
- CMS 이용 여부: 기금 마련을 안정적으로 하시려면 CMS 제도를 활용하는 것이 좋습니다. 그러나 비용이 많이 들어서 이용하기 어려우므로 개설 가입비와 월 이용료는 일정 기간 사무국에서 모두 지원합니다. CMS를 개설하려면 도서관친구들이 임의단체나 비영리 민간단체로 등록해야 합니다. 단체 등록에 필요한 서류를 준비하여 지자체에 등록하시고 (등록절차와 내용도 카페와 홈페이지에서 도움 받을 수 있습니다), 사무국에 연락주시면 CMS 회사에서 방문하여 개설해드릴 것입니다.

아래 다섯 가지 사항을 꼭 지켜주세요

- 정회원 가입 의무: 대표 및 총무 등 운영위원 중 최소 2명 이상은 당연직으로 본회의 정회원으로 가입합니다. 정회원은 후원회비 외에 월 1만

원을 본회 사무국에 납부합니다. 이 회비는 후원금과 다릅니다. 정회원은 총회에 참석하여 도서관친구들의 중요한 안건들에 대하여 의결권을 갖게 되며 임원 선출권을 행사하게 됩니다.

- 카페 개설: 지회 및 본회와의 원활한 의사소통을 위하여, 다음(Daum)에 카페를 개설합니다.
- 정기총회와 기타 특별모임 참석 의무: 정회원은 매년 1회 정기총회와 대표 모임에 가능하면 참석하셔야 합니다(특별한 사유나 연락 없이 참석하지 않은 동무도서관친구들에는 6개월간 언니도서관친구들의 지원을 일시적으로 중단합니다).
- 통장 개설: 모임의 이름으로 통장을 세 개 개설해주시면 됩니다. 후원금 통장, 운영 및 경비 통장, 그리고 도친장터와 수시 물품판매용 정산통장입니다.
- 탈퇴와 해산: 도서관친구들과 지회는 어느 한쪽이 원치 않을 때는 언제라도 서면 통보로 지원 중단과 탈퇴가 가능합니다. 지회 해산에 관한 내용은 도서관친구들 정관을 참고해주십시오.

기타 궁금한 사항은 한국도서관친구들 사무국으로 문의해주세요.

전화: 02-571-0279

메일: dochindl@daum.net

붙임 자료 1: 회원명부

자료 2: 조직도 참조자료(새책도서관친구들)

자료 3: 회원신청서

자료 4: CMS 일괄등록 양식

자료 5: 정회원 신청

서관친구들은 시낭송회로 발대식을 했는데 느낌이 좋았습니다. 예쁜 이름으로 해보세요.

둘, 1부 시작하기 전에 간단한 공연이나 낭송, 밑줄낭독, 노래, 발표회 같은 순서를 넣어도 좋겠다는 생각이 듭니다. 어떠신지요?

셋, '오신 손님 소개'는 보통 행사에서 내빈소개라고 하는데요. 가능하면 와주신 모든 분이 내빈이라고 소개하면 어떨까요? 들어오실 때 반드시 방명록에 이름을 쓰게 해서(기념품을 준비하면 모두 기록하지 않을까요?) 대표나 사회자가 다 소개해주면 좋겠습니다. 한 분 한 분 이름을 다 부르지는 못해도 무슨 모임이나 어디에서 오셨다는 정도로 재미있게 소개합니다. 그래서 모두가 한 번은 손을 들거나 일어서서 인사 나누는 시간이 있었으면 합니다(기념품은 사무국에서 준비해드립니다).

넷, '인사말씀과 도서관친구들 소개'는 보통 대표님이 하시는데요. 이것도 활동위원 모두가 앞에 나와 한 마디씩이라도 감사의 인사를 했으면 합니다. 도서관친구들을 소개할 때는 간략하게 도서관을 돕는 사람들이 어떤 일을 하는지, 왜 필요한지, 어떤 원칙을 가지고 있는지, 현재 전국적인 현황은 어떠한지 이런 내용을 전하면 어떨까요(보내는 리플릿으로 설명하고 손님들 역시 이를 참조하며 들으면 좋겠습니다).

다섯, '경과보고'는 참 중요한 순서입니다. 도서관의 친구들은 만들어지기까지 시간도 많이 걸리고 우여곡절도 많았으리라 봅니다. 그런 일들을 가능하면 자세하게 적어서 알려주거나 컴퓨터에 담아 영상으로라도 보여주면서 설명을 덧붙이면 좋을 것 같습니다. 이 시간은 참석한 분들에게 많은 생각거리를 줍니다. 지금 이 자리가 만들어지기까지 보이지 않는 곳에서 애쓴 분들께도 위로가 되지 않을까요?

여섯, '축하말씀'은 보통 축사라고 하는데 정치인들, 기관의 장들이 많이 나와서 길게 하지요. 그러지 말았으면 합니다. 각계 각층의 사람들을 가능한 많이 참여하게 하고 재미있게 꾸미는 방법을 고민해보면 좋겠습니다(영상 축하 메시지가 좋겠지요). 도서관에서는 관장님과 외부 인사 한 분 정도만 말씀하시면 어떨까요? 이 순서가 길어지면 행사가 지루해질 수 있습니다. 3행시를 짓는다든지, 아무 것도 모르는 친구들한테 무작정 인사말을 시키는 것도 재미있습니다. 도서관친구들은 뭐하는 사람들일까요? 이런 기습 질문도 좋겠습니다. 축하말씀은 우리의 상상력이 필요한 순서입니다.

일곱, '축하 선물 받기'는 도서관친구들 사무국에서 새 친구가 생긴 기념으로 선물을 전하는 순서입니다. 후원회원 수가 많으면 많은 선물을 전합니다(회원 수가 50명이면 50~80만 원, 100명이 넘으면 150~170만 원 정도입니다). 선물은 사무국에서 준비합니다. 그냥 전달하는 순서라고 생각하면 됩니다. 택배로 미리 보내는데 일단 받으면 사진부터 한 장 찍어놓고 포장을 풀기 부탁합니다. 사무국으로부터 어떤 품목을 얼마나 받았는지 소개하고, 장터에서 판매하여 전액 도서관을 돕는 데 쓴다는, 착한 장터라는 사실을 알려주면 좋겠습니다.

여덟, 2부에서 특강은 준비되면 진행하고 아니면 건너뛰어도 괜찮습니다. 특강이 없으면 식전 행사를 여기 2부 순서로 가지고 와도 되겠네요.

아홉, '간단한 다과 및 친구하기 시간'은 말 그대로 친교의 시간입니다. 차와 약간의 다과 정도 준비할 수 있으면 좋겠고요. 아니면 사무국에서 보낸 물품으로 '착한 장터'를 열어보면 어떨까요? 물건도 사고 도서관도 돕고 도서관친구들도 돕는 행사니까요. 판매금액은 도서관을 돕는 데 쓰인다고 알리면 좋겠지요(선물 증정 때는 샘플 한 개씩만 있으면 되니까 지원물품으로 장터를 미리 마련해두면 행사에 무리가 없을 듯합니다).

열, 행사 전체의 시간 배정입니다. 1부는 40분 정도, 2부는 1시간 정도, 식전행사 포함해서 모두 2시간을 넘지 않았으면 합니다. 그리고 자유롭게 3부에 참여하게 하면 어떨까요? 2부 특강이 없다면 식전 행사와 1부를 2시간 이내에 진행하면 좋겠지요.

도서관친구들 첫걸음을 시작하는 친구들께 축하와 감사의 마음을 담아 한 번 만들어보았습니다. 더 좋은 순서가 있거나 재미난 생각이 있으면 알려주세요. 다른 친구들에게도 널리 알리겠습니다.

경비 마련하기

발대식에는 홍보비용과 다과회 경비 정도가 필요한 것 같습니다. 인쇄물이나 홍보물은 최소한으로 하고 입소문과 문자 알림을 권합니다. 다과회는 자체 마련을 원칙으로 하는데, 이 부분이 조금 죄송합니다. 행사 준비하시느라 힘든 운영위원들께 결과적으로 음식까지 준비하게 하는 일이 되어서요. 그래도 비교적 최근 먼저 발대식을 한 남원도통초등학교도서관친구들이 전하는 말씀으로는 그런 일을 함께하면서 사이가 더욱 좋아지고 깊어졌다고 하니 널리 이해해주시면 고맙겠습니다. 보내드리는 발대식 지원 물품을 판매하여 남는 수익금은 발대식 경비로 쓸 수 있습니다. 예를 들면, 독서대를 12,000원에 보내는데 14,000원에 판매하게 됩니다. 차액 2,000원은 발대식 경비로 사용할 수 있다는 뜻이지요.

도서관친구들은 후원금을 도서관 돕는 데만 쓰기로 한 약속이 있어서 따로 운영비가 없습니다. 그래도 모임을 하다 보면 최소한의 운영비나 경비가 필요합니다. 그 비용은 따로 마련할 수 있도록 언니도서관 친구가 지원하는데, 아래 책시장 편에서 자세히 안내하겠습니다.

발대식을 마치고

이제 정식으로 동무도서관친구가 되었습니다. 전국의 많은 친구들과 연대하는 아름다운 모임의 일원이 된 거지요. 언니도서관친구들이 다음과 같은 지원을 합니다.

- 도서관친구들 활동을 위한 물품 지원
  : 리플릿, 친구하기 신청서, 배너 광고판, 도서관친구들 상징 걸개그림, 앞치마, 컵, 홍보용 파일
- 발대식 행사 지원
  : 후원회원 수에 따라 70~200만 원 상당의 물품 지원
- 인문학 특강 행사 지원
  : 강사 섭외, 행사비의 50퍼센트 지원
- 도친장터를 위한 책 지원
  : 친구출판사로부터 기증 받은 반품도서 무상 지원
- 음악회 예산 지원

: '책마음샘' 연주단, '쁘띠꼬숑 앙상블'을 초청하여 음악회 개
최할 때 경비의 50퍼센트 지원
- 인형극 공연 지원
: 인형극 초청 공연을 위한 경비의 50~60퍼센트 지원
- 북콘서트 지원
: 연주단 초청 공연시 필요한 경비의 50퍼센트 지원
- 원화 전시회 지원
: 친구출판사의 원화 전시회를 개최할 수 있도록 지원함.
아트프린팅 작품도 있음
- 친구출판사 신간 저자와의 만남 지원
: 행사비 일부를 지원함
- '내 인생의 첫 책' 출판기념회
: 친구출판사의 신간 중 첫 책을 내신 저자를 모셔서 기념회
열기. 행사비 지원함
- 도서관친구들 CMS 계좌를 이용해 안정적으로 후원금을 모을
수 있게 해드립니다.
: CMS 계좌 개설과 이용료는 중앙에서 지원함

우리는 좀 더 많은 사람들과 친구가 되고 싶습니다. 도서관이 우
리 동네에서 가장 소중한 곳, 일하고 공부하고 생활하는 삶의 중심
이 되게 하고 싶습니다. 특히 학교 도서관에 도서관친구들이 많이
생겨나기를 바랍니다. 그래서 앞으로 우리 아이들이 도서관에서 자
신의 재능을 키우고, 누구에게나 무료로 제공되는 정보를 이용하여
자신의 꿈을 마음껏 펼치는 데 힘을 보태고 싶습니다. 조금씩, 천천

히, 가능하면 많은 사람들이 친구가 되어 함께 노력하려 합니다.

꼭 지켜야 할 원칙은 무엇인가요

- 후원회비는 도서관을 위해서만 씁니다.
  : 운영회비와 후원회비를 철저하게 구분합니다.
- 도서관 운영에 대해 불평불만을 하지 않습니다.
  : 도서관 2,000개가 생길 때까지 칭찬과 격려만 보냅니다!
- 정기적으로 책을 읽고 생각을 나눕니다.
  : 밑줄독서모임을 권합니다.
- 상을 받지 않습니다.
  : 상은 도서관이 받습니다.
- 정부 지원과 기업의 후원을 받지 않습니다.
  : 지원과 후원도 도서관이 받도록 합니다.

큰 원칙으로 정하지는 않았지만 암묵적으로 서로 지키는 작은 약속이 몇 가지 더 있습니다.

- 기증식을 하지 않습니다.
  도서관친구들은 직접 기증을 받지 않기 때문에 받는 의식도 없지만, 도서관에 물품이나 강사비, 행사비를 지원했을 때도 특별한 의식 없이 기부 확인증과 영수증 정도 받는 것으로만 합니다.

- 후원금과 운영비 정산은 총회를 열어 보고해야 합니다.
- 사업계획서·보고서·서류를 꼭 갖추어 보내주시면 좋습니다.
- 사업 지원을 원할 때 간단한 계획서를 보내주셔야 합니다.
- 반드시 행사보고를 홈페이지와 카페에 올려주셔야 합니다.

어떤 원칙을 따르면 좋을까요

첫째, 도서관 발전을 위해서만 기금 사용하기

기금은 친구들이 낸 회비와 수익사업을 통한 이익금으로 이루어지는데, 전액 도서관 발전을 위해서만 쓴다는 원칙이 있습니다. 그러므로 회원들의 활동에 필요한 경비와 사무국의 운영비는 각자가 능력과 의지에 따라 나누어 따로 부담하고 있습니다.

2007년에는 CMS 제도를 도입하여 정기적으로 일정한 후원금을 받을 수 있게 되었고, 홈페이지를 구축하여 연대하는 도서관친구들과 긴밀히 협조할 수 있는 체제도 만들었습니다. 또 친구들 중 운영경비를 정기적으로 후원해주는 친구가 있어 운영비로 사용하기도 합니다. 반품도서를 기증하는 친구출판사도 간접적으로 운영비를 마련할 수 있도록 지원해주고 있지요.

2011년에 비영리 민간단체로 등록한 뒤 단체의 일반 운영원리를 도입하여 회원을 정회원과 후원회원으로 구분하고, 정회원이 후원하는 회비는 운영비로 쓸 수 있게 되었습니다. 비영리 민간단체는 상시 100인 이상의 회원을 유지해야 한다는 원칙이 있어 후원회원 중에서 정회원 100명 정도를 따로 모집하여 정회원비를 받게 되었습니다. 초기에는 연회비를 2만원 내고 1년간 정회원 자격을 유지하도록 했습니다. 가입을 권유하면 사실 장기간 후원이라 부담스러워하는 친구들이 있었고, 동무도서관친구들 운영진도 해마다 바뀌는 구조여서 그렇게 했습니다.

정회원이 되면 정기총회에 참석하여 도서관친구들의 중요한 정책이나 임원 선출 같은 의사결정권을 갖게 됩니다. 동무도서관친구들 운영진 중에서 한두 사람이 당연직으로 정회원이 되고 나머지는 후원회원 중에서 희망하는 친구들로 구성했습니다. 2013년 10월 임시총회를 앞두고 의결권에 관심이 높아지면서 일시적으로 정회원이 조금 늘었으나, 2014년 정기총회에서 정회원의 자격과 의무를 강화하고 연회비도 12만 원으로 올려서 다시 130명 선을 유지하게 되었습니다. 1년 자격이었는데 회비를 내는 기간 동안은 자격이 유지되는 것으로 정했지요. 정회원비가 높아져서 운영비가 많이 늘었습니다. 그래서 친구출판사가 친구가로 책을 공급해주면서 간접 지원해주던 운영비도 이제는 전액 새 책을 사서 도서관에 기증할 수 있게 되어 우리 도서관친구들은 더 좋아졌지요. 하지만 정말 좋은 것은 후원해주는 친구, 도서관친구가 나날이 늘어간다는 기쁨입니다.

둘째, 불평불만하지 않기

도서관을 위한 모임이 만들어진 뒤 자주 이용하고 관심이 더해지면 전에는 보이지 않던 것들이 보이기 시작합니다. 좋은 점도 더잘 보이고 그렇지 않은 점도 마찬가지겠지요. 그러나 사람들 눈에는 좋은 점보다 불편하고 불합리한 부분이 먼저 보이고 잘 보이는 모양입니다. 물론 남다른 애정과 관심에서 나오는 시선이겠지만 입장이 다르면 다 좋게만 받아들여질 수가 없습니다. 불만을 이야기 히는 쪽과 듣는 쪽은 언제나 정반대니까요. 오해가 생기기도 하고 자꾸 말하다 보면 서로 불편한 관계가 됩니다. 때로는 오히려 없었던 것만 못한 관계가 되기도 합니다.

게다가 우리는 도서관을 풍부하게 습관처럼 이용할 수 있는 환경을 가져보지도 못했고, 오랫동안 도서관과 함께해온 나라들처럼 도서관 문화를 제대로 체험해보지도 못한 실정이라 의욕이 앞서 이제 겨우 싹을 틔우는 도서관 문화를 짓밟거나 얼어붙게 하지나 않을까 걱정일 때가 많습니다. 그래서 우리 도서관친구들은 이런 원칙을 정했습니다.

'도서관 운영에 대해 불평불만 하지 않기!'

'좋은 점만 보고 고마운 점만 말하고 널리 소문내기!'

이런 말을 하는 사람들도 있겠지요.

"무슨 시민 모임이 그래? 존재 이유가 뭐냐고. 시민 모임이 비판과 감시, 견제는 쏙 빼고 '잘한다, 잘한다'하고만 한다니, 어용 아냐?"

"친구라면 칭찬도 중요하지만 충고도 필요한 거 아닐까요?"

그러나 우리는 이런 말보다 다음의 말을 더 크게 기억하기로 했습니다.

'친구도 충고 세 번이면 원수가 된다', '사람이나 조직을 변화시키는 데 정말 효과적인 것은 부족함을 지적하기보다 잘하는 것을 칭찬하는 일이다.'

늘 칭찬하고 격려하려 합니다. 적어도 '우리나라에 2,000개 도서관이 생길 때까지'는 말이지요.

우리나라 출판사들이 출간을 결정할 때 '과연 초판 2,000부가 다 팔릴 수 있을까?'라는 기준을 두고 더 이상 고민하지 않았으면 좋 겠습니다. 정말 중요하고 좋은 책이라면 도서관에서 초판은 다 사줄 테니까요. 그러면 안정적으로 다음 책을 기획할 수 있겠지요? 우리 나라에 도서관이 2,000개만 있다면 충분히 가능하다고 합니다. 사 람들이 아이들에게 책 읽어주기를 할 때 "다른 나라처럼 도서관용 '큰 그림책'이 제작되어 있다면 얼마나 좋을까?"라고 하는 말을 자 주 들었습니다. 이 역시 우리나라에 도서관이 2,000개만 있다면 충 분히 가능하다고 합니다. 모두가 가져볼 만한 꿈이 아닐까요?

셋째, 기쁨을 함께 나누고 책과 함께 성숙해가기

정기 모임 외에도 용인 느티나무도서관과 파주출판단지, 어린이 도서관연구소, 푸른꿈도서관 견학은 곳곳에서 싹트고 있는 작은 도 서관들의 생생한 움직임을 직접 보고 느낄 수 있는 좋은 기회였습 니다. 친구들과 함께한 시화전 관람이나 각종 문화 행사와 공연, 전 시회 참가, 자원봉사활동과 행사 진행을 하며 느꼈던 기쁨을 친구 와 나누고, 나아가 이웃과 함께 나누는 기회를 갖고 싶습니다.

매월 한 권의 책과 시집을 '이 달의 책'으로 정하여 함께 읽고 있 습니다. 꾸준히 책을 읽고 대화와 토론을 통해 성숙해가고 싶습니 다. 도서관에서 가족과 친구와 더불어 책을 읽고 사람을 만나고 사 색하고 행동하며 자신을 성장시키는 것, 그러한 시간을 같이 만들 어가는 것은 우리가 만나는 중요한 의미라고 생각합니다.

넷째, 상 받지 않기

시간이 흐르고 새로운 활동들이 생겨나면서 원칙도 하나씩 추가되고 있습니다. 이 원칙을 정할 때, 상 줄 사람은 생각시도 않는데 먼저 나서서 받지 않겠다고 한 꼴이니 말해놓고 우리끼리 많이 웃었습니다. 하지만 3년 정도 활동하고 나니 여기저기서 "이번 행사에 수상 대상자로 추천하려고 하는데 공적 정리해서 좀 보내주실래요?"라는 말들이 나와서 당황스러웠습니다. 활동 초기에 도서관 친구들이 동대문구정보화도서관을 도서관 경영 부문 수상대상으로 추천한 적은 있었는데, 우리가 그런 대상이 되리라고는 생각해보지 못했거든요.

"아니에요, 우린 한 것이 아무것도 없어요" 하며 일단 사양했습니다. 그래놓고는 '앞으로는 어떻게 하나?' 하다가 의논을 한번 해보자 했습니다. 우리는 정말 회의를 많이 합니다. 아무리 사소한 부분이라도 모여서 의논한 뒤에 결정하지요. 그러니 일의 추진이 느리고 앞장서는 사람이 없어 딱 부러지는 것이 없지요. 결론이 나지 않으면 다음에 다시 의논합니다. 의견이 모아지지 않은 채 시간이 많이 지나면 자연스럽게 하지 않는 쪽으로 흘러갑니다. 상 받는 문제도 미리 우리 입장을 정해 알려두는 것도 괜찮겠다 싶었습니다. 긴 시간 의논하여 정했는데 원칙에 다들 찬성하고 환영했습니다.

"근데 상금이 1억이나 되는 그런 상을 준다면 아까워서 어쩌지요?"

"상금은 좀 아깝겠다."

웃자고 한 이야기지만 잠시 생각해볼 문제라고도 했습니다.

"상금만 받고 상은 받지 말까요?"

"좋은 생각!"

"그런데 그런 상이 있을까요?"

"앞으로 일할 때는 이러다 상 받는 거 아닐까, 꼭 고민하며 해야겠지요?"

"정말 그러네요."

한참동안 재미있게 이야기를 나누면서 즐거웠습니다. 그런데 다른 분들은 어떻게 느끼시는지 궁금하기는 합니다. "음, 교만 아니에요?"라고 말하는 분들도 있었습니다. 어떻게 생각하시는지요?

어떤 모임이든 처음 시작할 때는 열심히 적극적으로 활동하지요. 그래서 잘한다고 주변에서 칭찬 겸 격려하는 의미로 상을 주곤 하는데, 받고 나면 또 어느 정도 부담이 생기는 것도 사실입니다. 그에 걸맞은 활동을 해야 한다는 마음의 짐이 생기고 그러면 모임이나 사람들이 무리하게 되지요.

사실 처음처럼 한결같기가 어려운 게 세상일인데 더 잘해야 하니 점점 힘들어집니다. 그러다 보면 잘 보이지 않는 부분에서 누군가의 희생과 헌신이 필요하게 되고, 그것이 부담이 되어 어느 순간 한두 사람씩 모임에 안 나오게 되지요. 상이 짐이 되는 경우를 많이 봐온 터라 우리 도서관친구들은 '너무 잘하려고 하지 말자', '우리가 할 수 있는 것을 즐겁게 아무런 보답도 기대하지 않고 해보자', '상 받기에는 좀 모자라고, 아무것도 아니라고 하기에는 그냥 조금 하는 정도로'라는 생각을 가지고 있습니다.

상이라는 것이 받으면 좋지만 마냥 좋기만 한 것도 아니지요. 그러나 상 받을 만한 사람이나 도서관을 적극 추천하는 일은 더 열심히 하기로 했습니다. 그래서 '상은 도서관친구들이 받는 것이 아니라 도서관이 받게 한다'입니다. 사실 잘 들여다보면 도서관친구들이 자발적으로 나서서 돕겠다고 하는 도서관은 정말 열심히 운영되고 있고 이용자들이 좋아하는 노서관들일 가능성이 높습니다.

도서관에 친구가 되겠다고 하는 분들의 뜻을 물어보면 대개 "도서관에서 받은 것이 너무 많아요. 그러니 저도 뭔가 조금이라도 보답해야 하지 않을까요?"라고 합니다. 그러니 도서관친구들보다 도서관이 상을 받는 것이 맞고 당연한 일이지요. 그래서 저희들은 이것이 도서관친구들만의 무슨 특별한 원칙이라고는 조금도 생각하지 않습니다.

그러나 몇 년 활동하다 보니 이 원칙을 굳게 지키기가 쉽지 않다는 사실을 알게 되었습니다. 지역의 동무도서관친구들 중 한 곳이 상을 받게 되었다는 사실을 알고 연락했을 때, 서로 의견을 나누고 원칙을 바로 세우기가 참 힘들었습니다. 도서관 측에서 원하는 경우도 있어서 더욱 애매하고 어려웠습니다. 결국에는 서로 뜻이 다르다는 것을 인정하고 동무도서관친구가 되기를 포기한 곳도 있었지요. 원칙은 지키기 힘들기에 원칙인가 봅니다.

다섯째, 정부 지원과 기업 후원금 받지 않기

2010년 가을에 정부 기관에서 지원금을 받을 수 있는 방법이 있다고 연락해준 친구가 있었습니다. 도서관 자원활동가들을 위한 예산이고 금액도 커서 좋은 일 많이 할 수 있겠다며 꼭 도서관친구들이 받았으면 좋겠다는 마음도 담아서 전해주었지요. 계획서를 내보라는 제안이었는데, 처음에는 매우 반가운 소식이라 좋아했습니다. 하지만 잘 살펴보니 우선 자격이 되지 않았습니다. 지원을 받으려면 비영리 민간단체이거나 법인체 또는 재단이어야 하더군요.

'좋다가 말았네' 하고 웃어 넘겼는데 누군가 "앞으로는 어떻게 할 생각이에요?"라고 물었습니다. 계속 시민들의 자생 단체로만 있을 것인지, 단체 등록을 해서 후원하는 친구들에게 기부금 영수증을 발행해 그거라도 보답하는 단체가 될 것인지 결정해야 한다는 의견이었지요. 또 날을 잡아 모여서 회의를 했습니다. 긴 시간 의논한 결과 단체 등록은 하고, 지원은 받지 않는 단체였으면 좋겠다는 의견이 가장 많았습니다. 의견을 한 곳으로 모으기 위해 지원을 받았을 경우 예상되는 문제들에 대해 열어놓고 대화를 나누었습니다.

무엇보다 우리 모임이 소중한 지원금을 받아서 운용할 만한 역량과 사람, 그리고 경험이 없다는 이야기가 많았습니다. 누군가 무리하게 될 가능성이 있다는 뜻이지요. 아프지만 정확한 지적이라고 생각했습니다. 그래서 욕심 부리지 말고, 이참에 이것을 원칙으로 정해두자는 의견이 있어 그렇게 하기로 했습니다.

우리는 '세상에 공짜는 없다'는 말을 늘 기억하기로 했습니다. 정부의 지원과 친구들의 후원을 받는 경우는 더 그렇겠지요. 상과 마찬가지로 '지원과 후원은 도서관친구들이 받는 것이 아니라 도서관이 받는 것'으로 정했습니다. 정부와 기업이 도서관을 지원하고 후원하도록 하는 일에는 적극 활동을 벌여보자는 것이었지요.

이렇게 5년간 활동하면서 다섯 가지 원칙이 만들어졌습니다. 다시 5년을 하면서 더 많은 원칙이 만들어졌지요. 원칙이자 우리들의 소박한 약속이었으나 너무 많은 원칙은 자칫 간섭과 구속의 딱딱한 틀이 될 수도 있어서 내부 원칙으로 정해두고, 활동할 때 우리끼리는 꼭 지키기로 했습니다. 일반적인 원칙이긴 하지만, 도서관친구들은 특정 정당에 가입하거나 활동하는 사람은 운영진이 될 수 없다는 원칙이 있습니다. 물론 후원친구가 되는 것은 문제가 되지 않습니다. 또 당연히 영리를 목적으로 하는 활동을 해서도 안 됩니다.

동무도서관친구들이 되면 다음(Daum)에 카페를 개설해야 하고 서로에게 활동을 알리고 정보도 나누어야 합니다. 그리고 동무도서관친구들 운영진이 되면 언니도서관친구들의 정회원이 되어야 한다는 원칙, 도서관친구들이 책이나 시설, 프로그램을 기증할 때 기증식을 하지 않는다는 원칙도 있습니다. 기증 확인서만 받아서 투명한 회계 자료로 활용하게 했지요. 가만 생각해보니 기증식에 관한 이 원칙도 참 지키기 어려웠습니다.

동무도서관친구들 중 한 곳에서 이 원칙을 어기고 기증 행사를 크게 진행해 회원들이 의문을 제기하고 주변에서 원칙을 지켜줄 것을 요청했습니다. 알아보았더니 그 도서관친구들은 전체 도서관친구들과 한 약속을 지킬 뜻이 없었습니다. 결국 연대하는 단체에서 빠졌습니다. 앞으로도 이런 경우가 있을 수 있으니 관계를 맺고 끊는 데도 일정한 절차가 필요하겠다고 해서 총회를 통해 정관에 그 내용을 넣기도 했습니다.

우리 도서관친구들은 동무도서관친구들로 서로 도우며 활동하다가도 어느 한쪽이 원치 않으면 언제라도 서면 통보로 지원 중단과 탈퇴가 가능한 모임입니다. 10년 동안 약 37개 도서관에 도서관친구들이 만들어져 함께 활동했으나 지금은 없어지기도 하고 활동을 잠시 중단한 곳도 있습니다. 현재 본격적인 활동을 준비하고 있거나 활발하게 활동하고 있는 곳은 열네 군데지요. 도서관친구들이 활동하다 보면 앞으로 더 많은 원칙들이 필요할지도 모릅니다. 조심해야 할 일들이 더 많아진다는 뜻이겠지요. 사실 어깨가 점점 더 무거워지고 조금은 두려워지기도 합니다.

IT 강국이라지만 우리나라는 독서환경과 도서관 시설에서는 아직도 하위권에 가깝다고 합니다. 법정기준의 30%에도 못 미치는 사서 인력과 OECD 평균 3% 수준의 예산에는 더 할 말을 잃었지요. 독서 수준이 세계 166위라는 통계를 보았는데 한두 사람의 노력으로 해결하기는 어려운 현실입니다. 정책적인 배려와 철학이 뒷받침되어야 가능한 일이라는 생각이 듭니다. 그러나 곳곳에서 마을 도서관 만들기가 들불처럼 일어나고 있고, 무엇보다 학교 도서관이 리모델링 사업을 끝내고 독서교육을 전개하고 있으니 그래도 희망을 가져봅니다.

도서관에서 세상을 꿈꾸다

열다섯 명으로 시작한 도서관친구들이 이제 2,500명으로 늘어났습니다. 지회 도서관친구들과 합하면 1만 명이 넘는 친구들이 생긴 셈입니다. 우리 모임 소식을 들은 친구들은 전국에서 후원친구가 되어 후원금을 내주고 응원하는 마음으로 도와주고 있는데, 어쩌다 텔레비전에서 도서관 이야기가 나오면 눈이 번쩍 뜨여 다시 한 번 돌아보게 된다 합니다. 마음에 있어야 보인다고 하지요.

저는 이제 사원 아파트에서 살다가 다른 곳으로 이사를 해 1년 살고, 다시 광진구로 이사를 왔습니다. 친구가 있고 뜻을 함께하는 사람들이 있는 곳, 벌여놓은(?) 도서관친구들 일도 있지만 무엇보다 자주 만나는 친구들과 헤어지기가 쉽지 않았습니다. 서울이란 도시가 아이 학교나 아파트 가격에 따라 이리저리 옮겨 다니는 곳이라고도 하지요. 그래서 2008년 서울시 한 책 읽기의 주제가 '서울은 고향이다'였던 것 같습니다.

하지만 살다 보니 꼭 그렇지만은 않다는 사실을 알게 되었습니다. 제가 만난 많은 사람들은 "도서관에 자주 가고 또 그곳에서 친구를 사귀고 보니 이제 이사하기가 어려워요"라고 했습니다. 이사를 하고서도 친구 찾아가는 게 인지상정이지요. 이웃이 생기고 동네가 생기고, 그래서 한 곳에 오래 살아 앞으로는 서울이 마음의 고향인 아이들과 사람들이 많아졌으면 좋겠습니다.

얼마 전, 바로 옆에 도서관이 있다는 이유만으로 그곳으로 이사한 가족이 쓴 책이 나왔더군요. 얼마나 반갑고 예쁘던지요. 우리가 처음 도서관친구들 활동을 시작했을 때 웃으며 했던 말이 있습니다. "도서관 옆 집값이 가장 비싸게 되는 날까지" 함께하자 했는데 서서히 싹이 보이기 시작하네요. 좋은 일이고 고마운 일입니다.

2006년 5월에는 이 달의 책으로 선정된 『주식회사 장성군』이란 책을 함께 읽고 토론했습니다. 지자체 선거가 있는 달이기도 하고 풀뿌리 민주주의라고 하는 지자체에 대해 다시 한 번 생각해보는 의미에서 그 책을 선택했습니다. 시골 작은 군에서 지난 10년간 받은 상금만 100억이라고 하더군요. '장성을 변화시키고 앞으로 나아가게 하는 힘은 어디서 온 것일까' 궁금했는데 그 책에서는 교육의 힘이라 했습니다. 교육을 통해 사람을 변화시키고, 그것이 궁극적으로는 세상을 변화시키는 힘이라는 사실을 다시 한 번 생각했습니다. 교육을 통해 생각의 변화를 꿈꾸어봅니다.

생각의 변화!

생각이 바뀌면 사람이 바뀝니다. 사람은 사회를 바꾸게 될 것이고 그러면 세상은 변할 수 있으니까요. 우리는 우리가 생각한 대로 바로 그런 세상을 만들어가게 된다지요. 생각의 변화를 고민하는 지점이 바로 우리 도서관친구들이 서 있는 곳이라 여깁니다. 우리의 고민들이 모여 변화를 이끌어낼 것입니다. '우리가 살아가는 세상은 어떤 세상이어야 하는가?'에 대한 질문과 고민을 전문가, 혹은 정치가들에게 맡길 일이 아니라 어떻게 변화해가는지, 어떤 모습으로 변화해가야 하는지를 스스로 알아보고 생각하는 데 더 많은 시간을 내는 우리가 될 것입니다.

우리는 책을 통해 몰랐던 사실을 알게 되고 새로운 무언가를 꿈꾸게 됩니다. 책을 읽으며 책 속에서 길을 찾고 영혼의 갈증을 푸는 사람들이 가장 좋아하는 곳, 이 세상에 아무도 가지 않은 곳에 처음으로 길을 내고 그 길을 앞서 걸었던 사람들이 한결같이 자신을 키운 가장 위대한 장소로 기억하는 곳, 그리고 우리 마을에서 가장 소중한 곳, 그곳이 우리 동네 도서관이었으면 좋겠습니다.

수많은 사람들의 삶과 생각이 담긴 책을 찾아 읽는 어른들의 뒷모습을 보면서 우리 아이들 또한 시키지 않아도, 교육하지 않아도 스스로 책을 찾아 읽게 되겠지요. 그래서 부모와 아이가 손잡고 도서관에 나와 그곳에서 꿈을 키우고 마음의 폭과 깊이를 더해 새로운 세상을 발견하고 조금씩 나아가게 될 때, 세상은 우리가 꿈꾸는 바로 그런 세상이 되지 않을까요.

2022년 10월 현재, 함께 연대하고 있는 도서관친구들은 이제 열네 군데로 늘었습니다. 함께 꾸니 꿈은 이루어지나 봅니다. 후원금을 내는 친구들만도 9,000명이 넘어가고 있습니다. 저와 우리 도서관친구들은 도서관에 힘이 되고 기쁨이 되고 싶은 친구들이 만 명, 10만 명, 100만 명이 되어 어깨동무하고 함께 가는 꿈을 꾸어 봅니다. 희망이 생깁니다. 조용하고 느려서 변하는 것 같지도 않겠지만 한 걸음 한 걸음 쉬지 않고 가보고 싶습니다.

도서관친구들 10년이 되던 해, 우리는 작지만 소중한 시도를 하나 해보았습니다. 다음 안내문을 봐주실래요?

『아침독서신문』 100호 발간을 축하하며

『아침독서신문』은 행복한 독서문화를 꿈꾸면서 아침 책읽기 운동에 앞장선 비영리법인에서 비영리로 발간하는 월간 독서교육과 독서문화 정보지입니다. 2005년 3월 창간했는데, 어느새 10년이 지나 2015년 6월호로 100호가 되었습니다. 100호, 무엇이라도 시작해서 100번을 꾸준히 한다는 게 쉬운 일은 아닙니다. 더구나 지금처럼 출판과 독서계가 어려운 시절에 독서신문을 이처럼 꾸준히 낸다는 건 참 대단한 일입니다. 무엇이든 새로 시작하기도 힘들지만 한번 시작한 것을 세월이 흘러도 변하지 않고 꾸준하게 이어가는 일은 더 어렵다는 걸 잘 알기 때문입니다.

『아침독서신문』은 4남매입니다. 유아교육기관 이야기를 담은 『책둥이』, 초등학교 이야기를 담은 『초등아침독서』, 중·고등학교 이야기를 담은 『중고등아침독서』, 작은 도서관들을 위한 『작은도서관신문』입니다. 각 매체마다 대상에 따른 독서와 관련한 이야기를 소박하고 진실하게 잘 담아내고 있습니다. 어려운 가운데서도 종이신문으로, 합본호로, 모바일 앱으로, 이처럼 더 다양한 모습으로 독자를 만나기 위해 끊임없이 노력하면서 학교와 지역 독서문화를 살려내는 한 분야를 잘 담당해주고 있어 든든합니다. 앞으로도 이 땅에서 200호, 500호, 1000호…… 꾸준히 이어가기를 바랍니다. 그래서 책과 함께 새로운 세상을 향해서 나가고 싶어하는 사람들에게 좋은 벗이 되어주기 바랍니다.

이런 마음으로 『아침독서신문』 100호 발행을 축하하며, 책과 관련된 사람들이 함께 축하하는 자리를 만들기로 했습니다. 책과 관련된 사람들이란 범위가 참 넓겠지요. 독서와 출판과 작가는 물론 책을 좋아하는 사람들 누구나 함께할 수 있습니다. 보통 주변에서 잘하는 일을 찾아서 칭찬하고 격려하기보다 문제를 제기하고 비판하는 데 더 익숙하듯이 『아침독서신문』도 물론 부족하거나 아쉬운 점도 있습니다. 자라나는 한 아이한테 좋은 점도 있고 부족한 점도 있는 것처럼 말입니다. 한 아이를 온 마을이 함께 키우듯이 『아침독서신문』도 책과 함께하는 온 동네 사람들이 함께 키워나가야 할 아이입니다. 이에 『아침독서신문』 100호 발간을 함께 축하해주고, 격려해주고, 더 잘하도록 덕담과 충고를 해주는 자리를 아래와 같이 마련했습니다.

때: 2015년 9월 5일(토) 오후 3~5시

곳: 서울시청 시민청 지하 2층 이벤트홀

함께하는 방법

- 행사 주관 단체나 후원자로 참여하기(8월 20일까지 신청해주세요)
- 당일 오시기 어려운 경우 축하 글이나 영상을 어린이문화연대 카페에 올리기
- 당일 참가는 후원 여부에 관계없이 축하하고 싶은 분은 누구나 오실 수 있습니다. 다만 준비를 위해 어린이문화연대 카페에

참가 신청을 해주시기를 부탁드립니다.

『아침독서신문』100호 발간 잔치 준비위원장
어린이문화연대 대표 이주영 드림

어린이문화연대 대표이며 우리 도서관친구들을 이끌고 계신 이주영 회장님이 『아침독서신문』100호 발간 축하잔치를 이웃 독서운동 단체들에게 함께 해보자고 제안하며 보낸 안내문입니다. 10주년 기념 잔치에 많은 단체들이 참석하여 축하하고 기쁨을 나누었습니다. 참 보기 좋았습니다. 생일은 자축도 좋지만 축하를 받아야 더 즐겁고 행복하지요. 도서관친구들도 정성껏 도왔습니다. 다른 단체들도 특별히 기념할 일이나 축하할 때가 있으면 도서관친구들이 이웃 단체들과 힘을 모아 축하하는 자리를 만들어드리고 싶습니다. 동무도서관친구들과 연대하며 이웃 단체들과도 슬픔과 기쁨을 함께 나누는 우리, 그래서 더 큰 우리가 되는 데 도서관친구들이 작은 징검돌이 되었으면 좋겠습니다.

신문에서 '거대한 개인, 세상을 바꾼다'라는 글을 읽은 적이 있습니다. 마음에 화살처럼 와 박혔던, 오랫동안 잊히지 않는 말이 있습니다.

"우리는 나보다 똑똑하다."

천천히 한 걸음 한 걸음 함께 가는 이 길을 오래 오래, 더 많은 사람들과 친구하며 가고 싶다는 꿈을 전합니다.

이제 겨우 15년. 그래도 후원해주는 친구들도 많이 생기고, 격려해주는 친구들도 많아졌습니다. 힘이 됩니다. 한 사람이 열 걸음 가는 것보다 열 사람이 한 걸음씩 손잡고 함께 가면 좋겠습니다. 그래서 저는 이 책에 그분들의 이야기가 모두 담겼으면 좋겠다고 생각했습니다.

도서관친구들,
전국에서 연대하기

전국에서 도서관친구들이 만들어지다

2006년 동대문구정보화도서관의 도서관친구들이 발족하여 한동안 활발하게 활동했습니다. 도서관 측에서는 친구들 방을 마련해주고 여러 가지를 지원하며 도왔고, 친구들은 도서관이 필요로 하는 것을 적극 돕는 형식으로 공공도서관 운영의 모델을 만들어가고 있었습니다. 아름다운 모습이었습니다. 그러나 이제는 활동을 하지 않습니다. 도서관 운영 주체가 바뀌고 도서관을 바라보는 철학이 다른 운영자가 맡으니 도서관친구들이 불편한 존재가 되었다고 합니다. 여러 가지 원인이 있었겠지만 아쉬운 마음인 것은 분명합니다.

2007년 7월에 부천 '복사꽃 필 무렵'이란 작은 도서관에서도 도서관친구들이 모여 발대식을 갖고, 작지만 소중한 활동을 시작했습니다. 도서관친구들은 경험을 나누고 축하 선물을 보냈지요. 2007년 충남 금산 기적의도서관도 도서관친구들이 오랜 시간 준비 작업 끝에 그해 10월에 발족했습니다. 물론 우리 도서관친구들이 물심양면으로 적극 도왔습니다.

그리고 서울 신묵초등학교에 도서관친구들이 만들어졌는데, 이는 처음으로 학교에 생겼다는 의미가 있습니다. 2007년 여름방학 중에 3회에 걸친 집중 연수와 준비를 끝내고 9월에 활동을 시작했으며, 홈페이지도 만들어 학부모님들이 도서관을 중심으로 키뮤니티를 형성했습니다. 그러나 교장선생님이 바뀌고 중심적으로 활동하던 사람들이 아이들과 함께 졸업하면서 친구들이 없어졌습니다. 한편, 우리의 구체적인 지원은 없었지만 서로 돕기로 한 서초구 아름다운도서관친구들도 활동하고 있다는 소식을 들었습니다. 원하면 언제든지 달려가 도울 생각입니다.

2008년에는 대구 성서도서관, 부천 동화기차도서관, 서울 시립 도봉도서관친구들이 활동을 시작했으며, 2009년에는 강릉 시립도서관과 보령 햇살작은도서관이, 다음은 보령도서관이 친구들 활동을 시작했습니다. 그리고 한 해의 마감을 앞둔 12월에 서울 강남 일원청소년독서실의 작은 도서관에도 도서관친구들이 첫걸음을 뗐습니다. 전국에서 열두 번째 도서관친구들이 되었지요.

2009년 12월, 도서관정보정책 기획단에서 주최한 도서관 운영자를 위한 워크숍에서 사례 발표를 잠깐 했는데, 그때 발표를 보고 연락해주셔서 찾아간 곳이 원주평생교육정보관이었습니다. 많은 분들이 도서관친구들에 관심을 보여주셨는데, 그곳에서 강의를 듣고 마음을 낸 친구들이 '세인도서방'이라는 작은 도서관에서 먼저 활동을 시작했습니다. 열세 번째 도서관친구들이었고, 곧이어 원주평생교육정보관에도 만들어져 열네 번째로 활동을 해나가고 있습니다. 학교에서 독서교육 활성화 사업으로 도서관과 학부모 도우미 활동이 활발해지고 있어 석남초등학교에서는 학부모 교육을 통해 도서관친구들 활동을 알게 된 엄마들이 중심이 되어 열다섯 번째 도서관친구들이 결성되었습니다. 학교 도서관친구들로서는 우리나라에서 두 번째가 된 셈이지요.

다음으로 경남 양산도서관에서도 열여섯 번째 도서관친구들이 활동을 시작했고, 이어 멀리 지리산 자락 하동 악양면에서도 도서관을 원하는 주민들이 모여 '책보따리'라는 모임을 만들어 열일곱 번째 도서관친구들 활동을 시작했습니다. 도서관을 간절히 필요로 하는 마음들이 모여 우선 그것만으로 활동을 시작한 셈이지요.

광주에서도 신가도서관에 주변 학교 선생님들이 중심이 되어 도서관친구들 활동을 시작했습니다. 소중한 열여덟 번째 친구들입니다. 그러나 이들은 한동안 활동 준비만 하다가 또 잠깐 멈추기도 했습니다. 그러다 2015년 광주도서관친구들이란 이름으로 다시 활동을 시작하고 있습니다.

이어서 만들어진 차례대로 기록을 남겨보면 서울 서대문도서관, 충남 홍성 밝맑도서관, 전북 김제 지평선중학교도서관, 울산 북구 기적의도서관, 서울 서대문 이진아도서관, 경남 진주 마하어린이도서관, 울산 중구 병영마을도서관, 경기 부천 행복한도서관, 전남도립도서관, 경남 창녕 우포자연도서관, 전북 남원 도통초등학교도서관, 서울 윤봉길새책도서관, 서울 북브릿지가정문고, 경기 파주 평화도서관, 경북 울릉 독도도서관, 전북 남원 산내도서관, 서울 불암문고도서관, 전북 정읍도서관, 제주도서관친구들, 김영수도서관친구들 등 서른여덟 군데에서 도서관친구들이 활동을 시작했습니다. 지금까지 꾸준히 하고 있는 친구들도, 사정이 생겨 쉬고 있는 친구들도 있습니다. 물론 없어진 친구들도 있지요.

지난 시간들을 돌아보면 친구도 꾸준히 늘었고, 독서 토론도 조금씩 다양하고 깊이 있게 이루어지고 있으며, 많은 사람들이 도서관친구들의 활동에 관심과 격려를 보내주고 있었습니다. 또 더 많은 도서관에서 친구들이 생겨나 함께하게 되었고요. 어려운 고비를 넘겼고 이제는 어느 정도 체계가 잡히고 활동도 안정적으로 이루어지고 있습니다.

그러나 도서관친구들은 만들어지기까지도 힘든 일이 많지만 계속 꾸려나가는 데는 더 많은 노력과 고민이 필요한 것 같습니다. 처음에는 열심히 활동하리라 생각하지만 자원활동이라는 것이 그렇게 마음먹은 대로 순조롭기만 한 것은 아니지요. 중심이 되어 활동하던 친구들이 사정이 생겨 빠지면 주춤하기도 하고, 사서 선생님이나 관장님이 바뀌면 아예 더 큰 변화가 일어납니다. 그러다 그만 없어지기도 하지요.

특히 부천 지역은 누구보다 먼저 도서관친구들에 관심을 가지고 열정적으로 준비한 곳으로 알고 있습니다. 일본 가와사키 시와 자매 결연해 서로 방문하면서 경험도 나누고 힘도 얻었는데 어찌 된 일인지 구체적으로 모임을 꾸릴 수 없다 했습니다. 도서관에서 이용자와 봉사자들을 대상으로 한 '도서관학교'를 열어 도서관친구들을 소개하고 꾸준히 공부도 했지만 과정이 끝나면 관심도 그만이라 했지요. 그 지점쯤에서 답답해진 부천 지역 작은 도서관 운영자들이 워크숍을 열어 저를 불렀습니다. 그곳에서도 친구들 활동에 대한 사례 발표를 한 적이 있는데 열띤 토론이 있었습니다.

광진도서관에서 진행된 초기 친구들 활동을 소개했을 때, 특히 2007년 도서관의 운영주체인 시설관리공단에서 친구들 활동이 필요 없다는 의견을 보내오자 많은 분들이 집중적으로 질문을 했었습니다.

"어떤 원인이 있었나?"

"손뼉도 마주쳐야 소리가 나는 법, 도서관친구들한테도 어떤 잘못이 있었던 것은 아닌가?"

"친구들이 무조건 돕겠다는데 공단 측에서 그렇게 나온 데는 뭔가 다른 이유가 있지 않았을까?"

"단지 구의회를 참관한 것만으로 그렇게까지 했을까?"

"도서관 측에서는 어떤 반응을 보였나?"

"사서 선생님들의 반응은?"

"관장님은 어떤 입장을 취했나?"

쏟아진 질문들은 우리 스스로를 깊이 돌아보게 하는 내용들이었습니다. 지금 생각해보면 참 고마운 일이었습니다.

그렇게 애쓴 많은 사람들의 헌신과 노력으로 동아리들이 힘을 합쳐 2008년 드디어 동화기차도서관친구들 발대식을 열었습니다. 다양한 동아리들의 연합체라 발대식은 한 편의 종합공연으로 이루어졌고, 저도 참석해 축하도 하고 기쁨도 나누었습니다. 그러나 발대식 후 조금씩 움직이던 친구들이 온전한 친구들 모임으로 계속 이어지지 못하고 다시 각자 동아리 차원에서 해오던 대로 돌아가 나름의 활동을 하고 있는 것으로 알고 있습니다.

복사꽃 필 무렵 작은 도서관도 비슷한 처지에 있다고 들었습니다. 쉽지 않은 일이지요. 그러나 저는 오히려 그것이 지금 그 도서관 실정에는 더 맞는 길이 아닐까 하는 생각을 해봅니다. 친구들 활동은 필요하다면 언제라도 그 지점에서 누군가 다시 시작할 수 있는 일이니까요.

　그렇게 잠시 틈을 두었다 부천 행복한도서관에서 알차고 멋진 활동을 시작해 부천이 다시 도서관친구들 도시가 되었습니다. 반가웠고 잘되기를 간절히 소망했습니다. 하지만 그것도 잠시, 행복한 도서관친구들은 2014년을 끝으로 총회에서 해산하기로 결정했습니다. 여러 가지 이유가 있었겠지만 아쉬움이 많이 남았습니다. 그러나 부천은 역시 도서관의 도시! 다시 '부천도서관친구들'이라는 더 큰 이름으로 활동하기 위해 친구들을 모으고 있습니다. 우리 도서관친구들은 언제라도 도울 준비를 하고 손꼽아 기다리고 있지요.

　서울 신묵초등학교에 이어 인천 석남초등학교에 우리나라에서는 두 번째로 학교 도서관친구들이 활동하게 되었습니다. 그러나 두 학교 다 최근에는 활동이 없다는 이야기를 전해들었습니다. 전북 김제 지평선중학교에도 생겼으나 지속적인 활동은 역시 어려웠습니다.

　학교 도서관의 친구들에 대해서는 언제나 조심스런 마음입니다. '학교'라는 데가 워낙 특수한 공간과 환경을 지닌 터라 선뜻 나서기도 쉽지 않고 지속적으로 활동을 이어가기는 더욱 어려운 듯합니다.

　최근에 와서 학교마다 새롭게 도서관이 생겨났고 이왕에 있던 도서관들도 새 단장을 마치고 우리 아이들을 기다리고 있습니다. 환경은 어느 정도 정비가 되어가는데, 그 외의 것은 정말 열악하기 짝이 없습니다. 좋은 책은 턱없이 부족하고 담당 사서 선생님은 당연히 거의 안 계십니다. 계약직 보조 선생님조차도 꿈꾸기 어려운 실정이지요. 선생님들의 업무는 점점 많아지고 책임은 과중한데 거기에 더해 도서관 업무를 맡아야 하니 '학교 도서관 업무를 맡으면 3대가 복을 받는다'는 말을 우스개 삼아 주고받게 된다고 합니다.

　도서관만 전담하는 전문교사가 해도 만만치 않은 일을 담임 업무와 학급 경영을 해가며 하기란 거의 불가능에 가까운 일이니 자연히 학부모님의 도움이 절실하게 되었습니다. 새 학년 시작할 때 학부모 총회를 가보면 다양한 분야에서 학부모의 도움을 기다리고 있는 것이 학교 현실입니다. 아이들의 교통안전과 급식, 청소, 환경미화와 학습자료 준비까지. 그중에 '도서관 봉사'는 그래도 인기 있는 영역이라 학기 초에 자원활동가를 모집하면 가장 일찍 마감되지요. 아이가 학교에 있으니 어차피 한 가지 정도 자원활동을 해야 한다면 그나마 도서관 봉사가 낫다고 생각하시는 부모님들이 많은 모양입니다. 이왕에 이렇게 마음먹고 하는 활동이라면 저는 이 학교 도서관 자원활동가들이 학교 도서관친구들이 되면 어떨까 생각해봅니다.

　그러면 학교 도서관 봉사자와 학교 도서관친구들은 어떻게 다를까요? 학교 도서관을 돕는 일을 하는 것에서는 비슷하다고 볼 수 있으나 조금 깊이 들여다보면 큰 차이가 있습니다. '내 아이가 다니는 학교니까', '봉사를 하나쯤은 해야 하니까', '내 아이가 책을 좋아하니까', 또는 '내 아이가 책을 너무 읽지 않으니까 좀 도움이 될까 해서' 등등의 이유로 도서관을 돕거나 직접 운영하는 것이 도서관 봉사라면, 학교 도서관친구들은 온전히, 그러나 좀 더 폭넓게 돕는 자원활동가들이라고 할 수 있겠지요.

　'내 아이가 다니는 학교 도서관이니까' 하는 활동이 아니라 '학교 도서관이 정말 귀하고 중요한 곳이어서', '내 아이만이 아니라 세상 모든 아이들이 행복한 독서경험을 하도록 돕고 싶어서', '설령 내 아이가 다니지 않더라도', 아니 가능하면 '내 아이가 다니지 않는, 또는 졸업한 학교 도서관에서' 누구나 형편에 맞게 할 수 있는 자원활동이라는 것입니다.

또 단순한 자원봉사를 넘어 도서관 정책을 결정하는 분들께 현장의 좋은 자료와 정보, 이용자들의 좋은 의견을 제공하여 정책 결정을 돕기도 하고, 기금을 모아 학교 도서관이 더 아름답고 풍요로운 도서관이 되게 합니다. 도서관에서 이루어지는 다양한 활동들을 가까운 이웃에 알려, 내 아이의 독서교육만이 아니라 더 많은 지역 주민들이 도서관 친구가 되고 책 읽기를 즐기는 시민이 되도록 하는 데 더 의미를 두는 활동이지요.

가장 큰 차이는 기존의 도서관 자원봉사는 정해진 사람이 도서관에 가서 맡은 일을 하면 되는 것이었지만, 도서관친구들은 모든 학부모와 마을 주민들이 참여하여 각자가 할 수 있는 방법으로 돕습니다. 마을 도서관이 되게 한다는 뜻이지요. 직장이 있어서 시간을 낼 수 없다면 후원금을 내 도움을 줄 수도 있고, 특별한 재능이 있다면 그 재능을 발휘해서 도울 수도 있습니다. 시간과 공간에 관계없이 적극적인 후원과 활동이 가능합니다.

이런 도서관친구들 활동을 꿈꾸는 것이 과연 현실적으로 가능할까요? 가끔 학교 도서관 도우미, 명예교사 모임에 가서 이런 말씀을 드려봅니다. '생각은 그럴 듯하지만 과연⋯⋯?' 하면서 많은 분들이 웃기만 하시더군요. 아마 쉽지는 않을 것입니다. 그래서 우리 도서관친구들은 학교 도서관친구들을 도우며 기대 반 설렘 반이 되고, 간절한 마음이 앞서는 것이겠지요.

2013년 전북 남원 도통초등학교에서 학교 도서관친구들이 활동을 시작했습니다. 그 전 학교 도서관에서의 경험이 유쾌하지 않아 조심스럽기는 하지만 학교와 학부모님들이 뜻을 모아 차근차근 활동해가는 모습을 지켜보며 가만히 돕고 있습니다. 해마다 원화 전시회를 기획하고, 책시장을 열어 아이들이 책을 직접 골라 살 수 있는 기회를 주고, 저자와의 만남도 학급별로, 학년별로 열어 저자와 아이들이 특별한 만남을 경험하게 하는 것이 남다르게 보입니다. 달빛독서를 기획하고 방학마다 독서교실을 알차게 꾸리고 있습니다. 학교의 모든 선생님들이 같은 책을 읽고 독서모임을 하고, 아이들이 동요를 즐겨 부르도록 지도하게 되었다 합니다. 그래서 도서관친구들은 그곳에 백창우와 굴렁쇠 초청공연을 지원하여 남원 시민들과 함께 그 공연을 즐기기도 했습니다. 그러한 활동들이 소중하여 우리 도서관친구들은 어린 나무를 돌보듯 정성을 다하고 있지요.

마지막으로 우리에게 고맙고 또 고마운 친구들이 있습니다. 바로 친구출판사들인데요. 현재 서른세 군데가 있습니다.

샨티, 보림, 보리, 양철북, 청어람미디어, 행복한아침독서, 휴머니스트, 토토북, 철수와영희, 키다리, 별숲, 한길사, 봄봄, 문학동네, 반비, 이후, 웃는돌고래, 세미콜론, 사이언스북스, 계수나무, 북극곰, 봄볕, 사우, 한티재, 남해의봄날, 삼인, 다빈치, 나는별, 그린별, 만만한책방, 천개의 바람, 우리교육, 꿈터입니다.

친구출판사들이 우리를 돕는 일은 반품도서 중 일부를 기증해주는 것입니다. 서점으로 나갔다가 반품되어 돌아온 도서 중에서 다시 판매하기는 어렵고 물류 비용은 자꾸 늘어나 분쇄를 결정해야 할 때, 그 아까운 책들을 골라 도서관친구들에게 기증해주면 우리는 도친장터를 열어 그 책을 판매합니다. 도서관친구들에게는 정가의 30%에, 일반인에게는 정가의 70%에 판매해 그 수익금으로 다시 친구출판사의 새 책을 사서 도서관에 기증하고 있지요.

출판사에서 창고를 정리할 때 기증도서를 가려내 준비해놓고 연락을 주시면, 또 다른 한편에서 우리를 적극적으로 후원해주고 있는 '온북티비'가 책을 가지러 갑니다. 이렇게 틈날 때마다 책을 우리 도서관으로 배달해주시는데 물류비용 절감 차원에서 우리들에게 엄청난 도움이 되지요.

이렇게 모아진 반품 기증도서들은 '도서관친구들' 도장을 찍어 표시를 한 다음 전국의 동무도서관친구들에게 보내줍니다. 지역에서는 적당한 때에 책시장을 열어 판매하고 그 수익금으로 또 새 책을 사서 도서관과 책이 필요한 곳에 기증하는 일을 하지요. 소중한 나무로 만들어지는 책들이 출판사와 친구들의 손을 거쳐 다시 도서관으로 선순환하게 하는 것, 그래서 결국에는 독자들이 소중한 책과 만나게 하는 것이 목적입니다.

이제 겨우 15년, 그래도 후원해주는 친구들도 많이 생기고, 격려해주는 친구들도 많아졌습니다. 힘이 됩니다. 한 사람이 열 걸음 가는 것보다 열 사람이 한 걸음씩 손잡고 함께 가면 좋겠습니다.

그래서 저는 이 책에 그분들의 이야기가 모두 담겼으면 좋겠다고 생각했습니다. 마음은 그렇지만 현실적으로는 어려운 일이어서 도서관친구들과 이런저런 인연으로 함께하게 된 분들께 그래도 한 말씀씩 해주시라 부탁드렸습니다. 그 이야기만으로도 각각 책 한 권은 될 만큼 많은 사연들이 있을 테니까요. 연대해서 활동하고 있는 지회 도서관친구들 중 16개 도서관에서 글을 보내주었습니다. 그중에는 모임을 대신해서 전해주신 분도 있고 개인적인 인연으로 글을 보내주신 분도 있습니다. 회장단이 해마다 바뀌는 곳은 현재 대표가 정리해주시기도 했지요. 개정판이라 활동을 멈춘 도서관친구들의 글은 싣지 않았습니다. 글 보내주신 동무도서관친구들에게 고마운 마음 전합니다.

지역문화를 풍성하게

최선회 | 보령도서관친구들 대표

　지방에서는 대부분 사람들이 도서관에 다니는 일에 익숙하지 않다. 주부들은 아이를 위해서 책을 빌리러 오는 경우가 대부분이고, 평생교육에 참여하기 위해 오는 분들도 있다. 하지만 도서관의 문화에 익숙한 분들은 한정되어 있다. 나 역시 책 읽는 문화에 익숙해지 하려는 목적으로 도서관에 아이들을 데리고 일주일에 한 번 이상 들렀다. 많은 어린이 도서를 읽다보니 아이들과 책을 매개로 한 대화가 자연스러웠고 즐거웠다. 무엇보다 책 읽는 모습을 보니 더할 수 없는 보람을 느낄 수 있었다.

　자연스럽게 같은 생각을 갖고 있는 엄마들을 만나게 되었고, 도서관 관장님과 직원들과도 친구가 되었다. 아이들이 고학년으로 갈수록 학업 때문에 도서관을 드나드는 횟수는 갈수록 줄었다. 대신 엄마들과 도서관에서 수다를 떨고 차를 마시는 횟수가 늘었다. 그러다 그동안 배운 것을 통해 도서관에서 하는 어린이, 어머니 프로그램의 강사로 일하게 되었다. 어느 지역에서든 도서관은 이제 마음 편한 곳이 되었다.

　보령도서관친구들의 처음 구성원은 도서관을 내 집처럼 드나드는 독서·논술 방과 후 강사들 위주로 만들어졌다. 지금은 근무지가 바뀌어 다른 도서관으로 떠났지만 박찬희 관장님의 열정으로 한순간 밀어붙인 끝에 도서관친구들을 만들 수 있었다. 물론 생각을 달리하는 분들도 있어서 자연스럽게 정리가 되기는 했지만, 역시 그분들도 도서관에 관계되는 일을 하고 있고 도서관을 움직이는 사람들이고 친구들이다.

처음에는 도서관친구의 개념을 이해하는 데 대표인 나부터도 애를 먹었다. 그러나 도서관에서 지원되는 프로그램의 하나로 여희숙 선생님과 이용훈 강사님의 초청 강의를 들으며 도서관친구들에 대한 정의를 세울 수 있었다.

그래서 우리는 우렁각시가 되어 도서관이 원하는 것이 있으면 물질이든, 자원봉사든 해야 한다는 생각을 가지고 참여하기로 마음먹었다. 시간이 되는 회원들은 도서관에서 하는 각종 행사 프로그램에 도우미 역할을 했고, 경비가 필요한 경우에는 조금씩 모이는 회비로 충당했다.

선진 도서관을 방문하여 우리 지역에 없는 시설과 여러 행사를 둘러보면서 지역 도서관의 발전을 위해 해야 할 일을 찾았고, '책시장'을 일주일 동안 열어 학생과 학부모들을 직접 만나서 책을 알리면서 자연스럽게 도서관을 알리고 책의 중요성도 알렸다. 더불어 좋은 책을 읽을 수 있도록 많은 이야기를 해주었다. 자연스럽게 도서관친구들 회원이 늘어날 수밖에 없었다.

하지만 이 회원들이 다음에 행사가 있을 때 자발적 모임 회원으로 끌어내기가 어려웠다. 그래서 전화를 해서 이해시키기로 하고 각 회원들에게 연락을 했다. 시간이 없다는 이유로 친구되기가 어렵겠다는 회원들이 많이 생겨났다. 하지만 전화로 진솔한 이야기를 하다 보니 "대체 도서관친구가 무엇인지 한번은 모임에 참여해볼게요"라고 대답하는 분도 있었다.

이렇게 모인 새로운 도서관친구들을 위해 우리들이 하는 일을 알렸다. 매월 정기적으로 모여서 학교를 찾아가 어린 친구들을 만나고, 책 토론회를 하고 있다고 소개를 했다. 우선 도서관친구들을 알아보겠다고 한 회원들은 어느 정도 도서관에 관심이 있고, 책 읽기를 좋아하는 사람들이었다. 그렇게 해서 이루어진 회원들은 책을 읽으면서 서로간에 뗄 수 없는 친밀함을 쌓아갔다. 자연스럽게 도서관 봉사를 하겠다고 나서는 회원들이 생겨났다. 큰 보람이었다. 그렇게 힘들게 도서관 친구가 된 친구 중 우리 총무가 된 수한 씨는 지금은 모든 살림을 도맡아 하고 있다. 어떤 때는 '이렇게 좋은 것을 왜 이제야 알려주었냐'고 미소를 띠며 이야기할 때가 있다. 이런 한 사람, 한 사람의 존재 자체가 보령도서관이 살아 있음을 느끼게 한다. 그런데 요즘은 이런 일들이 많이 생긴다.

보령도서관친구들 중에는 그렇게 유명한 사람은 없다. 그런데 꼭 있어야 할 사람들로 맺어져 있다. 진실한 사람들이고 시간이 되는 한 능력이 닿는 대로 열심히 묵묵히 일하는 사람들이다. 지금은 보령 지역의 여러 도서관과 학교 도서관에서 자원봉사를 하면서 지역문화를 한층 발전시키고 있다. 보령 지역의 도서관이 살아 있음은 이렇게 뒤에서 말없이 진행을 맡아주는 우리 회원들이 있음이 아닐까 생각해본다.

보령도서관친구들은 앞으로도 계속될 것이다. 앞으로의 목표는

지역에서 힘을 가진 분들을 도서관에 오게 하고 더 많은 관심을 갖
도록 해 회원으로 활동하게 하는 것이다. 그리고 도서관에서 우리
들의 책 읽기는 계속될 것이다.

숲에서 책을 읽어보셨나요

허신영 | 불암문고도서관친구들 대표

도서관을 나온 책장의 운명은?

요즘은 공공장소에서도 책을 읽을 수 있도록 지하철이나 공원에 마을문고가 비치되어 있습니다. 그렇지만 책장 안에는 볼 만한 책이 없고, 문고 주변에는 책 읽는 이들이 없습니다. 빛바랜 책들이 아무렇게나 꽂혀 있는 책장과 그 앞을 무심히 지나쳐 가는 사람들은 익숙한 풍경이 되어버렸습니다. 도서관 밖에서도 책 읽는 이웃들을 만날 꿈을 안고 도서관이라는 공식을 깨고 열린 공간으로 나온 책장이지만, 결국 마당을 나온 암탉처럼 생각지도 못한 현실의 벽에 부딪히고 만 것입니다.

우리 동네 불암산 둘레길 소나무 숲 속 3년 묵은 불암문고도 그런 운명에 처해 있었습니다. 책장 지붕 아래에는 청솔모가 모아놓은 도토리가 가득하고, 문짝을 열면 거미줄에 벌레들이 매달려 있고, 안쪽으로 철 지난 문학잡지, 교회 전도지들이 오랜 세월 방치되어 있었습니다. 사람들은 그런 불암문고를 곱지 않은 눈길로 보면서 관리도 안 될 것을 왜 만들었냐고 투덜대며 지나다녔습니다.

머리에서 가슴을 지나 발까지

갑자기 사람이 변하는 경우는 드물지만 우리는 불암문고를 하루 아침에 애물단지에서 신주단지처럼 모시게 되었습니다. 여기서 '우리'는 네 명의 직장 동료들로, '밑줄독서모임'을 일 년 남짓 해오다 도서관친구들이 된 아줌마들을 말합니다. 신영복 선생님은 머리에서 가슴으로, 다시 가슴에서 발까지 내려오는 진정한 공부의 과정이 평생 걸린다고 하셨지요. 하지만 귀가 얇고, 생각이 짧고, 잘 우는 특징을 가진 우리에게는 그 과정이 초고속으로 이루어졌습니다.

존 우드의 『히말라야 도서관』이라는 한 권의 책이 불암문고 앞을 무심히 지나치던 우리의 발을 멈추게 했습니다. 비행기로 책을 공수해 와서 야크에 실어 수천 미터를 나른 존 우드에게 비할 바는 아니지만, 그렇게 불암문고 만들기는 시작되었습니다. 당장 문고를 관리한다는 구청 시설관리공단에 전화를 걸어 뜻을 전했더니 "그런 곳에 좋은 책을 가져다놓으면 많이 분실될 텐데요"라는 걱정을 앞세우며 알아서 하라더군요. 생각보다 쉽게 문고를 접수한 우리는 등산할 때마다 집에서 대여섯 권씩 책을 가져다 꽂고 기존의 낡은 책들을 싸 짊어지고 내려왔습니다.

2주간의 작업 끝에 지난 11월 12일 드디어 불암문고는 엄선된 목록의 책, 독서대 위의 시집, 담요, 책갈피들로 채워져 예쁜 모습을 갖추게 되었습니다.

불암문고는 불안문고?

윤봉길새책도서관 도친행사에서 만난 여희숙 선생님께 불암문고를 자랑했더니 "이거야말로 진정한 도서관친구들이 아니겠냐"

며 책을 기증 받도록 해주시고 열여섯 번째 도서관친구들로 이름을 올리게 도와주셨습니다. 엄청나게 생각했던 도서관친구들이 이렇게 뚝딱 만들어지고 말 줄이야!

들뜬 마음으로 불암문고 소식을 이웃에 알렸더니 반색을 하기는커녕 이렇게 좋은 책들은 하루아침에 몽땅 없어져버릴 거라며 "엄한 짓 한 거다", "공갈 CCTV라도 달아야 하는 거 아니냐"면서 충고를 했습니다.

책을 가져가는 게 무슨 흉악범죄도 아니고 문고에 CCTV를 설치하는 게 더 끔찍한 짓이라며 우리는 펄쩍 뛰었고 대신 '제발 잘 이용해주십사' 하고 문고 이용안내를 구구절절 써 붙였지요. 그러고는 문고만 덩그러니 만들어놓을 것이 아니라 마을 사람들에게 우리 모두 아끼며 함께 가꾸자는 마음을 전하는 의미로 '친친행사'를 열기로 했습니다.

손을 호호 불어가며 책장을 넘겨야 했던 불암문고에 따뜻한 숲의 기운이 전해지기 시작한 3월, 우리는 손수 만든 마실 거리와 유기농 과자를 바구니에 가득 담아 숲속 도서관 친구 만들기에 나섰습니다. 교회도 절도 아닌 문고 친구들이 차를 대접한다는 신선한 인상을 이웃들에게 제대로 심어준 우리는 늦은 점심으로 짜장면을 먹으러 갔지요.

그곳에서 계획에도 없던 일이 생겼으니, 이름하여 '짜장면 집에서의 인연'입니다! 그날 우리는 마을을 돌아보던 지역 국회의원과 시의원을 만나게 되었습니다. 의원들은 단체로 도서관친구들 앞치마를 두르고 짜장면을 먹고 있는 우리 정체를 궁금해했고, 불암문고 이야기에 솔깃해하며 당장 다음 주에 함께 가보자는 즉석 제안을 했습니다.

그리고 일주일 후, 우리 동네 의원들, 구청 공무원을 대동하고 나온 국회의원은 자신의 일처럼 나서서 불암문고를 자랑했고, 3년 전이 문고를 직접 만들었다는 구청장은 만들어놓고 관리가 안 돼 후회막급이던 차에 죽은 책장이 살아났다며 기뻐하더군요.

아무도 시키지 않은 일을 시작한 이들과, 아무도 지키고 있지 않는 문고를 이렇게 잘 유지하며 이용하는 이웃들이 있다는 것은 이 시대의, 이 마을의 희망이라는 칭찬이 이어졌습니다. 책장 두 개와 책 읽기 편한 테이블 세트 두 개를 더 갖추어주겠다는 약속과 함께 10명밖에 안 되는 불암문고 도서관친구들에게 새 친구가 다섯 명이나 한꺼번에 더 생긴 역사적인 날이었습니다.

불암문고를 그저 잠깐 책 읽는 공간, 불안하게 열려 있는 공간으로 생각했던 우리들에게 이 작은 책장이 더 큰 가치를 지니고, 더 많은 일들을 할 수 있을 것 같은 새로운 기대를 갖게 한 날이기도 했지요.

불암문고의 봄·여름·가을 그리고 겨울잠

내친김에 발대식 날짜도 잡고 '불암문고의 봄·여름·가을 그리고 겨울잠'이라는 제목의 연간 계획표에 다달이 행사를 만들어 채워 넣으니 그렇게 뿌듯할 수가 없었습니다.

3월부터 8월까지 지난 행사의 기록과 9월부터 겨울까지 앞으로의 계획을 정리해보았습니다.

3월, 친친행사

등산객들에게 다과를 권하면서 불암문고를 소개했습니다. 지난 겨울 동안 책장에 일어난 변화를 지켜보며 "누굴까?" 궁금해하셨다며 반가워하는 분들도 있었습니다. 손님들을 대접하는 동안 소문을 듣고 온 이웃들은 쌀쌀한 날씨에도 한참 동안 아이들과 책을 읽으며 응원해주었지요.

4월, 시 낭독과 책 읽는 사진 촬영이 있는 발대식

구청 목공소에서 만들어준 책장과 테이블 덕분에 제법 도서관 분위기가 났습니다. 알림판에 이용 안내와 행사 안내를 붙이고, 소설, 시집, 산문, 그림책, 잡지 서가도 구분해서 꾸며놓았지요. '밑줄 독서모임' 추천도서 서가와 이웃들의 '인생의 한 권' 기증 서가를 서로의 마음을 전하는 공간으로 따로 마련했습니다. 발대식 행사는 문고 주위로 둘러선 친구들이 시를 돌아가며 낭독한 후, 숲 속에서 자유롭게 책 읽는 모습을 촬영하는 순서로 진행되었습니다.

5월, 책 읽는 숲 속 사진전

발대식에서 찍은 책 읽는 가족사진을 숲 속에 전시했습니다. 사진 속의 숲속도서관 불암문고는 예쁜 배경이 되어 우리의 추억을 초록빛 가득한 그림으로 만들어주었습니다. 사진 전시가 끝날 무렵 30분 동안 묵언 목걸이를 걸고 전력 독서시간을 가졌습니다.

6월, 작가와 함께하는 여름 숲과 친구하기

불암문고 최고의 인기 작가는 두말할 것도 없이 『짱뚱이』의 오진희 선생님입니다. 공식적인 대여 횟수를 알 수 없기에 가장 많이 없어진 책으로 인기 작가에 선정되었습니다. 멀리 강화도에서 산 넘고 물 건너오신 오진희 선생님은 짱뚱이 이야기를 직접 들려주시고 불암문고 주변의 숲 속 나무와 풀꽃 이야기도 해주셨습니다. 특별히 동네 주민센터의 지원으로 나무이름 푯말이 세워졌고, 이웃들의 하모니카와 기타 연주는 더욱 풍성한 행사를 만들어주었습니다.

7월, 우포자연도서관 개관식(개관 연기로 8월에 진행됨)

우포자연도서관 개관식은 오래돼 보이는 커다란 시골 창고에서 열렸습니다. 바닥에는 나무 팔레트가 의자 대신 깔려 있었고, 예사롭지 않은 장인의 손길이 느껴지는 박스 모양의 책장이 창고 여기저기 놓여 있었습니다. 책장은 채워져 가고 있는 중이라 했습니다. 이곳 우포를 끔찍이도 사랑하는 사진작가, 생태활동가, 공예가, 작가, 교사들이 마을을 지키며 도서관을 만들어가고 있었습니다. 번듯한 건물, 깔끔한 인테리어를 자랑하는 서울의 여느 도서관 개관식보다도 이웃들의 꿈과 웃음과 사랑이 넘치는 시골 창고 도서관의 가슴 뭉클한 개관식이었습니다.

8월, 해질녘 산속에서 듣는 귀신 이야기

처음에는 으스스한 한국 귀신 이야기 듣기를 계획했다가, 신화 전문가 최복현 선생님을 소개받는 바람에 갑자기 그리스 신화라는 서양 귀신 이야기로 주제가 바뀌었어요.

해가 저물어가는 산속에서, 모기 떼가 기승을 부리고 막바지 짝짓기에 매미가 최고 볼륨으로 울어대는 때 우리의 '한여름 해질녘 그리스 신들의 이야기 속으로' 여행은 시작되었습니다. 깜깜한 밤이 되어서야 여행은 끝났고, 우리는 내면의 나를 들여다보는 쉼표를 하나씩 갖고 산을 내려왔습니다.

9월, 시 읽는 가을 브런치 소풍

노원구민의 한 책 읽기 운동 '9월의 한 책'으로 선정된 박노해 시인의 『그러니 그대 사라지지 말아라』를 함께 읽는 시간을 마련했습니다. 향긋한 차와 갓 구운 빵도 이웃들을 위해 준비했습니다. 초대를 받은 이들은 박노해 시인의 시 한 편을 미리 마음에 담아 오기로 했습니다. 숲속도서관에서 시를 읽고 들으며 함께 공감하고 아파하는 시간은 시인이 300편의 시로 노래하는 '저 작고 희미한 등불 하나'를 켜는 시간이 될 것입니다.

10월, 도서관친구들 10주년 행사 참여(파주출판도시 '지지향'에서 열림)

불암문고 친구들이 일 년 내내 기다리는 24시간 개방 도서관에서 책과 함께 밤샘 행사입니다. 책이 좋아 10년을 도서관친구들과 함께한 이들, 작가들, 출판사 대표가 모인 도서관의 밤은 과연 어떨까요? 상상만으로도 설레어 잠이 올 것 같지 않습니다.

11월, 늦가을 숲 속 묵언독서 수행

불암문고가 겨울잠에 들어가기 전에 가을 막바지까지 원 없이 책 속에 빠져보려 합니다. 하루하루 가을이 깊어갈수록 독서에 침잠할 것입니다. 낙엽 쌓이는 소리, 다람쥐가 도토리를 모으는 소리도 더 이상 들리지 않을 때면, 페이지를 넘기는 손가락이 시려울 테고 아쉽지만 이제는 하산해야겠지요.

12월~2월, 불암문고의 겨울잠

겨울잠을 자는 동안 책장 문을 잠그거나 하지는 않습니다. 겨울이라고 등산객의 발길이 뚝 끊어지는 것도 아니고요. 봄·여름·가을처럼 분주하지는 않지만, 조각 햇살이라도 비추면 잠시 앉아 책들을 살펴보고, 빌려가서 읽기도 하니까요.

산속의 불암문고에 조용히 밤이 오고 겨울이 오면, 불암문고 친구들은 산에서 내려와 동네 공원에서 달빛 독서를 하거나, 따뜻한 집에 모여 밑줄독서모임을 하면서 겨울을 보낸답니다.

숲에서 책을 읽어보셨나요

불암문고가 있는 서울 노원구 중계동은 학원가로 유명한 곳입니다. 밤 10시에도 학원 셔틀버스로 길이 막히고 차 안은 스마트폰을 들여다보고 있는 아이들로 가득합니다. 셔틀버스는 "할머니 이번 방학에는 못 내려가요", "나도 카페에서 자식자랑 좀 해보자", "직장 맘도 박수치는 집중관리" 등의 현수막을 붙이고 골목골목을 다닙니다. 아이들이 학원에 있는 동안 엄마들은 카페에 모여 성적, 학원 얘기로 골치 아픈 시간을 보내고요.

과연 이것이 우리가 살고 싶은 마을의 풍경인가? 이곳에서 우리는 행복한가? 어떤 변화가 필요할까? 그런 고민을 매일같이 하게 됩니다. 이 물음에 대한 불암문고 친구들의 답은 '함께 책 읽기'입니다. 혼자가 아닌, 함께 모여 책 읽는 마을 풍경을 만드는 것입니다.

"이번 달엔 불암문고에서 무슨 행사가 있나요?"

몇 차례 초대장을 받고 와본 이웃들은 인사처럼 불암문고 소식을 묻습니다. 행사 때마다 관심을 갖고 참석해주는 고마운 이웃들도 있지만, 매일 책을 읽으러 불암문고를 찾는 이웃들도 있나니, 너욱 반가운 일입니다. 수험생도 아닌 할머니들께서 서너 시간을 꼼짝 않고 책을 붙들고 있기도 합니다. 그렇게 독서 삼매경에 빠진 이를 보고 있노라면 산이 고즈넉해지면서 속상했던 마음도 편안해지는 묘한 세상으로 들어선 듯한 느낌이 듭니다.

　　그러고 보니 산이든 바다든 지하철이든 버스든 책을 읽고 있는 사람을 바라볼 때면 분주함이 멈춰지고, 숨을 고르게 되었던 것 같습니다.

　　"무슨 책을 읽고 있을까?" "저 책 속에는 어떤 세상이 들어 있을까?" 하는 궁금함이 꼬리를 물다보면 어느새 책을 읽고 싶어하는 나를 발견하게 됩니다. 고마운 발견이지요.

　　행사를 치르다 보면 "무슨 책을 산에까지 올라와서 읽느냐?"며 별스럽게 보는 사람들도 있고, "껌껌한 밤, 촛불에 북라이트까지 켜고 이 무슨 청승이냐?"고 하는 이들도 있습니다. 이런 지청구를 들어가면서도 불암문고 친구들이 산에서, 공원에서, 낮에도 밤에도 시위하듯이 책을 읽는 이유는 책읽기를 잊고 사는 이웃에게 이를 상기시켜주기 위해서입니다. 테이블보를 깔고, 초를 켜고, 색색의 배너와 책 표지로 아기자기한 장식을 유난스레 하는 이유도 책 읽는 좋은 느낌을 예쁜 그림처럼 오래 기억에 남기고 싶어서이고요.

　　숲에서 책을 읽어본 적이 있으세요? 숲에서 책 읽는 이의 모습을 본 적이 있으세요? 숲에서 책을 읽으면 오가는 이들이 많아서 독서에 집중하기 힘들 때도 있습니다. 하지만 당신을 본 누군가는 그 모습을 기억하고 자기도 모르게 책을 펼치게 될 것입니다. 그리고 그 한 사람은 여러 명의 책 읽는 이웃으로 번져나가게 될 것입니다.

불암문고 친구들은 오늘도 산에서 책을 읽으며, 책 읽는 이웃 만나기를 기다립니다. 언젠가는 숲속도서관 불암문고와 우리 마을이 책 읽는 이웃들로 가득한 풍경을 꿈꾸면서요.

엄마와 아이를 이어주는 책의 징검다리

하시모토 아야코 | BOOK BRIDGE 작은도서관친구들 대표

저는 서울 신촌에 있는 '일본국제교류기금 서울문화센터'에서 일본어 그림책을 읽어주는 봉사활동을 3년째 해오고 있습니다. 그러던 2014년 6월 어느 날, 한국의 한 도서관 지원 단체가 외국어 도서를 도서관에 지원하는 일로 저를 찾아왔습니다. 어느 도서관에 어떤 그림책을 기부하면 좋을지 일본인 엄마에게 의견을 물어보고 싶다고 했지요. 2014년의 대상 국가는 일본과 우즈베키스탄이었습니다. 저는 이야기를 나누던 중 덜컥 이같이 말해버렸습니다.

"제가 가정 아동문고를 엽니다. 저에게 지원해주세요!"

그 만남이 계기가 되어 저는 가정문고를 열 준비를 시작했습니다. 원래 집에 있던 그림책은 700~800여 권이었습니다. 거기에 단체에서 일본 초등학교 교과서를 포함한 170여 권의 그림책이 지원되었고, 성인 도서를 포함해 1,700권 정도의 도서를 가지고 2014년 10월 21일에 정식으로 문을 열었습니다. 처음 문고의 시작을 도와주었던 도서관친구들은 어떤 지원이 필요하냐고 물어왔고, '택배를 이용한 무료 대출, 반납 서비스'를 부탁드렸습니다(대출시 문고에서 발송비 부담, 반납시 착불). 특수한 도서관이다 보니 집과 문

고의 거리가 멀어 방문이 어려운 분들이 많을 것 같았습니다. 제가 갑작스럽게 일본에 가게 되는 경우도 있고, 날씨가 좋지 않거나 이용자의 자녀들의 컨디션 난조로 오가기 어려운 경우, 워킹맘들을 위해 이 서비스가 우리 문고에 꼭 필요했기에 부탁을 드리게 된 것이지요.

우리 가정문고 서비스의 이용 상황은 2015년 1월부터 7월까지 대출은 5건(18퍼센트), 반납은 13건(72퍼센트)으로 총 18건입니다. 월평균 2.5건으로 아직까지 이용률이 높지는 않지만 앞으로 이용자의 거주지가 넓어지면 이 서비스를 필요로 하는 사람이 많아지리라 생각합니다.

그러고 보니 제 소개가 없었군요. 저는 '일본 가정 코도모(어린이)문고 BOOK BRIDGE 마음과 마음의 징검다리'를 이끌게 된 하시모토 아야코입니다. 오사카 출신이고 2000년에 결혼한 이후 서울에 살고 있습니다. 2005년에 첫아들이 태어나면서부터 그림책에 관심을 갖게 되어 일본에서 조금씩 사오기 시작했습니다. 2006년에 둘째 아들이 태어난 시기에 독서 지도사에게 "아이와 함께 즐기는 그림책은 엄마와 아이의 마음을 잇는 제2의 탯줄입니다. 유대감을 기르는 데 매우 중요한 역할을 해줄 거예요"라는 조언을 받았습니다. 그 말에 깊이 공감하고 이전보다 더 열심히 그림책을 읽어주게 되었습니다.

가정문고는 그 시절부터 품어왔던 오랜 꿈이었습니다. 앞서 말했듯이 한국에 있는 도서관 지원 단체인 도서관친구들에서 지원을 받게 되어 첫걸음을 내딛을 수 있게 되었습니다. 우리 같은 결혼 이민자들이 아이와 책을 읽을 때 겪는 딜레마가 있습니다. 아이에게 그림책을 읽어주고 싶지만 한국어 그림책 읽기는 어렵고, 일본어 그림책은 이곳에서 구하기가 어렵습니다. 가끔 일본에 가지만 차분히 책을 선택할 시간은 거의 없습니다. 그림책 소개 사이트를 봐도 너무나 책이 많아 어떤 그림책이 좋은지, 아이들이 마음에 들어하는 책은 무언지 잘 모르겠어요. 모처럼 신중하게 구입해봐도 아이의 반응이 신통치 않습니다. 그런 일이 반복되다 보면 엄마(아빠) 나라의 책을 읽을 기회가 점점 사라지게 되지요.

많은 부모들이 아이와 함께 여기 '북 브릿지'를 찾아 그림책을 들고 보고 읽고 책을 골라 집에 가지고 갑니다. 아이가 외국에서 엄마(아빠) 나라의 말로 쓰인 책을 만날 수 있게 작게나마 도움이 된다는 사실에 더할 나위 없는 기쁨을 느낍니다. 엄마가 읽어주는 책은 아이에게 엄마의 언어를 접하는 소중한 경험이 될 것입니다. 언어는 물론 문화를 교감하고 마음을 나누게 될 것입니다.

한국이라는 타국에서 아이를 키우는 일본인 어머니들은 아이들과 하는 일본어 커뮤니케이션에 대해 고민하고 힘든 점도 많습니다. 일본어를 할 줄 모른다면 서운하겠지만 한국에서 생활하기 위해서는 당연히 한국말을 해야 한다는 부분에서 갈등하게 됩니다(우리 문고의 대출 대상자는 일본어가 모국어인 사람들입니다. 대부분 일본인 어머니와 교포들입니다).

언어(여기서는 일본어) 상속이란 언어와 함께 마음을 전하는 일인지라 엄마의 마음이 편안한 상태로 아이와 매일 꾸준히 소통하는 것이 중요하다고 생각합니다. 가정문고를 찾아온 분들과 여러 경험들을 나누면서 어머니들의 마음을 편하게 만드는 데 조금이나마 도움을 줄 수 있어 보람을 느낍니다.

부디 책을 통해 자녀와 따뜻한 시간을 가질 수 있기를 바랍니다. 우리 문고가 두 나라 사이에 태어난 아이들, 부모님, 그리고 양국에 계시는 가족과 더 행복한 관계를 만드는 작은 계기가 되기를 바랍니다. 아이들이 더 좋은 방향으로 나아갈 수 있는 실마리가 된다면 참 기쁠 것 같습니다.

| 운영상황 |

	개관일(일)	대출건수(건)	방문자(명)	대출권수(권)
2014년 10월	6	33	-	142
11월	6	33	-	133
12월	5	32	-	183
2015년 2월	4	25	40	152
3월	6	31	47	197
4월	6	36	53	226
5월	6	29	42	175
6월	5	35	60	207
7월	6	36	72	297

* 2015년 2월부터 대출권수는 3권에서 5권으로 늘렸습니다.
* 여름방학과 겨울방학(1월, 8월 휴관)의 전달(7월, 12월)은 대출권수를 늘리고 있습니다.

운영상황표를 보면 알 수 있듯이 점점 방문자가 많아지고 있습니다. 우리 문고에 찾아오는 아이들이 조금씩 늘어나고 있습니다. 아이들이 일본어를 하며 같이 놀고 엄마가 그림책을 읽어주기도 합니다. 엄마들끼리 차를 마시고 이야기를 나누며 편안한 마음을 찾고, 한국생활에 활력을 얻는 공간이 되어가고 있습니다. 앞으로 조금 더 책이 많아지면 서울의 각 지역 다문화가정지원센터에 우리 문고를 알리려 합니다. 엄마들이 외국생활 중 자녀들과 좋은 그림책, 즐거운 책을 많이 만날 수 있는 작은 오아시스가 되기 위해 노력할 것입니다.

한 통의 전화가 인도한 벅찬 행복

권미영 | 전남도립도서관친구들 대표

어느덧 3년. 전남도립도서관친구들과 함께한 시간입니다. 되돌아보는 시간은 짧게만 느껴진다는데 참으로 맞는 말인 것 같습니다. 당시 전남도립도서관 최동호 관장님의 소개로 인연을 맺었던 게 엊그제 같은 데 말입니다. 지난 3년은 제게 자원봉사의 의미를 조금이나마 깨닫게 해준 더없이 소중한 시간이기도 합니다.

"도서관 친구들이 되어주세요!"

처음 이 말을 들었을 때를 고즈넉이 회상해봅니다. 동화구연가와 책놀이 지도사라는 자격을 가지고 도서관에서 책 읽어주는 봉사활동을 하고 있던 제게 전화 한 통이 걸려왔습니다.

"도서관친구들이 되어주실래요?"

최동호 관장님의 뜬금없는 말씀에 이렇게 대답할 수밖에 없었습니다.

"무슨 말씀이신가요?"

도서관친구들이라는 게 무슨 말이고, 어떤 일을 하는지, 그리고 무엇이 되어달라는 건지 전혀 몰랐기 때문입니다. 그런데 '도서관을 사랑하는 사람들이 모인 곳'이라는 관장님의 말씀에 이미 만들어져 있는 도서관친구들이라는 모임에 회원으로 가입만 하면 되는 줄 알고 흔쾌히 승낙했습니다. 그러나 그것이 일생일대의 크나큰 실수(?)였음을 깨닫게 되기까지는 그리 오랜 시간이 걸리지 않았습니다.

관장님과 그 사모님이신 오혜성 선생님은 도립도서관이 진정한 도민의 사랑을 받기 위해서는 '민간 자원봉사 조직을 통한 도서관 활성화'를 실현하는 것이 급선무라고 판단하셨고, 그 첫걸음을 도서관친구들에서 찾고자 하신 것이었습니다. 바로 그 첫걸음을 떼기 전에 제가 어처구니없게도 가입 승낙을 하고 만 것이었습니다. 여기에 또 한 사람이 있습니다. 간간이 도서관에서 동화구연 봉사를 하셨던 저의 어머니도 두 분의 마수에 걸려들었습니다. 결국 우리 모녀 외에 몇몇 분들이 자의 반 타의 반으로 동참하면서 우여곡절 끝에 일곱 명의 운영진을 갖추고 2013년 7월 발대식을 가졌습니다.

그러나 순수 자원봉사라는 점이 조직을 구성하는 데 어려움으로 다가왔습니다. 특히 도서관에서 봉사하면 차비는 주느냐, 밥은 어떻게 해결해주느냐, 자기 돈 들여가며 도서관을 도와야 하느냐는 물음들은 과연 도서관친구들이 제대로 구성될 수 있을까 하는 의구심을 갖게 했습니다.

여기에 각기 다른 연령대와 다른 생각을 가진 운영진들 사이의 내홍도 풀기 힘든 난제였습니다. 매 순간 직면하게 되는 수많은 아픔과 고민 속에서 솔직히 도서관친구들을 포기하고 싶은 적도 많았습니다. 그럴 때마다 안으로는 김용조 부회장님과 김은정 기금관리부장님, 문선영 총무님, 최석자 자원활동부장님을 비롯해 김보경 선생님, 안현숙 선생님, 김명선 선생님, 김미경 선생님 등 많은 전남도립도서관 사서와 직원들의 도움이 없었다면 아마 오늘의 저도 없었을 것입니다.

밖으로는 전남도립도서관의 각종 행사에 밤을 새면서 수많은 조언과 아낌없는 지원을 해주신 당시 여희숙 전국 도서관친구들 대표님과 사무국 친구들은 무너져내리는 제 마음을 잡아주는 든든한 버팀목이었습니다. 그리고 이 기간 동안 자원봉사의 의미도 조금이나마 깨달을 수 있었던 게 무엇과도 바꿀 수 없는 인생의 큰 보람이자 행복이었습니다.

自願奉仕(스스로 자, 원할 원, 받들 봉, 섬길 사). 자신의 내면에서 아무런 조건 없이 받들어 섬기기를 스스로 원하여 직접 실천하는 일이 바로 자원봉사라는 생각을 해봅니다. 스스로 원해서 하는 일에 무슨 전제 조건과 바라는 것이 필요하겠습니까? 결국 자원봉사라는 말 속에 모든 의미가 담겨 있었습니다. 전남도립도서관친구들! 아직 미숙하고 부족한 점이 많습니다. 그러나 도서관을 사랑하고 책을 사랑하는 마음은 무럭무럭 자라고 있습니다. 가끔 도서관친구들이라는 말에 마음 한편이 뿌듯하고 가슴이 벅차오르는 제 모습을 볼 때면 감사하기 그지없습니다. 도서관친구들은 이제 제 삶의 한 부분과도 다름없습니다. 저를 이 길로 이끌어주신 최동호 관장님과 오혜성 선생님께 다시 한 번 감사드립니다. 전국 곳곳에서 자원봉사와 후원회비 등을 통해 도서관 발전을 몸소 실천하고 있는 모든 도서관친구들 회원 분들에게도 감사의 마음을 전합니다. 사랑합니다.

도서관친구들! Forever!

도서관의 좋은 친구가 될게요

김근영 | 광주도서관친구들 대표

책읽기가 삶의 전부도 아니고, 책이 모든 사람의 인생을 바꿔주지도 않겠지요. 또한 책을 많이 읽은 사람이 반드시 '좋은' 사람이 되리라는 보장도 없다는 사실을 압니다. 하지만 책이 만병통치약이나 모든 것의 절대 해결책은 아니더라도, 내 앞에 길이 보이지 않을 때 희미하게나마 어떤 길을 보여주기도 하고, 내가 알고 있는 세계가 전부가 아니라는 사실을 깨우쳐주며, 때로는 다른 무엇보다 마음을 위로해주기도 하지요. 누구나 손쉽게 접근할 수 있고, 경제적인 부담도 덜한 이런 멋진 친구는 흔치 않습니다.

100퍼센트 초등학교 교사로 구성되었던 우리의 시작은 소박했습니다. 우리가 책을 읽으면서 경험했던 이런 것들을 아이들이 한 번 경험해보길 바랐습니다. 운이 좋아 그중 몇이라도 책과 인생의 친구 관계를 맺게 된다면 참 좋겠다 생각했지요. 그렇게 되기 위해서는 먼저 아이들에게 책과 즐겁게 만날 수 있는 자리를 마련해주는 것이 우선이라 여겼습니다. 일단 만나봐야 책이 아이들에게 새로운 세계를 보여주든지, 마음을 움직이든지 할 테니까요. 그래서 함께 근무하는 선생님 몇 분이 의기투합하여 아이들과 함께하는 책모임을 만들었습니다. 그리고 이런저런 일을 하며 책과 만나고 책과 놀았습니다. 그 '이런저런 일'을 들으셨던 여희숙 선생님께서 이렇게 말씀하셨지요.

"선생님, 그게 사실 도서관친구들이 하는 일이에요."

"광주·전남에는 아직 도서관친구들이 없어서 아쉬웠는데 선생님이 함께하시는 분들과 해보시면 어떨까요?"

2009년 당시에는 아직 이 지역에 도서관친구들이 없었습니다. 물론 쉽게 결정할 수 있는 일은 아니었지만, 그때 근무하던 학교 바로 앞에 신가구립도서관도 있었고, 우리가 하는 일이 결국은 아이들에게 여러모로 긍정적인 영향을 미칠 것이라 생각해 겁도 없이 그렇게 해보겠노라고 했지요. 그 뒤로 준비하면서 부담이 될 때마다 이 대답을 여러 차례 후회하기도 했습니다.

시작은 순조로운 듯했습니다. 그 해 말에 여희숙 선생님을 광주로 모셔서 인근 학교 선생님들과 함께 강의를 들었고, 그때 여러 선생님들께서 기꺼이 신가구립도서관친구들이 되어주셨습니다. 신가구립도서관 관장님을 뵙고 도서관친구들도 소개하고, 앞으로 후원회원이 50명이 되면 정식으로 발족하여 신가도서관의 친구가 되고 싶다고 말씀드렸습니다. 방학 때는 신가도서관에서 아이들을 대상으로 한 프로그램을 한 차례 운영하기도 했지요.

하지만 거기까지가 우리의 한계였습니다. 교사의 특성상 4년마다 근무지를 옮기는데, 얼마 지나지 않아 함께 모임을 이끌었던 분들이 사방으로 흩어지게 되었습니다. 심지어 한 분은 전남의 어느 섬으로 교환근무를 가게 되었지요. 지금까지는 한 학교에서 근무했기 때문에 그 학교를 중심으로 모임을 만들고, 여러 프로그램을 기획하고 진행할 수 있었습니다. 아이들과 함께하는 프로그램과 그를 통해 느끼는 즐거움과 보람 등을 공유하는 것이 우리 모임(일명 신가도서관친구들 준비위원회)을 지속케 하는 원동력이었는데, 이제는 어렵게 되었습니다.

그런 가운데 우리가 한 가장 큰 실수는 50명이라는 후원회원 숫자에 너무 연연했던 것입니다. 50명이 채워지기 전에는 뭔가 하기 어렵다는 생각이 발목을 잡았습니다. 모이기 힘들어진데다가 각자 새로운 근무지에 적응하느라 어느새 도서관친구들을 꾸리는 일이 조금씩 뒤로 미뤄졌고 후원회원도 당연히 늘지 않았습니다. 어떠한 홍보도 하지 않았으니까요.

두 번째 실수는 마음이 급했던 것입니다. 우리의 어려운 상황에도 불구하고, 후원을 약속해주신 분들이 계시니 뭐라도 해야 하지 않나 생각을 했던 것 같습니다. 준비가 안 된 상태에서 말입니다. 지금 돌이켜보면 그것보다는 우리 스스로 도서관을 이해하는 과정이 선행되었어야 하지 않나 반성해봅니다. 그 과정은 생략한 채 '도서관친구들을 만들기로 했으니 무슨 일이든 해야 하지 않나?' 이런 생각으로 다음 단계로 뛰어넘으려고 했으니 될 리가 있나요.

거기다 모임원은 대부분 젊고 비슷한 연령대다 보니, 대부분 결혼, 출산, 대학원 과정 등으로 각기 바쁜 시간을 보내기도 했지요. 자체적인 독서모임은 그대로 이끌어가던 저 역시 이런 과정을 그대로 거쳤고, 거기에 어머니가 돌아가시면서 한참 힘든 시간을 보내게 되었습니다. 안타깝게도 신가구립도서관친구들은 후원회원이 처음의 20여 명에 그대로 머물러 있었습니다.

그렇게 시간이 흐르던 지난 겨울, 신가구립도서관이 도서관친구들을 원치 않는다는 입장을 전했다는 이야기를 여희숙 선생님을 통해 듣게 되었습니다. 사실 도서관 측이 그렇게 입장을 정리한 연유에 관계없이 저는 참 부끄러웠습니다. 도서관에서 필요치 않다는 말을 들을 자격도 없는, 아무런 시작도 하지 않은 상태였기 때문입니다. 그런 부끄러움도 잠시, 우리는 다시 도서관친구들을 마음속 무거운 짐으로 남겨놓고 각자의 일상을 살아갔습니다. '언젠가는 해야지, 할 수 있겠지' 하고 말입니다.

그러던 중, 올 봄에 여희숙 선생님께서 전남대학교 대학원 문헌정보학과에 재학 중이신 전민금 선생님을 소개해주셨습니다. 광주에 도서관친구들이 있다는 이야기에 많이 반가워하셨던 전 선생님은 상황을 듣고는 안타까워하셨지요. 그리고 다시 시작할 수 있도록 많이 독려해주셨습니다. 전 선생님과 이야기를 나누다 보니 깨닫게 된 점이 많았습니다. 함께하는 모든 사람의 여건에 맞는, 그리고 현재 이끌어가는 저의 모든 상황에 맞는 그런 때를 기다린다는 것은 참 어리석고 이기적인 생각이었습니다. 그래서 부족하면 부족한 대로, 느리면 느린 대로, 작은 걸음을 시작해보기로 했지요.

그 시작으로 2015년 4월, 다음 포털에 '광주도서관친구들' 온라인 카페를 만들었습니다. 특정 도서관이 아닌, 광주에 있는 어떤 도서관이라도 도움이 필요하다 하시면 친구가 되어드린다는 의미에서 '광주도서관친구들'이라 했습니다.

앞서의 시행착오에서 우리가 느낀 점을 바탕으로 몇 가지 다짐도 했습니다. 먼저, 도서관친구들의 원칙 다섯 가지는 어떤 경우에도 반드시 지키자는 것입니다. 이 다섯 원칙이 무너진다면 사실 도서관친구들의 존재 이유도 없다는 데에 뜻을 모았습니다.

두 번째, 한 달에 한 번은 만나서 함께 책을 읽는 모임을 갖는 것입니다. 자주 만날수록 좋겠으나 시작 단계이니 천천히 느리게, 그리고 길게 가기로 했습니다. 후에 보이는 분들이 늘어난다면 모이는 횟수도 더 많아지겠지요. 세 명만 모여도 모임을 갖기로 했으니까요.

세 번째, 후원회원은 모으되, 후원금 인출은 후원을 약속하신 분이 50명이 될 때 시작하기로 했습니다. 후원금이 대부분 2,000원 이렇게 소액이긴 하나, 그렇다 하더라도 후원해주신 분들에게 뭔가 성과를 보여드려야 하지 않나 하는 조급한 생각에 나무도 심기 전에 열매를 수확하려는 우를 범할까 염려스러웠습니다. 다행스럽게도 지난 기간 동안 모아둔 후원금이 있기에 급하게 도움을 요청하는 도서관이 있을 경우 그것을 사용하기로 했습니다.

그밖에도 오프라인 발대식은 어떤 시점에 할지, 운영회비는 어떻게 융통할지 등 다른 사항에 대해서도 생각을 모아 결정했습니다. 이렇게 하여 오프라인 발대식 전에는 온라인 카페(http://cafe.daum.net/gjlibrarychingu)를 구심점 삼아 광주도서관친구들을 시작하게 되었지요.

2015년 4월 다시 기지개를 편 후, 우리는 매월 한 차례씩 만나고 있습니다. 직장인과 자녀가 어린 엄마들인지라 모이는 시간은 항상 늦은 시간입니다. 퇴근하고, 아이 저녁 먹이고 혹은 재우고 주로 저녁 8~9시에 모여 밤 11~12시경에 끝납니다. 도서관에 관련된 책을 함께 읽어온 후 토론을 하기도 하고, 한 권의 책을 같이 소리 내어 읽기도 합니다. 꼭 책만 읽는 것은 아니고 관련된 다큐멘터리를 시청한 후 이야기를 나누기도 하지요. 매번 한 가지 주제를 정해서 만나고 있습니다. 의논할 일이 있으면 이 모임 때 회의를 거쳐 결정하기도 합니다. 이 방식은 언제든지 바뀔 수 있습니다. 함께 하시는 분이 늘어나면 다수가 원하는 방향 역시 달라질 테니까요.

다시 시작하면서 우리가 다짐한 것이 있습니다. 그것은 자발성과 진정성에 바탕을 둔 친구가 되자는 것입니다. 우리는 한 차례의 긴 머뭇거림과 공백기를 딛고 다시 시작했습니다. 그렇게 하는 데에는 큰 용기가 필요했고, 그렇기에 각자 스스로 감당할 수 있는 만큼만 하자고 약속했습니다. 조금이라도 자의가 아닌 타의에 의해 움직인다면 우리는 '진짜' 도서관친구가 될 수가 없음을 지난 5년의 시간 동안 깨달았습니다. 친구란 억지로 되는 것도 아니고 옆 친구 따라서 되는 것도 아니니까요.

도서관과의 관계도 마찬가지입니다. 한쪽이 요구해서 억지로 친구가 될 수는 없지요. 우리가 '친구가 되어주겠다'라고 일방적으로 도서관에 다가가는 것이 아니라, 도서관이 원할 때 친구가 될 것입니다. 그렇다면 이제부터 우리가 해야 할 일은 도서관이 '도움이 필요하다'고 했을 때 언제든지 좋은 친구가 되어줄 수 있도록, 후원회원을 모으고 도서관에 대한 이해를 넓히는 등 차근차근 준비하는 일이겠지요.

글을 쓰다 보니 '우리'라는 단어가 참 많이 나오는군요. 과거의 우리가 처음 도서관친구들을 시작해보겠다고 모인 교사들이었다면, 앞으로의 우리는 광주의 도서관을 사랑하는 모든 이가 되기를 바라봅니다.

기적 같은 나날들

강성자 | 울산 묵+ 기석의노서관친구들 대표

　우리가 도서관친구들을 만난 건 2011년 울산 북구청에서 열린 여희숙 선생님의 강의에서였다. 그때 함께 강의를 들었던 기적의도서관 관장님은 남다른 철학과 실천력을 지니신 분이라 우리를 모아놓고 또 다른 강의를 하셨다. 우리도 봉사자들을 모아 도서관친구들이 되었다는 말씀이었다. 그러나 결코 쉬운 일은 아니었다. 그러고도 1년이란 시간을 보내고 2012년 2월 27일이 되어서야 발대식을 할 수 있었으니까.

　그렇게 활동은 시작했지만 우리가 도서관친구들의 활동들을 숙지하기까지 엄청 힘이 들었다. 오죽했으면 다른 도서관 견학을 가면서 버스 속에서 퀴즈를 내며 외우기까지 했을까. 그때 생각하면 지금도 웃음이 난다. 사실 요즘도 조금씩 헷갈릴 때가 있기는 하다.

　우리는 처음부터 정관에 있는 원칙을 그대로 준수하며 활동했다. 그래도 대외활동을 하다 보니 도서관과 갈등이 생기기도 하고 제제를 받는 일도 있었다. 하지만 '도서관 운영에 대해 불평불만을 하지 않는다'는 약속을 지키고자 언제나 노력했고 지금도 하고 있다. 그것이 조금은 자랑스럽기도 하다.

우리는 그동안 기적의도서관을 돕는 데서 한걸음 더 나아가, 지역의 작은 도서관에 책을 기증하기도 하고 작은 도서관이 더 많이 만들어지도록 의회 의원들을 설득하기도 했다. 그 노력 때문인지 도서관 일이나 행사에는 구청에서도 적극적으로 관심을 가지고 참석하고 또 도와주신다.

우리 도서관친구들은 견학 프로그램과 북스타트, 책 수선하는 봉사를 매주 1회 하고 있고, 독서회는 공모에 신청하여 도서를 구입하고 인문학 기행을 떠나고 공연을 관람하기도 한다. 요즘은 일부러 도서관친구들의 활동과 홍보를 위해 지역 체육대회, 동이나 구청 행사 등에 참여하고 기금 마련을 위해 연 3~4회까지도 도친장터를 열며 상·하반기 인문학 특강도 지원하고 있다. 그리고 발대식 이후 한 번도 거르지 않고 실천하고 있는 친친행사는 팀별로 도서관 주변을 이동하면서 물물교환, 나눔장터와 함께 하고 있는데 가끔 행사를 키우기도 하고 줄이기도 한다. 반응이 좋아서 그런지 친구들은 피곤하지도 않단다.

최근에는 재활용하는 공중전화박스를 기증 받아 숲속도서관을 만들고 도서 200여 권을 기증했으며, '숲에 오는 주민들과 친구되자'라는 주제로 행사를 준비했다. 행사를 지켜본 구청에서는 다른 공원에도 숲속도서관을 만들겠다는 계획을 발표하여 우리를 놀라게 했다.

이제 울산도서관친구들은 우리 동네 도서관을 돕는 데서 한 걸음 더 나아가 전국에 있는 동무도서관친구들을 돕기 위해 한 달에 한 번 '도서 기증하는 날'을 정하고, 기증 사연과 함께 도서를 기증받아 우편으로 보낼 계획을 세웠다.

우리 기적의도서관친구들은 가끔 일을 많이 시켜 힘들다 하면서도 일이 생기면 모든 열정을 쏟는다. 늘 응원해주고 함께해주는 도서관 식원분들도 계신다. 징말 특별하고 멋있는 친구들이다. 함께할 수 있어 참 좋다. 물론 조금 아쉬운 점도 있다. 회원 모집이 어렵고, 후원회원 사후관리가 늘 고민이다. 또 도서관친구들에 대한 지속적인 교육도 필요한데 쉽지가 않다.

앞으로 기적의도서관친구들은 사각지대에 놓인 도서관들을 찾아 도서를 기증하고 프로그램도 지원할 예정이다. 시민들에게는 더 쉽게 책을 접할 수 있는 장을 마련하고자 노력하려고 한다.

책으로 맺은 사랑의 공동체

허순영 | 제주도서관친구들 대표

───

지난 해 여름에 고향 제주로 돌아왔습니다. 10년 만의 조용한 귀향이었지요. 그사이 제주에는 50여 만 명이던 인구가 65만 명을 넘어섰다 하고, 다달이 1,200여 명의 사람들이 제주로 이민 같은 이사를 오고 있다고 하는군요. 집이나 땅은 부르는 게 값이라 집 구하기도 어려워졌습니다. 고향 같지 않은 고향에 적응해가는 동안 그나마 공공도서관의 인프라가 많이 구축되었다는 소식은 반가웠습니다. 대표 도서관인 한라도서관이 규모 있게 만들어졌고 20개의 공공도서관이 그물망처럼 연결되어 있었습니다. 작은 도서관만해도 22개나 들어섰는데, 올해 말이면 2개가 더 늘어난다고 합니다. 하지만 도서관의 내용이나 서비스 면에서는 개선해야 할 부분들이 많아 보였습니다. 사서 인력이 턱없이 부족한 때문이라고 합니다. 도서관마다 여기저기 빈 구석이 눈에 띄었던 게 이해가 갑니다. 그러나 언제까지 사람 타령만 할 것인가 하는 생각이 들자 답답해졌습니다.

제주에서 어떤 일을 하면 좋을까, 한 1년은 도서관 이용자로서 마음껏 누리고도 싶었습니다. 민간의 영역에서 작은 어린이도서관을 만들었고, 운영했고, 공공으로 자리를 옮겨 제법 규모가 큰 어린이도서관도 원 없이 운영해보았습니다. 어쩌면 같은 일을 반복하는 것을 싫어하는 제 성격에 새로운 일, 더 의미 있는 일을 찾고 있었는지도 모르겠습니다. 그럴 때 여전히 도서관을 찾지 않는 사람들과 아이들이 많다는 사실에 가슴 한쪽이 뜨끔했습니다. 아니 목에 가시가 걸린 것처럼 잊을 만하면 한 번씩 따끔따끔 찔러왔습니다. 우선 그들을 찾아가 책 읽어주기 같은 봉사를 시작해보면 어떨까 싶어서 알아보기 시작했지요. 몇 군데 사회복지시설과 인연이 닿았습니다. 일단 시설장의 허락을 얻어 책 읽어주기를 시작했습니다.

책과 함께 엄마가 되다

처음 미혼모 시설에 갔을 때 일이 잊혀지지 않습니다. 모임방으로 들어서는 앳된 얼굴의 어린 엄마들은 자리에 앉자마자 책은 읽기 싫다는 거부감을 강하게 드러냈습니다. 대부분 10대였고 몇몇이 20대 초반이라 하더군요. 얼굴만 봐서는 철없는 중학생들 같았습니다. 만화라면 모를까 글이나 책을 읽으면 머리가 아프고, 읽을 시간도 없다는 게 핑계였습니다. 만화책보다 더 재미있는 그림책인데 들어볼래요, 라며 그림책 한 권을 읽기 시작했습니다. 제가 책을 읽는 동안 엄마들의 얼굴 표정이 조금씩 밝아지더니 간간이 웃기도 하네요. 다 읽자 "그림책이 재미있네요"라며 아기한테도 읽어주고 싶다는 반응이 나왔습니다. 저는 속으로 쾌재를 불렀습니다. 일주일에 한 번 책 읽어주러 오고 싶은데 어떠냐고 조심스레 제안했더니 엄마들은 한 달에 한 번이라면 괜찮다고 했습니다. 내친김에 바로 손가락을 걸었지요. 한 달에 한 번은 좀 뜸하기는 하지만 일단은 엄마들이 원하는 대로 시작해보기로 했습니다.

가족사랑쉼터라는 곳이 있습니다. 가정폭력을 견디다 못해 아이를 데리고 나온 엄마와 아이들이 잠시 거쳐 가는 쉼의 공간입니다. 최고 9개월까지 머무를 수 있는데, 그 기간 동안 상담을 받고 가정으로 돌아가거나 법률적 지원을 받아서 이혼할 수 있도록 도와주는 곳입니다. 법률적으로 정리가 되면 한 부모 가정으로 자립할 수 있도록 지원합니다. 쉼터에 오기까지 아이와 엄마들은 끊임없이 이어지는 폭력과 목숨이 위태로운 지경에 하루도 마음 편할 날이 없는 시간을 보냈다고 합니다. 아이들뿐 아니라 엄마들도 미래에 대한 불안 정서가 높고, 몇 달 동안 무기력한 우울증에 시달리기도 합니다. 어떤 분은 너무나 오랜만에 맞은 평화로운 시간이 오히려 더 견디기 힘들어한다더군요.

그 엄마들과도 '그림책으로 소통하기' 시간을 가졌습니다. 여덟 명의 엄마와 5학년 남자 아이 한 명이 함께 했습니다. 그림책을 읽어주고 각자 좋아하는 장면을 짚으면서 자신의 경험을 이야기로 나누었지요. 아이가 먼저 말을 꺼냈습니다. 생물학자가 꿈인 아이는 변변한 책을 읽어본 적도, 가져본 적도 없다고 합니다. "학교에서 만화책은 좀 봤죠"라는 아이의 말투에서 세상을 다 산 듯 체념마저 느껴졌습니다. 그 순간 어른들인 우리가 무얼 잘못했는지 깨달을 수 있었습니다. 아이의 엄마가 얘기하더군요. 책을 무척이나 좋아하는 아이였는데 먹고 사는 게 힘들어서 사준 적이 없다고요.

얘기를 나눌수록 사람들의 얼굴에 눈물과 웃음이 번졌습니다. 그리고 서로를 바라보면서 손을 맞잡기도 하고 어깨를 다독여주기도 했습니다. 한 권의 그림책을 읽고 서로의 이야기를 하고 들어주는 작은 일이 일상의 걱정과 불안을 잠시 잊을 수 있는 귀한 시간이 될 줄은 몰랐습니다. 무엇보다 혼자만 어려운 시간을 보낸 게 아니라 모두가 비슷한 경험을 했다며, '이런 게 동지애가 아닐까'라는 이야기, 무슨 복에 이렇게 좋은 사람들을 만났는지 모르겠다며 소박하게 웃는 모습들이 너무나 아름다웠습니다. 이 사람들에게 작으나마 책이 있는 아름다운 공간이 가까이 있다면 얼마나 위안이 될까, 하는 생각이 들었습니다. 마침 사무실 옆 18평짜리 빌라 한 칸이 비어 있다고 했습니다. 함께 도서관을 만들어보자고 운을 떼었습니다. 이렇게 '가족사랑작은도서관'이 태동했습니다. 2014년 11월의 어느 날의 일입니다.

인연의 손길로 문을 열다

도서관친구들 운영위원으로 활동하고 있던 저는 2014년 12월 운영위원회 회의 직전에 여희숙 선생님께 그간의 활동내용을 말씀드렸습니다. 여희숙 선생님은 "그런 시설이라면 당연히 지원해야지요. 운영위원회 안건으로 내어 내년 사업으로 진행해봅시다"라며 적극 지지해주셨습니다. 2015년은 도서관친구들 10주년이 되는 해라 제주의 소외계층을 위한 도서관 만들기 사업이 그간의 도서관친구들 활동에 의미를 더하는 사업이 될 거라며 운영위원들 또한 흔쾌히 마음을 모아주셨습니다.

도서관친구들은 통상 중심이 되는 도서관 하나를 지원하는 도서관 지회로 출발합니다. 그러나 제주에는 '제주도서관친구들'로 지부 형태의 비영리단체에 준하는 조직으로 만들었습니다. 한 도서관이 아니라 제주 지역 전체에 도서관 문화에 새로운 바람을 일으켜

보고자 하는 희망을 담은 거지요. 그러려면 함께 일할 사람들이 필요했습니다.

무언가를 간절히 원할 때 마치 기다렸다는 듯이 잘 맞아떨어지는 일이 있습니다. 어떤 때에는 소름이 돋을 만큼 절묘한 인연이 만나지기도 합니다. 제주도서관친구들의 이현주 총무를 만났을 때에도 그런 느낌이 들었습니다. 이현주 씨는 전래놀이 강사로, 자녀 학교의 책 읽어주기 선생님으로 활발히 활동해온 터라 도서관친구들 활동 내용과도 잘 맞았습니다. 또 부군 김경석 님은 건축 인테리어 사업을 하고 있어서 페인트, 도배 등 전 분야에 인적 네트워크까지 폭넓게 가지고 있었습니다. 알고 보니 저의 집에서 차로 10분이 채 안 걸리는 거리에 살고 있더군요. 호박이 덩굴째 굴러온 거지요.

다음 일은 순조롭게 척척 진행되었습니다. 단체 등록과 사업자 등록, CMS도 개설이 되었지요. 적극적으로 후원자 모집을 시작하자 더 좋은 인연들이 연결되었습니다. 김문규, 김용숙 부부는 좀 특별한 분들입니다. 오랫동안 꿈꾸던 집을 지었는데 1층을 많은 사람과 공유할 수 있는 공간으로 만들고 싶다는 바람을 가지고 계셨습니다. 책을 좋아하는 분들이고 그걸 사람들과 나누고 싶은, 마음이 큰 분들이라 도서관친구들과도 잘 맞겠다 싶었습니다. 얘기를 꺼내자마자 반기며 회원 모집과 직접적인 후원 활동에 나서주셨습니다.

KBS 제주방송국의 간판 구성작가로 오랫동안 활동했던 권영옥 씨는 올해부터 1인 출판사를 시작했고, 7월에 첫 책『제주에서 크는 아이』를 발간하기도 했지요. 도서관친구들의 친구출판사도 되었습니다. 권 대표도 '제주도친'의 든든한 지원자가 되었습니다.

또한 제주에는 공립 작은 도서관이 22개 있는데 작은도서관협회를 구성하여 지원하고 있습니다. 김미경 사무국장과 순회사서인 이현정 씨는 도서관 개관 준비에 책 라벨 및 정리 작업을 맡아주셨습니다. 쉼터 식구들이 앞으로 공공도서관을 적극 활용하기 위한 기회로 만들고자 책 정리도 KDC로 하자는 의견과 함께 1,400여 권의 책을 업무 틈틈이 시간을 내 작업해주고 비용까지 기부해주셨습니다. 양옥진 선배님은 직접 화분과 꽃을 사다가 23개의 소형 화분을 만들어주셨지요.

무엇보다 설계를 맡아준 분을 소개해드려야겠습니다. 도서관친구이면서 건축가, 건축학자인 서정일 선생님은 현 서울대인문학연구원의 연구교수이십니다. 서 교수님을 만나 뵙고 나서 고 정기용 선생님과 함께 정읍 기적의도서관 설계에 참여한 인연이 있다는 것을 알았습니다. 순천 기적의도서관에도 자주 오셨다더군요. 새 책 도서관 리모델링할 때도 그런 인연에 대해 얘기하셨는데 저는 흘려들었었나 봅니다. 한번에 알아보지 못해 참 죄송했습니다. 서 교수님은 제주가족사랑도서관, 우포자연도서관까지 설계를 통해 든든한 후원과 활동을 이어가고 계십니다. 특히 가족사랑도서관의 성격에 맞게 일러스트레이션 액자 후원도 연결해주시고 방 하나하나에 쉼터 가족들의 행복한 기억이 담기기를 소망하며 아름답게 작업을 해주셨습니다.

또 한 사람이 있습니다. 가구 설계와 제작을 담당한 박승보 씨입니다. 도서관친구들 운영위원이면서 가구 실내건축 디자이너인 젊은 친구는 현재 (주)한샘에 근무하고 있는 재원입니다. 공사기간 동안 거의 주말을 가구공장에서 보냈습니다. 특히 아이들의 손이 닿는 만큼 안전한 가구를 제작하기 위해 최선을 다해주었습니다.

책은 1,400여 권이 모아졌는데, 그중에 1천 권은 북스타트코리아에서 2015년 북스타트 선정도서와 출판사 기증 책들로 지원을 해주셨습니다. 멀리 서울서도 아이들이 보던 책 중 좋은 책을 골라주신 분, 이름을 밝히지 않고 책 후원금을 보내주신 분 등 일일이 다 소개하지 못할 만큼 많은 분들이 물심양면으로 도와주셨습니다.

소외된 이웃을 위한 도서관

드디어 7월 25일, 가정폭력상담센터 내 가족사랑작은도서관이 문을 열었습니다. 도서관을 방문한 사람들은 모두들 깜짝 놀랐습니다. 작은 공간이지만 구석구석 정성을 들인 노력이 눈에 들어오기 시작했기 때문이지요. 도서관이 만들어지기 전 쉼터 식구들은 어른들이나 아이들 모두 대형 TV 앞에서 많은 시간을 보냈다고 했습니다. 그러나 지금은 저녁식사 후 도서관에서 대부분의 시간을 보내고 있습니다. 도서관 정리도 아이, 어른 할 것 없이 역할을 맡아서 꾸려나가고 있습니다. 엄마들은 주 3회 오전 시간에 책을 읽고 이야기 나눈 후 회의나 상담을 받고 있다고 합니다. 지속적으로 도서관이 잘 운영될 수 있도록 프로그램과 운영지원이 필요하겠지요.

안타깝게도 미혼모 엄마들을 위한 시설에 계획했던 '그림책도서관'은 잠시 중단되었습니다. 시설에서 도서관만 만들어주고 그 후에 도서관친구들의 활동과는 연결되지 않았으면 좋겠다는 거였어요. 도서관은 만드는 것도 중요하지만 운영이 더 중요합니다. 도서관친구들은 만들어진 도서관을 잘 운영되도록 돕는 단체입니다. 단체의 활동 내용에 호응하지 않는 사업을 할 수는 없는 일이어서 아쉽지만 접을 수밖에 없었습니다. 그렇지만 프로그램 지원은 계속하고 있습니다.

미혼모 중에서 싱글맘으로 아기를 계속 키우겠다는 엄마들을 위한 다음 단계의 시설이 '아기사랑엄마의 집'인네 막 돌이 지난 아기부터 4~5세가 된 아기까지 10여 명 넘는 가족이 함께 살고 있지요. 엄마들은 공부를 하거나 취업을 하여 자립하기 위한 노력들을 하고 있습니다. 그 엄마들을 위해 그림책을 읽어주고 자기 이야기로 책 만드는 작업을 올해 봄부터 한 달에 한 번 만나 진행하고 있습니다. 11월에는 전시도 하고 작품 발표회도 합니다. 놀라운 것은 싱글맘으로 당당하게 살아가기 위해 어린 엄마들이 참으로 피나는 노력을 하고 있다는 거였어요. 대학의 유아교육과에 다니는 학생도 있었고 미용실에서 수습 직원으로 기술을 배우는 이들도 있었습니다.

아기를 잘 키우기 위해 독서에 관심을 두는 것도 여느 엄마와 다르지 않아 보였습니다. 자신이 살아가는 이유가 '아이'라는 끈이기 때문입니다. 언젠가는 마음을 열어 미혼모 시설에서도, 아기사랑엄마의집에서도 책을 읽고 나누며 아기들에게도 매일 책을 읽어주는 엄마로 성장했으면 하는 바람입니다. 그 힘으로 세상을 향해 당당한 엄마로 설 수 있기를 기원해봅니다.

그동안 미혼모 시설로 갔던 에너지를 또 다른 곳을 위해 쓰고 있습니다. 이곳은 제주여성인권연대 부설로 운영되고 있는 여성의 쉼터 '불턱'이라는 곳입니다. 성매매 시설에서 도망쳐 나와 몸과 마음이 아픈 10대와 20대 초반의 여성들이 함께 생활하고 있는 곳이지요. 불턱은 제주에서 해녀들이 물질을 끝내고 젖은 몸을 말리기 위해 모닥불을 피우는 해안가의 작은 공간을 뜻합니다. 이 따스한 공간에서 아직 젊은 여성들이 새로운 삶을 살기 위해 검정고시도 준비하고 있고, 직업을 얻기 위한 기술도 배우고 있습니다. 그들에게 책은 또 다른 위안이고 희망일 것입니다. 시설 내부도 무척 열악하여 공용으로 쓰는 방 2개와 거실, 베란다와 옥상 한편을 리모델링하여 연말까지 도서관으로 구성할 참입니다. 또 한 번의 기적 같은 정성들이 불턱에 모아지겠지요.

"어릴 때 경험하는 문화의 질이 삶의 질을 결정합니다"라는 가족사랑센터장의 말이 오래 기억에 남습니다. 사회복지시설의 식구들에게 밥만 제공해서는 그들이 더 나은 삶을 기대할 수 없습니다. 도서관이라는 문화를 가까이서 느끼면서 스스로의 힘으로 나서서 공공의 영역으로, 공동체의 일원이 되도록 도울 수 있고 그것이 결국 우리 자신을 돕는 길이기도 하다는 것을 소외계층을 위한 도서관을 만들면서 배우게 되었습니다.

곧 제주도서관친구들 발대식을 계획하고 있습니다. 제주도서관친구들 활동을 통해 '사람이 필요한 곳에는 사람을, 책이 필요한 곳에는 책을, 프로그램이 필요한 곳에는 프로그램을, 도서관이 필요한 곳에는 도서관 환경을 만들어주는 일을 하려고 합니다. 좋은 인연들이 모여서 손을 맞잡고 함께 활동하고 있으니 머지않아 제주에 도서관의 숲이 우거지고 사람이 중심이 되는, 아름다운 도서관 환경을 만들어갈 수 있겠지요. 월 2,000원의 후원금과 정성이 모아져 제주에서 기적 같은 일들이 일어나고 있습니다. 전국의 도서관친구들에게도 감사의 말씀을 드립니다.

삶에서 가장 소중한 나눔

이은숙 | 윤몽길새책노서관친구들 내﹖

"언니는 늘 책을 들고 사네요. 땅에 놓아도 괜찮아요!"

아우들이 놀리며 말합니다. 생각해보니 저는 정말 늘 책을 들고 사는 것 같습니다.

"근데도 팔은 아프지 않네. 왜 그럴까?"

"팔이 튼튼해서 그런 거 아닐까요?"

친구가 책을 좋아하는 사람이 참여하면 좋을 거라고 도서관에서 진행하는 '책 읽는 엄마학교'(밑줄독서모임) 프로그램을 추천해주었습니다. 소개하는 모임 때 처음 여희숙 선생님을 뵈었습니다. 접수를 늦게 한 탓에 예비 후보가 되어 참여했는데, 그 프로그램에 들어갈 수 있을지는 알 수 없었지요.

프로그램을 진행하시는 여희숙 선생님 소개와 밑줄독서모임에 대한 설명이 이어졌습니다. 짧은 시간이지만 프로그램뿐만 아니라 여희숙 선생님께 큰 매력을 느껴 '참여하지 못하면 도강이라도 해야지' 했던 게 생각납니다. 다행히 밑줄독서모임에 참여하게 되면서 일주일에 한 권씩 같은 책을 읽은 여러 사람과 만났습니다. 같은 책을 읽어도 다른 내용에 밑줄을 그었는데, '저마다 생각하는 것이

다르구나'라는 사실을 새삼 깨달았습니다. 사람들을 더 깊이 이해할 수 있었고, 혼자 읽을 때는 상상해보지 못한 이야기들이 시야를 넓혀주는 것 같았습니다.

시간이 지날수록 여희숙 선생님을 알게 되고 프로그램에 참여하게 된 것이 고맙고 즐거웠습니다. 자연스럽게 도서관친구들도 알게 되었고, 독서 모임이 아이를 키우는 엄마이자 한 개인으로서도 중요하고 좋은 일이라 생각하게 되었지요. 제게는 엄청난 변화였습니다. 도서관친구들이 주최하는 행사에 참여하면서 뭔가 느껴보지 못한 에너지가 마음 깊은 곳에서 꿈틀거리는 것을 느끼곤 했습니다.

그러던 차에 윤봉길새책도서관에 친구들이 만들어졌고, 나를 비롯해 책 읽는 엄마학교의 사람들이 모여 임원이 되었습니다. 우리 임원진 모두는 도서관친구들이 하는 일들이 좋아서 모였으니 여희숙 선생님의 설명을 들으며 편안하게 시작할 수 있었지요. 작은 마음들이지만 모으고 모으면 도서관친구들을 위해 뭔가 조그만 힘이라도 보탤 수 있지 않을까? 하는 소박한 마음들이었습니다.

새책도서관은 양재 시민의 숲, 정말 아름다운 곳에 자리하고 있지요. 사계절을 코앞에서 느낄 수 있고, 아이들이 발을 담그고 물놀이할 수 있는 개천도 있으며, 무엇보다 나무가 많아 사람들이 즐겨 찾는 곳입니다.

처음 도서관을 찾았을 때가 봄이었어요. 지하철역에서 내려 눈앞에 성큼 다가와 펼쳐지는 숲 속으로 걸어 들어가는 느낌이 참 좋았습니다. 작은 꽃들도 많아 저절로 발걸음이 느려지는데 돌 울타리 사이로 하얀색 꽃이 예쁜 돌단풍이 인상 깊었습니다. 그럼에도 불구하고 우리 도서관이 거기에 있다는 것을 아는 사람은 많지 않았습니다. 도서관을 이용하는 사람도 한정돼 있었고 책은 다양하지도, 많지도 않았습니다. 명색이 도서관인데 말이지요.

매헌 윤봉길 기념관 특성상 그랬을까요? 도시관에 비치된 책들은 기념관에 관계된 것이 대부분이었고 분위기는 엄숙했으며, 내부가 주위 환경과 어울리지 않고 일반 도서관과도 달랐습니다. 여희숙 선생님과 함께 윤봉길새책도서관친구들이 구성되면서, 도서관친구들의 도움으로 칙칙한 내부 인테리어와 사무실 책들을 정리하고 새 책장을 들여오면서 분위기가 바뀌기 시작했습니다. 결정적인 변화는 진주 마하어린이도서관친구들이 기금을 보내주고 서정일 교수님이 디자인하여 완전히 새롭게 단장했을 때의 일입니다.

2014년 5월 14일, 여섯 명의 친구들이 모여 첫 회의를 밑줄독서모임으로 하게 되었고, 5월 17일 도서관 재개관과 친구들 발대식을 축하하는 책시장 행사를 마중물로 윤봉길새책도서관 친구들은 확실한 자리를 잡았습니다. 많은 도서관친구들의 도움으로 책시장을 열어 독자들이 좋은 책을 착한 가격으로 만날 수 있게 하는 중요한 일 한 가지를 성공적으로 마침으로써 '우리가 해냈구나!' 하는 자부심을 가질 수 있었습니다. 그 경험이 동력이 되어 우리는 지금까지 씩씩하게 온 것 같습니다.

두 번 살 수 없는 것이 인생이듯이 도서관친구들 활동도 하나하나 모든 것이 처음이었지만 큰 실수 없이 여기까지 온 것은 언니도서관친구들의 도움과 우리 임원진들의 열성이 있었기에 가능했습니다.

언니도서관친구들은 2015년 새로운 프로그램을 시작했는데, '내 인생의 첫 책에 관한 이야기'였습니다. 제1회 김희교 교수님의 첫 책『안녕? 중국!』으로 도서관친구들과 교수님의 지인들을 모시고 첫 책 출간을 축하하고 강연을 들었습니다. 우리가 평소 중국에 대해 어떤 편견을 가지고 있으며 나라와 나라의 연대가 주는 의미가 무엇인지 쉽게 이해할 수 있었지요. 맛있는 식사까지 우리 윤봉길새책도서관 친구들의 진행으로 잘 마무리되었습니다. 보람 있고 멋진 밤이었어요.

제2회는 최관의 선생님의 첫 책 『열다섯, 교실이 아니어도 좋아』 와 함께했습니다. 책을 쓰게 된 계기와 배경을 선생님께 직접 들을 수 있어 행복했습니다. 녹록치 않은 현실의 길을 걸어가고 있는 청소년들에게 정해진 테두리 안에서의 버둥거리는 삶만이 전부가 아니라는 사실을 전하고, 아이들을 품어주고 안아주고 싶어하는 작가의 마음이 감동을 자아냈습니다.

제3회는 한홍구 교수님의 첫 책 『한국 공산주의 운동사』 재발간을 축하하는 자리였는데, 정해진 시간이 부족할 정도로 풍성하고 재미있었습니다. 선생님의 열정에 밤새 듣고 싶었던 강의였지요.

제4회는 도서관친구들 회장이자 어린이문화연대 대표 이주영 선생님의 첫 책 『어린이 문화운동사』 이야기로 꾸며졌습니다. 아이들을 사랑하는 따뜻한 마음이 느껴졌습니다.

그 외에도 많은 행사들이 있었습니다. 그림책과 클래식이 어우러진 쁘티꾜숑 앙상블 공연은 아이들과 어른들에게 마음 가득 감동을 선사했습니다. 그림책을 읽어주시는 선생님의 목소리와 바이올린·피아노·첼로가 조화를 이룬 환상적인 시간이었지요.

허순영 선생님의 그림책 강의는 아이들이 재미있게 보는 그림책이 어른들에게도 치유의 효과가 있음을 알게 해준 뜻 깊은 시간이었습니다. 다섯 살 아이가 강의 내내 넣어준 질문과 추임새가 선생님의 강의를 한층 빛내주었습니다. 그 친구는 지금도 예쁘게 잘 자라고 있겠지요.

여희숙 선생님의 도서관 예찬 2회 연속 강의는 '우리 아이 책 읽는 아이로 키우려면'이라는 주제로 진행되었습니다. 도서관이 궁극적으로 추구하는 가장 기본적인 질문에 대한 답으로, 오신 분들의 마음속을 시원하게 파고들었습니다. 덕분에 새책도서관친구들이 많이 늘었지요.

우리는 여전히 한 달에 한 번씩 여희숙 선생님과 새책도서관친구들 밑줄독서모임을 가지고 있습니다. 처음에는 임원진들과 새책도서관친구들 활동으로 시작했는데, 요즘은 더 많은 분들과 책을 읽고 이야기를 나누고 있습니다. 한 달에 한 번씩 운영진 회의를 하면서 언니도서관친구들과 동무도서관친구들의 소식을 들으며 도서관친구들의 발전에 필요한 제반 사항을 논의하고 실천에 옮기고 있습니다. 미처 몰랐는데 1년 동안 정말 많은 일들이 있었네요.

우리 도서관에는 예쁜 스탠드가 책상 위에 올라왔고 새 책으로만 된 좋은 책들이 서가에 꽂혔습니다. 아이들이 고사리 같은 손으로 책을 뽑아서 읽는 모습을 볼 때 그 이상의 바람은 욕심이겠지요. 우리 도서관의 시작은 회색이었지만 1년 여가 지난 지금은 분홍빛 책 향기가 가득합니다. 거기에는 김경애 사서 선생님의 열정과 사랑, 헌신이 있었습니다. 이제 주민들의 발걸음으로 도서관 문턱은 닳을 정도가 되었고, 아이들의 웃음소리가 넘치게 되었습니다. 좋은 책들이 꽂히고 좋은 사람들이 모이고, 이야기와 음악과 그림과 책이 있는 통합적 문화공간으로 탈바꿈하고 있습니다. 김경애 선생님이 만들어내는 풍경이 얼마나 정겹고 아름다운지요. 아이들이 선생님을 얼마나 좋아하는지 보고만 있어도 흐뭇해집니다.

윤봉길새책도서관 친구들은 현재 70여 명입니다. 후원회원 한 분 한 분이 계시지 않았다면 우리 도서관이 이렇게 탈바꿈하지 못했겠지요. 조금씩 변모해가는 도서관을 보면서 한 사람의 힘으로는 절대 이뤄낼 수 없다는 사실을 새삼 확인했습니다. 그러니 더욱 새책도서관친구들에게 감사한 마음이 됩니다. 이런 모습을 보면서 우리가 도서관친구가 되었듯이 앞으로 많은 분들이 도서관친구가 되리라 봅니다. 믿고 있습니다.

언니도서관친구들의 발걸음을 따라가다 보면 조금은 닮아가겠지, 일란성쌍둥이는 아니더라도 이란성쌍둥이는 되겠지, 욕심 부리지 말자는 초심을 늘 기억합니다. 가슴이 쿵당쿵당 뜁니다. 도움만 받던 우리가 동생 도서관친구들에게 도움을 주게 되니 정말 뿌듯하고 책임감을 느낍니다. 특히 도움을 준 동생도서관에 가서 의자도 직접 사포질해서 부드럽게 만들고 조금이나마 기여를 한 것이 자랑스럽습니다. 이번에는 책시장을 열어 만든 운영비로 우포자연도서관 손님방 만드는 데 가장 큰 숙제였던 침구류를 마련해드리기로 했습니다. 도움만 받던 우리가 다른 동생을 돕는다니 얼마나 좋은지요. 앞으로 계속해서 도울 수 있도록 많은 노력을 할 것입니다. 도서관친구들의 약속을 기억하며 도서관 발전에 보다 많은 기여를 하도록 한 걸음 한 걸음 신중하게 걸어가겠습니다.

삶에서 가장 중요한 것은 나눔이라고 생각합니다. 나눔은 한 사람만 있어서 되는 것이 아닙니다. 다른 사람이 있어서 내가 존재하는 것처럼. 끝으로 여희숙 선생님을 비롯해 김진수, 문세한, 홍정연, 박소영 임원진과 김경애 선생님께 깊은 감사를 드립니다.

우리는 영원한 도서관친구들

윤정아 | 남원도통초등학교 도서관친구들 초대 대표

"부럽다, 부러워!"

"대단하다, 도서관친구들!"

2013년 5월, '책 읽는 엄마학교' 밑줄독서모임에서 『도서관 친구들 이야기』를 읽으며 나눈 이야기입니다. 하지만 남원도통초등학교에는 부러움으로만 그치지 않을 추진력으로 똘똘 뭉친 선생님들과 학부모 도서관 자원봉사단이 있었습니다. 그리고 한번 만나면 누구라도 도서관을 아끼고 사랑하는 열정에 반하게 되는 여희숙 선생님이 계셨습니다. 이 모두는 2013년 8월 28일 발대식을 할 수 있는 원동력이 되었습니다.

책으로 만난 우리는 준비위원회를 조직하고 후원친구 137명을 모집하여 발대식 준비 과정을 일주일 만에 이뤄냈습니다. 발대식은 홍순관 님의 아름다운 노랫말과 평화의 가락들, 뜨거운 축하 인사를 전해주신 많은 선생님들의 도움으로 멋지게 출발했습니다. 그날은 혁신학교와 남원도통초등학교 도서관친구들을 위해 물심양면으로 노력해주신 전 교장선생님의 정년퇴임식 전야이기도 해서 더욱 뜻 깊은 날이었습니다.

꼭 한 권씩만 가져가야 하나요

발대식을 시작으로 책시장(도친장터)을 준비했습니다. 처음 여는 행사라 모든 도서관친구들이 설레는 마음으로 도서관에 출근하다시피 했습니다. 일주일 동안 모여서 회의하고, 검수하고, 직접 POP도 쓰고, 날마다 노트북 들고 도서관에 나와 책시장을 준비했습니다. 이미 해보신 다른 동무도서관친구들은 다 알고 계시겠지만 정말 어렵게 준비한 행사였지요.

학교 선생님들의 적극적인 지원과 응원으로 책시장은 성황을 이루었습니다. 하지만 아이들에게는 미안하게도 '개인당 한 권!'이라는 말을 수없이 반복해야 했습니다. 1,097권을 준비했는데, 그 책들이 모두 팔려서 첫 책시장은 예정된 시간보다 일찍 마쳤습니다. 수익금으로 우리는 각 반에 학급문고를 만들어 전달했고, 이듬해 책시장은 임원진들이 서울에 직접 가서 책을 골라와 아이들에게 조금 덜 미안한 책시장을 열 수 있었습니다. 수익금으로는 학급문고를 기증하고 일부는 지역의 작은 도서관에 책 기증으로 후원했습니다. 올해는 11월에 행복한 도친장터를 계획하고 있습니다.

노래야 나오너라

이 공연은 남원도통초등학교뿐만 아니라 남원을 들썩거리게 만든 하나의 사건이었습니다. 남원도통초등학교 아이들은 틈만 나면 누구나 백창우 선생님이 만드신 동요 CD를 들으며 노래를 흥얼거립니다. 학교에서 모두 그 노래를 배우기 때문이지요. 그 예쁜 아이들에게 공연을 선물하자고 어른들이 의견을 모았습니다. 선생님들과 학부모들은 백창우 선생님이 쓰신 책으로 독서모임을 하며 선생님이 먼 길 오시길 기다렸습니다. 그리고 남원교육지원청의 협조와 도서관친구들의 무한한 지원, 어린이문화연대의 도움으로 지방의 작은 초등학교에서 처음으로 엄청 큰 노래잔치를 열 수 있었지요.

멀리 있는 학교는 버스를 대절해서 공연을 보러 오고, 선생님 손 잡고 엄마 손잡고 와서 목소리도 드높게 멋진 공연을 펼쳤습니다. 1부 공연은 1,000여 명이 넘는 도통친구들과 만들었고, 2부 공연은 남원 관내 친구들과 함께 '노래야 나오너라!'를 외치며 신명나게 놀았습니다.

엄마, 달빛 도서관 가자

부모님과 저녁식사 후, 학교 도서관에 나와 함께 책을 읽는 즐거운 시간이 펼쳐집니다. 아이들은 책 보고, 엄마들은 책과 친구할 수 있는 교육을 받을 수 있습니다. 그리고 달을 보며 집으로 돌아가는 행복한 시간이 이어지니, 바로 달빛도서관입니다. 그 외에 짧은 2년 동안 신설 도서관친구들이 그랬던 것처럼 우리가 해온 두서없이 많은 일들이 떠오릅니다. 인형극, 작가와의 만남, 도서관 자원활동, 밑줄독서모임, 북콘서트, 도서관 나들이, 파주북소리 축제 나들이, 엄마들의 책놀이 수업, 북페스티벌 도우미 등…… 지금 생각해도 가슴이 벅찹니다.

나에게 도서관친구들은

나에게 도서관친구들은, 나누려고 시작했는데 얻고 배우는 것이 훨씬 더 많다는 것을 깨닫게 해준 고마운 존재입니다. 나에게 도서관친구들은 복권 당첨만큼 커다란 행운이며, 함께 활동할 수 있다는 자체만으로도 큰 행복임을 알게 해준 정말 좋은 친구입니다. 나에게 도서관친구들은 우리 아이들의 미래를 밝게 해줄 수 있다는 신념과 희망을 갖게 해준 현명한 친구입니다.

오늘도 내일도 우리는 도서관친구들이라서 행복합니다. 지금도 다음 모임을 기대하며 열심히 책을 읽고 있습니다. 우리는 영원한 도서관친구들!

마음으로 지은 서재도서관

김인자 | 우포자연도서관친구들 2대 대표

나는 책을 읽으면 지루하고 잠이 온다. 심지어 만화책을 읽어도 잠이 온다. 그래서 책은 내 인생에 아무런 영향을 주지 못했고, 그렇게 책에 아무런 관심 없이 30년을 살았다. 그런데 여희숙 선생님의 교사 독서연수를 듣고, 선생님을 만나게 되면서 내 인생이 책과 함께 급변했다. 30년을 책 없이 살았던 내가 말이다.

우선 책을 읽기 시작하면서 매일 끼고 보던 텔레비전 드라마가 재미없어졌다. 그리고 책 사는 돈이 전혀 아깝지 않게 되었다. 책을 보면 그냥 기분이 좋아지는 것이었다. 참 신기한 경험이었다. 학교와 집에서 아이들에게 내가 재미있게 읽었던 책을 읽어주기 시작했다. 그게 행복했다. 그러면서 자연스럽게 교사 독서모임을 만들어 여러 선생님들과 함께 책을 읽기 시작했다. 늦게 책 읽기를 시작한 나에게 독서모임은 큰 힘이 되었다. 독서모임을 하면서 재미있는 소설책도 읽고, 읽기 싫은 책도 억지로 읽어보고, 이해하기 어려운 책도 읽으면서 밑줄독서모임을 하고 나면 그게 정말 재미있어서 또 책을 읽게 되었다.

이런 내 모습을 보시고 여희숙 선생님께서 한 가지 제안을 하셨다. 우포에 도서관을 지으려고 하는데 도서관친구들을 만들어서 도와주는 게 어떻겠냐는 것이었다. 한참 책 읽기와 학교 도서관 운영에 재미를 붙이고 있을 때라 우포에 도서관이 생기면 정말 좋겠다는 생각이 들어서 그 제안을 흔쾌히 받아들였다.

우포자연도서관친구들을 만들 때 우포자연도서관은 환경운동가 이인식 선생님께서 내놓으신 옛날 농산물 저장 창고 건물에 건축가인 강예린·이치훈 씨가 도서관 설계를 하고, 창녕군 지원을 받아 창고 건물 3분의 1 정도에 뼈대를 잡는 골조 공사만 겨우 끝나 있었다. 더 이상의 지원금을 받지 못해 건립이 중단된 상태였다. 그때 창녕에 있는 지역 주민들과 전국에 우포를 사랑하는 많은 분들이 우포자연도서관친구들이 되어주었다.

그래서 2013년 7월 20일, 도서관도 만들어지기 전에 우포자연도서관친구들 발대식을 먼저 하고 도서관을 적극적으로 돕는 활동을 하기 시작했다. 하지만 건립 기금이 모아지지 않아 한 발짝도 앞으로 나가지 못하고 1년이라는 시간이 그냥 흘러갔다.

새로운 돌파구를 찾기 위해 안타까운 마음으로 지켜보고 있던 우포자연도서관친구들과 여희숙 선생님이 주축이 되어 2014년 6월, 우포자연도서관 건립추진위원회를 다시 만들고 달마다 한 번씩 우포에 모여 회의를 시작했다.

"일단 모여서 이야기를 한번 해보지요!"

우포자연도서관을 어떻게 만들어갈 것인가

우리는 고민하며 다양한 방법을 찾아가는 회의를 계속 해나갔다. 한 달에 2,000원씩 후원금을 받는 도서관친구들이 3억이 넘는 건립비를 당장 마련할 수는 없는 일이었다. 그래서 우선 우포에 비어 있는 초소를 작은 도서관으로 리모델링해서 초소도서관부터 시작 하려고 설계를 했다. 하지만 우포를 관리하고 있는 낙동강관리유역 청의 반대로 만들 수 없었다. 다른 방법을 찾아야 했다. 회의를 거 듭하던 중에 우포자연도서관친구들 초대 대표였던 기옥숙 선생님 이 제안하셨다.

"대형교회도 천막교회부터 시작한다는데 우리도 천막도서관부 터 시작하면 어떨까요?"

"와! 멋진 생각이에요!"

"좋은 생각이에요. 천막이라면 인디언 텐트 같은 것으로 구할 수 있으면 더 좋겠네요."

"그럼, 우리 한번 알아볼까요?"

이 사실을 전해들은 서울대 건축과 서정일 교수님이 구체적인 설계를 해주시기로 했다.

"선생님, 천막보다 더 좋은 재료이고 우포와도 잘 어울리는 소재 가 있는데 이건 어떨까요?"

서정일 교수님이 천막 대신 내놓으신 제안은 볏짚으로 설계한 도서관이었다.

"오! 멋진데요. 창고 안이라 습기도 걱정 없겠고요."

"따뜻한 느낌이 들고 새로워요."

"우포와도 잘 어울려요!"

의견 일치를 본 우리는 기대에 차서 볏짚 건축에 대해 여기저기 알아보았지만 볏짚도서관은 쉽지 않았다. 우선 시간적으로 재료를 구하는 것이 불가능한 시점이었고, 전문가를 만나기도 어려웠다.

고민은 깊어졌고 회의는 길어졌다.

　그때 우리 도서관친구들의 청년 목수 박승보 씨 제안으로, 우리는 천막 대신 서가 박스를 쌓아 만든 서재도서관을 설계할 수 있었다. 하지만 서정일 교수님이 설계한 대로 서재도서관을 만들기 위해서는 최소한 1,000만 원이 넘는 경비가 필요했다.

어떻게 경비를 마련할 것인가

　진정한 친구는 어려울 때 도와주는 친구라고 했던가. 전국에 있는 동무도서관친구들이 우포자연도서관 안에 서재도서관을 지어주기 위해 십시일반 후원금을 보내오기 시작했다. 11개가 넘는 동무도서관친구들이 보내온 후원금이 1,300만 원을 넘었다. 2,000원의 기적이 시작된 것이다.

　드디어 우포자연도서관 안에 서재도서관을 만들고 2015년 8월 29일 개관식을 열었다. 개관식을 축하해주기 위해 전국에서 100여 명이 넘는 도서관친구들이 우포자연도서관을 찾아왔다. 그리고 그날 우포자연도서관은 도서관친구들이 함께 만들어가는 도서관친구들의 도서관으로 다시 태어났다.

　우포자연도서관과 우포자연도서관친구들은 전국에 있는 친구들 덕분에 이제 첫 발을 뗐다. 어린 아기가 엄마 손을 잡고 걸음마를 시작하듯이 도서관친구들의 손을 잡고 말이다. 한 사람이 열 걸음 가는 것보다 열 사람이 한 걸음씩 손잡고 함께 가는 것이 얼마나 큰 힘이 되는지 도서관친구들을 보면서 알게 된다. 우포자연도서관친구들은 생명의 땅 우포에 자연과 하나되는 생태도서관이 만들어지는 그날을 기대하며 천천히, 뚜벅뚜벅, 쉼 없이 걸어갈 것이다.

꿈이 있는 곳에 도서관친구들이 있습니다

이혜림 | 마하어린이도서관친구들 초대 대표

마하어린이도서관친구들의 시작과 활동은 다른 도서관친구들과 다른 점이 두 가지 있습니다.

첫 번째는 마하어린이도서관친구들은 도서관이 생기기 전에 만들어졌다는 점입니다. 엄마들을 대상으로 도서관 문화 활동에 대한 교육인 '엄마독서학교' 강의가 있던 2011년 4월 22일, 우리는 여희숙 선생님을 처음 만났습니다. 당시에는 지역의 뜻있는 분들이 마음을 모아 어린이도서관을 짓기 위한 장소만 겨우 마련했던 때였습니다. 그날 우리는 선생님을 통해 도서관친구들에 대해 알게 되었고, 곧바로 도서관친구들이 되기로 결정했습니다. '좋은 단체이니 후원해야지' 하는 마음을 먹은 날이기도 했지요.

그날 이후 우리는 도서관이 생길 자리(아무런 인테리어도 되어 있지 않은 텅 빈 작은 방)에 모여 한 책 읽기를 시작했습니다. 모임을 이어가던 와중에 어린이도서관을 만드는 일에 동참하게 되었고, 2012년 7월, 마하어린이도서관을 개관하는 자리에 마하어린이도서관의 실질적인 운영진으로 서 있게 되었습니다. 모든 일이 순식간에, 마치 오래 전부터 그렇게 예정되어 있었던 것처럼 빠르게 진행되어 우리 자신조차 얼떨떨한 나날들이었지요.

마하어린이도서관친구들이 보통의 도서관친구들과 다른 이유 중 두 번째는 바로 도서관친구들이 도서관 운영을 '돕는 것'이 아니라, '직접 운영'을 하고 있다는 점입니다. 마하어린이도서관에는 다른 도서관에 없는 재미있는 직책이 있습니다. 그것은 바로 '요일관장'이라는 직책입니다. 요일관장이란 도서관을 여는 닷새 동안 매일 한 사람씩 담당자를 정하여 하루 동안 도서관 관리와 운영을 맡아 책임진다는 의미입니다. 그 요일관장을 도서관친구들이 맡아하고 있습니다.

처음에는 도서관을 개관하는 데 돈이 너무 많이 드니 일단 사서 선생님 한 분만 모시고, 나머지 도서관의 일들은 우리가 도와보자고 생각하고 시작한 일이었습니다. 도서관친구들은 도서관을 돕는 것이니, 우리가 운영을 하는 것도 그저 사서 선생님을 '보조'하는 일이라고 생각했지요. 그러나 막상 도서관 개관식을 준비하는 과정부터 도서관을 열기까지 우리는 '보조' 이상의 일들—스스로가 기획하고 운영까지 맡아야 했습니다. 문헌정보 전공자도 아닌 평범한 엄마들에게는 난감한 일이 한두 가지가 아니었지요. 말이 요일관장이지, 내 해당 요일에만 도서관에 나와서는 일이 진행되지 않았습니다.

다함께 모여 회의도 해야 하고, 외부 사람들도 만나야 하고, 내가 맡은 요일이 아니더라도 매주 몇 번씩 정해진 시간에 도서관에 나와야 했습니다. 아이들이 아파서 집에서 쉬었으면 하는 날에도, 집안 행사가 겹쳐 정신없는 날에도, 주위 사람들에게 돈도 안 되는 자원활동으로 백수가 과로사하겠다는 소리를 듣는 나날들임에도 우리는 도서관에 나와야 마음이 놓였습니다.

　요일관장들 중에는 위중한 아버님을 간호하는 와중에도 맡은 날을 꾸준히 책임진 친구도 있고, 멀리서 어린 아기 둘을 데리고 버스를 타고 나오는 친구도 있었습니다. 어쩌다 맡은 요일에 도서관에 못 나가게 되면 나 대신 일하는 친구들에게 미안한 마음이 들어 빠질 수가 없었습니다. '내가 왜 내 가족을 희생해가며 이렇게 도서관에 매달려야 하나. 도서관에 못 나가는 날에는 왜 죄책감까지 느껴야 하나' 등등 고단함을 토로하는 때도 많았습니다. 하지만 도서관이라는 돌은 굴러가기 시작했고, 채워지지 못하고 텅텅 비어 있는 책장들을 보면서 우리가 여기서 그만두면 큰일이라는 생각에 쉽사리 도망을 칠 수는 없다고 생각했습니다.

　사실 우리들은 도서관 일로 명예를 얻거나, 경력을 쌓아 뭐가 되겠다거나 하는 생각은 전혀 없는 가정주부들로, 전에 했던 일들은 저마다 다 다르고, 공통점이라고는 책을 좋아하는, 아이 키우는 엄마라는 것밖에는 없었습니다. 그런데 덜컥 요일별로 도서관의 하루를 담당하는 요일관장이라는 직함을 맡게 되니 기쁨과 자랑스러움보다는 부담감이 컸던 것이 사실입니다.

　도서관 개관 후 우리가 처음 맡은 일은 엄마독서학교의 강의를 직접 계획하고 홍보와 모집, 운영까지 해내는 것이었는데, 유명한 강사 분들께 전화 한 통 하여 강의를 요청하는 일부터가 버거운 하나의 도전이었습니다. '이름 없는 도서관에, 평범한 엄마들이 부탁하는 강의를 이런 유명한 분이 선뜻 수락해주실까?' 하는 두려움이 조금씩 옅어지고, '되모 좋고 안 되도 고마이지!'('되면 좋고 안 되면 그만이지'의 경상도 사투리) 하는 정신으로 무장하게 되었을 무렵,

우리는 '하고 싶은 것은 많은데 돈이 없어 못하네! 어디서 돈을 좀 끌어와야겠다!'라는 생각을 하게 되었습니다. 마하어린이재단의 성공스님은 "기관의 사업 공모에 도전해보라"고 조언해주시며 사업 제안서 작성법을 알려주셨습니다.

그때부터 우리는 다양한 기관의 도서관 사업 공모에 지원하기 시작했습니다. 예산을 짜는 일부터, 신선한 사업 아이디어를 기획하는 일까지 모조리 초짜 엄마들의 손에 달려 있었습니다. 처음에는 사서 선생님이 사업 공모가 떴다고 알려줄 때마다 다들 공포에 떨었습니다. "내가 신청하면 반드시 떨어질 거예요!"라며 서로 손사래를 치며 공모 신청을 서로에게 떠넘기기 일쑤였습니다. 그러나 엄마독서학교 운영비를 충당하기 위해 진주시 문예진흥기금사업에 공모를 넣어 선정이 된 것을 시작으로, 아름다운가게가 지원하는 '강아지똥 시교실', 국립어린이청소년도서관이 지원하는 '도서관과 함께 책읽기'에 연달아 사업기관으로 선정되었습니다. 점점 이름 있는 사업 공모에서 성공을 맛보기 시작하자, 우리는 '우리 엄마들이 해도 되는구나!'라는 자신감을 갖게 되었습니다. 그리고 꿈다락 토요문화학교, 길 위의 인문학, 지역 대표 독서 프로그램 등의 사업 공모에 도전하여 수차례 선정되기에 이르렀지요.

요즘은 사업 선정이 될까가 걱정이 아니라, 선정되면 어느 요일에 어느 시간에 넣어야 겹치지 않을까를 고민할 때도 있습니다. 선정이 되면 운영을 하고 보고서에 회계, 결산까지 도맡아 해야 하기 때문에 일거리가 엄청나게 늘어납니다. 하지만 도서관이 없는 시골 마을을 찾아가 아이들을 만나는 기쁨, 메마른 아이들의 마음을 책과 예술 활동으로 다독이는 그 시간들은 어디에서도 찾을 수 없는 우리만의 행복과 보람이 되었고, 그 때문에 지금도 우리는 사업 공모를 한다고 하면 도전을 멈추지 않습니다.

마하어린이도서관친구들은 지난 3년간 여러 가지 외부 지원사업과 더불어 자체적으로 어린이집과 유치원을 대상으로 '도서관 견학' 프로그램을 진행하기 시작했습니다. 엄마독서학교를 통해 만난 새로운 이들과 그림책을 함께 읽고 마음을 나누는 그림책 한 책 읽기 모임인 '그림책 친구들', 자연을 공부하는 모임인 '숲속 친구들', 책읽는사회문화재단과 함께하는 북스타트, 사서 선생님과 아이들이 도서관을 탐험하는 '어린이 사서' 프로그램 등 요일관장들의 개성과 뜻을 살린 동아리와 프로그램으로 매일 매일을 채워가고 있습니다.

이 모임들은 때로 엄마들의 사랑방이지만, 방학이나 개관 기념일 등의 행사에 어린이들을 위해 재미있는 시간을 선물하기도 합니다. 동네 엄마들이 관장도 되고, 선생님도 되고, 친구도 되는 신기한 경험이 익숙해질 무렵, 우리는 하나의 커다란 도전을 맞이하게 되었으니, 그것은 바로 제5회 진주 북페스티벌이라는 행사였습니다.

진주시가 지원하고 새마을문고라는 단체의 도서관들이 주관했던 행사를, 마하어린이도서관이 속해 있는 '진주시 작은도서관협회'에서 주최하기로 결정되었습니다. 경험이 전혀 없거나 인력이 모자라는 협회의 다른 도서관들에 비해 '친구들'이 많이 있다는 이유로, 마하어린이도서관이 행사 주관을 맡게 되었지요. 100만 원대 정도의 사업만 진행해보던 우리에게 수천만 원 규모의 행사를, 그것도 진주 시민 전체를 대상으로 진행하라는 것은 마치 갓 태어난 햇병아리들에게 알을 낳으라는 말 같았습니다.

못하겠다고 손사래를 쳤지만 주사위는 던져졌고, 행사까지 남은 시간도 촉박했습니다. 언제나 도서관 일을 도와주는 성공스님과 허순영 관장님께서도 도서관친구들이 이제까지 해온 프로그램들만 잘 선보여도 훌륭하게 치를 수 있다고 격려하시고, 여희숙 선생님은 본인 일보다 더 반기며 행사에 초대할 만한 분들을 소개해주셨습니다.

축제 준비과정은 다사다난했습니다. 공무원들과 머리를 맞대고 매일 만나고 통화하는 일부터가 어색했습니다. 각종 의전과 결재 과정을 까다롭게 진행하는 '공무원들의 융통성 없음'을 탓하기도 했지만, 준비 과정에서 자주 만나고 대화하면서 '잘해보고 싶다'는 마음이 우리와 다를 게 없다는 생각을 갖게 되었습니다. 협회 구성원들과의 소통도 힘들기는 마찬가지였습니다. 독서문화에 대한 견해가 다른 경우 조율하는 문제도 힘들었고, 도서관 문을 여는 것만으로도 힘든 작은 도서관들은 회의 참석조차 버거워하여 우리가 맡은 일에 대한 부담을 더 크게 만들기도 했습니다.

하지만 행사를 준비하는 과정에서 좋은 뜻을 가진 도서관 밖의 사람들을 많이 만나게 되어, 그 또한 큰 배움이었습니다. 친구들 모두 지쳐 보였지만, 한편으로 참 신이 나 보였습니다. 돈이 없어서 초대하지 못했던 분들을 마음껏 초대하고, 못해본 프로그램들을 시도해보는 과정이 우리를 신나게 했던 것 같습니다. 업체 선정이나, 목돈이 들어가는 물품 제작 등 난생 처음 접해보는 일들이 대부분이었는데, 어느 새 우리가 다 해내고 있었습니다.

길을 가다 애드벌룬을 보면 "저건 얼마짜리겠네" 하고 알아맞힐 수 있게 되었을 무렵, 축제가 시작되었습니다. 행사 과정에서 조그만 해프닝들도 있었고, 뜻한 것을 다 이루지는 못했지만 축제는 결과적으로 좋은 반응을 이끌어냈습니다.

"이제까지 행사와는 분명히 달랐다"

시민들의 반응이 우리에게는 큰 성공을 의미했습니다. 이 행사를 통해서 우리는 자신감을 얻고 성취감을 느꼈습니다. 축제 이전의 우리와 축제 이후의 우리는 또 다른 '친구들'이 되었습니다. 이제는 도서관 프로그램을 계획하는 스케일도 부쩍 커진 느낌입니다. 새로운 일을 '저지르는 것'에 대한 부담감도 조금씩 덜어낸 듯합니다.

이렇게 긴 이야기를 구구절절 풀어내는 까닭은 우리 마하도서관 친구들이 한 일들을 자랑하고자 함이 아닙니다. 우리의 3년 그 바탕에 '도서관친구들'이라는 멋진 단체가 있었다는 이야기를 하고 싶었습니다. 서가에 꽂을 책도 없었고, 도서관이라는 형태조차 갖추지 못한 그때, 도서관친구들은 꿈이 현실이 될 수 있음을 보여주었습니다. 도서관친구들 발대식을 겸해 열렸던 개관식부터 시작해서, 수많은 인문학 강의와 공연 등 도서관친구들의 적극적인 지원이 없었더라면 우리는 시작 단계에서부터 지쳐 떠날 수밖에 없었을 것입니다.

도서관이 만들어지고 자립할 수 있도록 돕는 도서관친구들의 여러 가지 지원들은 여타 지자체에서 하지 못하는 구체적이고도 실질적인 도움이었습니다. 그리고 도서관친구들의 한 책 읽기 모임의 소중함 또한 알리고 싶습니다. 뜻을 함께할 수 있도록 사람을 모으는 방법이자 기술인 '한 책 읽기 모임'은 도서관을 이끄는 '사람'이라는 끈을 묶어주는 훌륭한 매개입니다. 나 혼자 좋은 책을 읽고 감동하고 끝이라면 책을 통해 세상을 바꿀 수 있다는 말을 감히 하지 못할 것입니다. 그러니 책을 통해 배운 것을 삶 속에서 실천해나갈 수 있도록 돕는 도서관친구들은 도서관이 추구하는 진정한 의미를 실현하는 모임이 아닐까요?

마하어린이도서관친구들은 아직도 꿈이 많습니다. 바쁘게 운영하느라 놓치는 부분들에 대해 반성도 하고 있고, 앞으로의 방향에 대한 고민도 많습니다. 하지만 그 길에는 우리에게 처음 손 내밀어주었던 도서관친구들이 있을 것이고, 그래서 그 길 위에 우리가 혼자가 아님을 알기에 두렵지 않습니다. '우리 동네에는 아직 도서관도 없는데 가능할까?' 또는 '우리 동네 도서관이 좀 더 신나고 재미있었으면 좋겠는데!'라고 고민하는 분들이 계시다면, 도서관친구들이 있다고 알리고 응원하고 싶습니다. 당신의 꿈이 있는 곳에 도서관친구들이 있다는 것을 잊지 마세요.

평화를 품은 집

양은영 | 평화도서관친구들

'평화를 품은 집' 평화도서관은 어린이 도서관 '꿈꾸는 교실'에서 시작되었습니다. 2001년 아파트 옆에서 문을 열고 2006년 출판단지로 자리를 옮겼다가 2014년 파주시 파평면으로 오면서 평화도서관으로 거듭나게 되었습니다.

처음 꿈꾸는 교실이 문을 열었을 때는 동네 도서관이 그리 많지 않았습니다. 도서관을 찾아오는 엄마와 아이들은 집 가까이 도서관이 있어서 정말 반갑고 기쁘다는 말을 많이 했지요. 지금은 그때에 비하면 정말 많은 도서관이 생겨났습니다. 작은 도서관뿐만 아니라 제법 규모를 가진 공공도서관에 이르기까지 말입니다.

이제는 집 가까이에서 다양한 도서관을 만날 수 있게 되었으니 그동안 어린이 도서관으로 마을에서 다양한 활동을 한 것이 의미가 있었다는 나름의 평가를 내리면서 꿈꾸는 교실의 나아갈 바를 생각하게 되었습니다.

마침 '평화를 품은 집' 개관을 준비하면서 '평화'를 주제로 하는 전문도서관으로 새롭게 시작하게 되었습니다. 지난 14년의 시간 동안 어린이에 대한 다양한 꿈을 펼치는 곳이었다면, 이제 열다섯 살 청년기의 도서관으로 다시 성장한다는 의미이기도 합니다.

'평화를 품은 집'은 평화도서관, 제노사이드 역사자료관, 다락갤러리, 소극장, 북카페를 갖추고 있습니다. 사는 곳이 다르고 역사와 문화, 종교도 다르지만 서로의 차이와 다름이 인정되는 세상, 인간의 존엄성이 지켜지는 세상, 자연과 사람, 사람과 사람이 더불어 사는 세상, 나로 인해 남을 아프게 하지 않는 세상을 만들어보자는 생각으로 운영되고 있는 평화센터라고 할 수 있습니다. 이 센터 안에 꿈꾸는 교실이 평화도서관으로 새롭게 자리를 잡게 된 것입니다.

평화를 품은 집과 함께하는 평화도서관은 아름다운 자연이 어우러진 파주시 파평면 두포리에 자리 잡고 있습니다. 평화가 무엇인지 알고 싶은 분들, 평화를 주제로 고민하는 분들이 모여 자료를 찾고 이야기를 나누기에 안성맞춤인 곳입니다. 하지만 꼭 이런 목적이 아니어도 그냥 좀 쉬고 싶은 이들이 나무 냄새, 흙냄새 맡으며 호젓이 시간을 보내고 싶을 때 언제라도 들러볼 수 있는 도서관입니다. 이곳은 평화에 대한 책과 자료가 풍부하여 공부하기 좋은 도서관이지만, 가끔은 아무것도 하지 않아도 되는 자유를 만끽할 수 있는 공간이기도 합니다.

10년이 넘는 동안 도서관이 존재할 수 있었던 데는 후원하고 있는 회원들의 힘이 컸습니다. 그분들의 손길이 있었기에 꿈꾸는 교실이 있었고, 지금의 평화도서관이 만들어지게 되었습니다.

2014년 9월, 새롭게 문을 열며 많은 분들이 도서관을 찾아와주셨는데 그때 여희숙 선생님을 만났습니다. 선생님은 평화도서관친구들이 있으면 좋겠다는 말씀과 친구들의 역할에 대해 이야기해주셨습니다.

우리 도서관의 기존 회원들이 바로 도서관친구들이 될 수 있다는 말에 용기를 내어 시작하게 되었습니다. 아직은 제대로 걸음을 뗐다고 할 수는 없고 준비단계라고 봐야 할 것 같습니다. 도서관과 어떻게 관계를 맺고 무엇을 해야 하는지 선배 도서관친구들의 활동을 보며 배워가려 합니다.

꿈꾸는 교실을 만난 지 10년이 넘었지만, 그동안 도서관에서 무슨 일을 한 것은 아니었습니다. 그냥 한 사람의 후원회원으로 가끔 청소를 한다든지 서가 정리를 한다든지 자원활동이 필요할 때 손을 보태는 정도였습니다. 그러나 이제는 도서관친구들이라는 명확한 일이 생겼다고 생각합니다. 그렇다고 무슨 특별한 임무가 있지는 않을 것입니다. 지금처럼 도서관을 찾아오는 친구들과 함께 재미나게 책 읽고 놀이 활동을 하고 엄마들과 고민을 나누는 일들이지 않을까 싶습니다. 한층 업그레이드된 도서관 자원활동가라고나 할까요.

저는 '도서관'이라는 말만 들어도 마음이 푸근해집니다. 도서관친구들 활동을 시작하면서 더욱 가깝고 분명하게 그런 마음을 느낍니다. 그동안 이용자에 가까웠다면 이제는 식구가 되었다고 할까요. 이제 막 첫걸음을 떼는 아기 평화도서관친구들을 많이 응원해 주세요.

원주에 도서관 문화를 심다

이광민 | 원주교육문화관 도서관친구들 초대 대표

제가 사는 동네에는 걸어서 몇 분 거리에 하양공원, 녹색공원, 남빛공원, 보라공원, 빨강공원 같은 근린공원 외에도 몇 개의 작은 공원이 더 있습니다. 아이들이 어릴 때 아침마다 여러 공원을 다니며 운동을 했습니다. 신시가지여서 도시계획이 잘 이루어진 덕분이었는데, 아쉽게도 근처에 도서관은 없었습니다. 아이 둘을 데리고 도립도서관을 가려면 버스를 타고 뱅글뱅글 돌아 30~40분쯤 걸려야 했습니다. 시립도서관은 버스를 두 번 타거나 하차한 뒤에도 한참을 걸어야 했습니다. 두 아이를 데리고 다니기에는 부담스러워 자주 가지 않게 되었습니다. 걸어갈 수 있는 거리에 도서관이 있으면 얼마나 좋을까 생각했습니다.

25년을 살다 보니 눈이 시원하게 탁 트인 곳에 건물이 생겨나고, 23만이었던 인구가 35만으로 늘었습니다. 국민생활체육센터 같은 큰 건물도 들어서고 으리으리한 새 시청사도 세워졌습니다. 도립도서관도 자리를 옮겨 강원도에서 제일 좋게 지어졌습니다. 2009년 그곳에서 원주도서관친구들은 여희숙 선생님을 처음 만났습니다. 그렇게 바쁜 분이 원주까지 내려와 우아한 생활 한복을 입고 아름다운 음성으로 도서관을 사랑하는 사람들의 모임을 말씀하실 때 많은 사람들이 감동했습니다. 저는 겸손한 도서관 이용자가 되기로 스스로에게 약속했지요. 도서관을 드나들던 나만의 시간을 다른 사람과 나누기로 했습니다. 함께 차도 마시고, 책도 읽고, 삶의 이야기를 주고받았습니다.

원주도서관친구들이 싹을 틔울 수 있는 진정한 토양을 만드는 데 많은 애를 쓰신 분은 원주교육문화관 문헌정보과 서계녀 과장님입니다. 도서관을 애용하는 사람들이 정성을 모을 수 있게 마당을 활짝 열어주었지요. 우리들은 모여 여러 규칙을 정했고, 그 가운데 하나인 도서관에 불평불만 안 하기는 참 좋았습니다. 불평은 단점을 찾지만 칭찬은 좋은 것을 보려 애쓰고 마음을 편히 갖게 하는 마법이 있습니다. 덕분에 다른 사람을 만나면 좋은 점이 무얼까 따스한 눈으로 보게 됩니다.

달마다 2,000원을 후원하고, 자원활동에 기꺼이 참여해주는 회원들 덕분에 원주교육문화관 도서관친구들은 다른 '도친'(강원도에서는 저희가 세 번째였으나 두 곳은 중단되었습니다)처럼 쓰러지지 않고 활동을 이어가고 있습니다.

도서관의 여러 행사에 참여하며 때로는 언니도서관친구들의 정성도 받아 함께 인형극 '금도끼 은도끼'와 '바보 신랑 인사 배우기'를 올리고, 홍순관 작가와 함께 평화 콘서트도 열었습니다. 격이 다른 원화 전시도 가졌습니다. 국내 최고의 시낭송가를 모시고 오세영 시인의 '아아, 훈민정음', 황금찬 시인의 '어머님의 아리랑' 시극을 올렸고, 시가곡 합창단이 가곡을 부르고 시낭송을 했으며, 실내악 연주, 화관무 등을 무대에 올렸습니다. 이처럼 시와 음악과 춤이

어우러지는 행사는 언니도서관친구들의 큰 협조가 있어 가능했습니다.

한편, 36사단의 장병들과 원주 시민을 모시고 다시없을 멋진 행사를 진행했습니다. 김지하 시인을 모시고 여성의 힘으로 커가는 지구 이야기를 들었습니다. 김홍식 작가 초청 강연을 들으며 자녀를 현명하게 성장하도록 돕는 부모 역할의 숨은 공로가 독서라는 사실에 공감했습니다. 작가와의 대화 시간은 독서에 대한 새로운 정보와 작가의 철학을 느낄 수 있는 즐거운 경험이었습니다. 명사를 모시고 그가 권하는 책을 읽고 이야기를 나누는 시간은 언제나 우리를 미소 짓게 합니다. 도서관의 요청을 받아 도서관친구들과 힘을 합쳐 이런 행사들을 열 수 있었습니다.

서로 존중해주고, 다른 모습을 받아들이고, 다른 생각을 이해하려고 노력하며 살아야 하는 지금의 우리에게는 작은 도서관과 이용자를 위한 여러 활동들이 꼭 필요합니다. 소망하는 지역에 작은 도서관이 생기는 일을 돕고, 지역 주민의 앎에 대한 욕구가 충족되도록 협력하는 아름다운 사람들. 도서관친구들이 있는 원주는 따뜻하고 건강한 도시로 성장하고 있습니다.

새로운 친구들을 기다리며

강선순 | 부천도서관친구들 대표

원고를 부탁 받고 무슨 자격으로 이 글을 써야 할까 고민을 많이 했습니다. 저는 부천 행복한도서관친구들 대표였지만, 지금은 새로운 친구들을 기다리며 부천도서관친구들을 모집하고 있습니다. 부천 행복한도서관친구들은 최초로 정식 절차를 걸쳐 해산한 첫 번째 친구들입니다. 그래서 글 쓰는 것이 걸렸습니다. 제가 못난 탓에 행복한도서관친구들을 지키지 못한 것 같아 마음 한구석이 불편하고 부끄러웠습니다.

도서관친구들을 알게 된 것은 2011년 4월, 행복한도서관 책 축제 주제가 '도서관친구들이 되어주세요'였습니다. 당시 행복한도서관에는 도서관친구들이 없었습니다. 그때는 뭔지도 모르고 그냥 후원하겠다고, 친구가 되겠다고 신청서를 썼습니다. 2,000원 회비가 부담이 없어서 그렇게 했지요.

책 축제가 끝난 뒤 후원하겠다고 한 사람들이 모여 첫 모임을 가졌고, 도서관친구들에 관해 이야기를 나누고 대표와 임원도 뽑았습니다. 그런데 제가 덜컥 대표가 되었습니다. 사서 선생님께서 적극 도와주시겠다고 해서 맡기는 했지만 걱정이 이만저만이 아니었습니다.

그때 마침 부천의 다른 도서관에 여희숙 선생님이 오신다는 얘기를 듣고 강의를 들으러 갔습니다. 『도서관친구들 이야기』를 수첩에 메모해가며 꼼꼼히 읽고 질문할 내용도 만들어갔습니다. 선생님을 처음 본 순간 중저음 목소리와 활짝 웃는 미소에 반했습니다. 하얀 모시 저고리에 검정색 치마를 입으신 모습이 지금도 생생히 기억납니다. 질문하는 내용에 대해 자세히 설명해주시는 모습은 더 감동이었습니다.

그러나 정작 저는 강의를 듣고도 무엇을 어떻게, 어디서부터 시작해야 할지 고민만 더 많아졌습니다. 50명의 인원이 모아져 발대식을 갖고 정식으로 행복한도서관친구들이 만들어진다기에 후원회원 모집에 박차를 가했지만 쉬운 일이 아니었습니다. 도서관친구들을 처음 만든 각 지회 대표 분들은 모두 공감하는 일일 것입니다. 친구들 모집보다 더 중요한 것은 함께 일할 친구를 찾는 일이었습니다. 그래서 '책사랑'이라는 독서모임을 만들고 2주에 한 번 정기모임을 가지며 친구들을 만들어나갔습니다.

도서관친구들이 처음 한 일은 지역아동센터에 월 2회 50권씩 책교환하는 일이었습니다. 도서관친구들이 직접 50권의 책을 아이들의 눈높이에 맞게 고른 뒤 책 교환을 했습니다. 도서관에서 거리가 떨어져 있어 차량으로 책을 운반해야 했습니다. 차량 봉사를 해주시는 분이 있을 때도 있지만, 버스를 타고 갈 때도 있었습니다. 비오는 날은 우산도 쓰지 않은 채 양손에 책을 들고 비에 젖을까 걱정하며 버스로 운반할 때도 있었습니다. 그러나 일은 힘들어도 책이 오는 날을 기다리는 아이들이 있어 행복하고 뿌듯했습니다.

처음에는 지역아동센터 한 곳만 했지만 2012년에는 두 곳에 책 교환을 했습니다. 지역아동센터와의 인연으로 여름방학과 겨울방학에 독서교실도 진행했는데, 아이들에게 도서관을 알리고 직접 탐방도 해보았습니다. 대출증 같은 것도 실제 발급해보았지요. 버스를 타고 일정을 소화해야 해서 걱정도 되었는데, 고학년 아이들이 동생들을 어찌나 잘 챙기는지 오히려 우리 어른들이 더 감동을 받았습니다.

2012년 여름방학에는 사서 선생님과 함께 '도서관에서 하룻밤'이란 기획을 진행했습니다. 말 그대로 도서관에서 하룻밤을 보내는 것입니다. 밤새 책을 읽는 아이, 또래들끼리 소곤소곤 이야기를 나누는 아이, 쿨쿨 잠자는 아이 등 그야말로 자유롭게 시간을 보냈습니다. 도서관에서 하룻밤을 보낸 아이들 중에는 내년을 손꼽아 기다리는 아이들도 있었습니다. 재미있었다는 뜻이겠지요. 인기가 많았던 만큼 관심을 기울여 행사는 매년 더 나아졌습니다.

행복한도서관은 노동복지관 안에 있는 작은 도서관입니다. 2012년에 복지관이 마을 만들기 사업을 진행했습니다. 그래서 도서관친구들과 도서관 및 복지관이 함께 '우리 마을 시장 그림그리기 대회'를 열었습니다. 유치원, 초등학교 저학년, 고학년으로 나누어 우리 마을과 시장을 둘러보며 담고 싶은 풍경을 그려보는 행사였습니다. 많은 아이들이 참여했고 상장도 받고 상품도 받았습니다. 부모님들과 아이들의 반응이 좋아서 매년 기획하자고 했지만, 아쉽게도 첫 회에 그치고 말았지요. 그밖에 시의 밤, 독립영화 상영, 인문학 강좌 등의 행사도 잊을 수 없습니다.

그러나 아쉽게도 행복한도서관친구들은 2015년 4월 임시총회를 거쳐 해산했습니다. 도서관친구들은 도서관에 대해 칭찬만 하기로 약속했습니다. 그래서 내부 사정 얘기는 하지 않겠습니다. 해산을 결정하고 회칙에 따라 후원회비와, 발대식에서 받았던 기타 물품들을 본회로 보냈습니다. 행복한도서관친구들을 만들고 겨우 4년 만의 일이어서 안타깝고 허탈하여 눈물이 났습니다. 모두 제가 부족하고 모자란 탓에 행복한도서관친구들을 지키지 못한 것 같았습니다. 10년을 지켜온 많은 도서관친구들과 여희숙 선생님이 새삼 대단하다는 생각이 듭니다. 어려운 고비가 많았겠지만 포기하지 않고 도서관친구들을 지켜주셔서 감사합니다.

여 선생님이 제게 "강 대표는 왜 날 믿어줬어요?"라고 물은 적이 있었습니다.

"선생님의 얼굴은 선하고 정직해 보입니다."

저는 그때 그런 초라한 대답밖에 못했습니다. 더 멋지고 근사한 말로 선생님의 마음을 위로하고 싶었는데, 딱히 떠오르는 말이 없었습니다. 사람이 사람을 믿는 것은 증거가 있고 없고가 아니라 서로의 얼굴과 눈빛만 보고도 알 수 있습니다. 저는 마음으로 선생님을 믿습니다.

행복한도서관친구들은 해산했지만 지금 부천도서관친구들을 기획 중에 있습니다. 언제 발대식을 할지 알 수 없지만, 많은 분들이 응원해주신다면 감사하겠습니다.

작은 손길로 큰 그림을 그리다

김현숙 | 정읍도서관친구들 대표

작년 가을, 정읍에도 도서관친구들이 있으면 좋겠다라는 생각으로 평소 도서관을 돕고 지원해주는 몇 명의 지인들에게 의견을 물었다. 그렇게 모인 6명이 정읍도서관친구들의 운영진이 되었다. 어떻게 시작하고, 또 그 이후 과정은 어떻게 꾸려나가야 할지 궁금한 점이 생기면 여희숙 선생님께 자문을 구했다. 그때마다 친절하게 길을 안내해주셔서 여기까지 온 것 같다.

운영진 6명은 각자의 삶으로도 분주한 일정이 많았다. 그래서 정읍에 있는 도서관들이 계획하고 있는 일을 돕는 것으로 작은 발걸음만 떼자고 했다. 그렇게 가볍고 부담 없이 진행될 줄 알았다.

그런데 올해 2월 정읍교육청 이현근 장학사로부터 전화가 걸려왔다. 시와 교육청이 함께하는 정읍교육혁신특구 사업인 '책샘' 프로젝트를 도서관과 협약하여 정읍도서관친구들이 시행을 해보면 어떻겠냐는 제안이었다. 책샘 프로젝트는 지역의 선생님들이 4~8명 단위로 묶인 중·고등학교 아이들을 책으로 만나 독서모임을 하는 사업이다. 교육청의 제안에 운영진이 동의한 이후 우리는 무척 바빠졌다.

우선 책샘을 뽑아 교사 교육을 진행하고 아이들의 신청 서류를 심의했다. 그리고 책샘과 아이들이 도서관에 함께 모여 오리엔테이션을 가지며 4월을 맞이했다. 책샘이 현장에서 아이들과 독서모임을 진행하면, 정읍도서관친구들은 행정지원과 멘토가 되어 울타리 역할을 해주었다. 중·고등학교 아이들과 어떤 책으로 만나야 하는지, 그 책을 통해 함께 나눌 생각거리는 무엇인지, 그리고 아이들이 주도적으로 참여할 수 있는 자연스러운 방법은 무엇인지 등 여러 과제에 대해 책샘과 함께 모색해나가고 있다.

　　책샘 프로젝트는 시와 교육청이 함께하는 사업인데, 일정이 없는 방학에도 책을 만나고 싶다고 요청해오는 아이들이 있을 정도로 반응이 좋다. 또한 청소년 북스타트 운동을 위한 초기 모임에 몇몇 책샘과 도서관친구들이 함께하고 있어 작게 시작한 일이 점점 더 큰 그림이 되어가고 있다.

　　독서를 즐기려는 시민들의 움직임, 그 선한 바람이 어디서부터 불기 시작했는지 알 수 없다. 정읍 기적의도서관에서 진행하는 한 권의 책읽기는 학교와 여러 단체가 연계하고 있다. 발대식에서부터 작가와의 만남, 토론교실, 독서축제, 음악회 등 다양한 행사에 이르기까지 정읍도서관친구들이 참여하고 있다.

　　운영진들은 학교와 시민들의 독서모임 리더로, 책샘으로, 음악회 기획으로, 행정 지원자로 헌신하고 있다. 그분들의 발 빠른 행보, 가치 있는 안건 그리고 사람을 품고 꿈꾸는 많은 것들은 모두 가치 있는 일들이었다.

　　동행하는 이들이 있어 더욱 아름다운 가을이다. 함께하니 좋고,

느리게 천천히 가도 좋고, 간혹 분주하게 진행되는 일정도 좋다. 먼 훗날 할머니가 되었을 때 흔들의자에 앉아 뜨개질을 하며 도서관 친구들의 추억을 이야기하는 내 모습을 상상해보면 저절로 흐뭇해 진다. 누구라 할 것 없이 모두에게 감사와 사랑을 전한다.

사람이 있는 곳에 도서관을!

여희숙 | 독도도서관친구들 대표

몇 년 전, 포항 이웃에 살던 도서관친구 소개로 독도평화재단 이병석 이사장님을 만난 적이 있습니다. 헤어지기 전에 사무실에 있는 분들이 다 도서관친구들 친구하기 신청서를 써주셨는데, 그때 이런 말씀을 하셨습니다.

"도서관친구들이 독도에 도서관을 지으면 어떨까요? 시민들이 2,000원씩 내서 만든 도서관이라면 의미도 있고 좋지 않겠어요?"

웃으며 가볍게 건넨 말씀이었지만 가슴에 쿵, 소리가 날만큼 즐거운 제안이었습니다. 그 뒤로 도서관에 모여 이야기 나눌 때마다 우리는 잊지 않고 꿈을 키웠습니다. 드디어 2014년 10월 건립추진위원회가 만들어졌고 달마다 모여 차근차근 회의를 하고 있습니다. 그와 동시에 독도도서관친구들도 활동을 시작했지요.

독도에 도서관을

이렇게 말하면 누구를 위한 도서관이냐고 묻습니다. 누가 책을 읽느냐고도 합니다. 우리나라가 '단 한 사람을 위해서도 문이 열리는 도서관'이 있는 나라라면 얼마나 좋을까요? 독도에는 주민도 살고 있지만 독도를 지키는 경찰들도 많이 있습니다. 그리고 하루 평균 700명 이상 관광객이 입도하는 섬이기도 합니다. 사람 있는 곳에는 도서관이 있어야 합니다.

뜻밖의 장소에서 만난 도서관

독도에 생긴 도서관이 만약 따뜻하고 정답고 아름다운 도서관이라면 다녀간 모두의 마음속에 '잊을 수 없는 도서관'이 하나 생기지 않을까요? 그러면 우리 동네에서 도서관 이정표를 만났을 때 훨씬 더 크게 눈에 들어오지 않을까요? 책과도 조금 더 가까워지겠지요. 이런 마음으로 꿈을 꾸었습니다. '뜻밖의 장소에서 만나는 도서관'을!

누구나 필요에 따라 살아 있는 정보와 자료를 제공해주고, 시민의 평생교육과 문화생활을 지원하는 아름다운 사회교육기관 도서관이 많아졌으면 좋겠습니다. 그 도서관이 예전에 비해 많아지고 좋아졌다고는 하지만 아직도 전체 인구에 비해 많이 부족합니다. 동네마다 도서관이 더 많아지고 도서관 이용 경험도 다양하고 풍부해졌으면 좋겠습니다. 그래서 사람이 있는 곳에 책을 두자고 하는 도서관문화운동이 활짝 펼쳐졌으면 좋겠습니다.

미래에서 빌려온 도서관

독도도서관, 아직은 우리 상상 속에 있습니다. 미래에서 온 꿈이겠지요. 그래서 독도도서관친구들 중에는 어린 친구들이 많습니다. 독도를 사랑하는 마음을 함께 갖자고 아이의 이름으로 후원신청서를 쓰는 부모님들도 있지만 본인의 선택으로 직접 쓰는 아이들도 있습니다. 자신의 용돈을 쪼개어 후원금을 보내는 기특한 아이들이지요. 독도에 꼭 도서관이 생겼으면 좋겠다면서 도친장터에 한 자리를 차지하고 앉아 하얀 종이 위에 독도도서관친구들을 모집하는 글과 그림을 그려놓고 함께하자고 후원 회원을 모집하던 1학년 여자 친구의 환한 미소는 봄볕보다도 눈부셨습니다.

인디언 시애틀 추장이 백인들에게 던졌던 질문이 떠오릅니다.

"한 가지 묻고 싶은 것이 있다. 당신들은 이 땅에 와서, 이 땅 위에 무엇을 세우고자 하는가? 어떤 꿈을 당신들의 아이들에게 들려주는가?"

독도에 디지털도서관을

독도는 우리나라 사람들에게만 특별한 섬이 아닙니다. 이웃나라 일본에게도 특별하지요. 분쟁 지역이 될 가능성도 많다고 합니다. 그래서 현실적으로 도서관 건립이 어려울 수도 있겠지요. 안타까운 일입니다.

우리는 일본을 포함한 우리 모두가 독도 문제를 좀 더 깊이 있게, 정확하게 이해하는 날이 오면 많은 문제가 저절로 정리되고 해결될 수 있으리라 생각하고 있습니다. 정확한 자료를 바탕으로 진실을 찾아낸다면 더 다툴 일도 없어지겠지요. 그러려면 곳곳에 흩어져 있는 독도에 관한 정보와 자료가 제대로 정리, 보관되어 있는 곳이 있어야 할 텐데요, 우리에게 독도디지털도서관이 필요한 이유입니다. 그래서 언제 어디서나, 누구라도, 쉽고 정확하게 독도에 관한 정보와 자료를 찾아 활용할 수 있게 되었으면 좋겠습니다. 그런 도서관을 우리 도서관친구들이 만들려고 합니다. '독도디지털도서관'

입니다. 2046년 한글반포 600주년에는 문명어로서 전 세계인이 한글로 학문연구를 할 수 있는 기반을 마련하는 일, 가능하면 순수하게 시민들의 자발적인 의지와 후원금만으로 만들어지고 운영되었으면 좋겠습니다. 지금까지 우리 도서관친구들이 그래왔듯이.

평화를 상징하는 독도도서관

도서관친구들이 독도도서관건립기금 5,000만 원을 종자돈으로 냈습니다. 그리고 2014년 10월 5일부터 독도도서관친구들이 생기기 시작하여 이제 1,000명의 친구까지 생겼습니다. 오랜 정성이 모여 독도도서관의 씨앗이 되었고, 물을 주는 사람들도 생겼으니 독도도서관도 곧 싹이 트겠지요?

우리는 독도도서관을 꿈꿀 때 독도도서관친구들 1,000명이 모이면 독도도서관을 건강하고 튼튼하게 키워줄 사서 선생님을 모시자 했습니다. 이제 그 꿈을 현실로 이뤄낼 수 있게 되었습니다. 시민들의 힘만으로 사서 선생님을 모시게 되는 어마어마하게 멋진 기적이 일어나는 것이지요.

첫걸음

2015년 5월 독도도서관건립추진위원회와 친구들이 독도를 찾았습니다. 독도를 지키는 해경을 만나 독도도서관친구들을 알리고 무엇을 도와드리면 좋을지 물었습니다.

"독도에도 도서관이 있습니다. 국립중앙도서관 독도분관이지요."

"책이 자주 오지는 않는 것 같아요."

"책을 좋아하는 친구들이 많아요. 새로 나온 책들을 독도에서 만날 수 있다면 정말 좋겠지만…… 꿈이겠지요?"

"가끔 울릉도에 나갈 때 도서관에서 빌려오기도 합니다."

짧은 만남이었지만(독도에서 머무는 시간 20분이었습니다) 독도도서관친구들이 첫걸음을 떼기에는 충분한 일을 시작했습니다.

먼저 새로 나온 책 100권과 책장을 보내드리고 달마다 신간 10권씩을 우편으로 보내기로 했습니다. 그러나 독도도서관친구들은 아직 단체 등록을 하지 않은 상태라 동북아평화연대와 업무협약을 맺고 서로 돕기로 했지요(법인이나 재단으로부터만 기증을 받을 수 있다 했습니다). 이제부터 독도도서관친구들도 각자의 능력과 관심 분야에 따라 도서관 운영을 돕고 지원할 수 있도록 열린 체제를 만들어가겠습니다. 아참! 독도에 보내는 신간을 울릉경비대에서도 받기를 원해 한 달에 10권을 보냈습니다.

독도도서관친구들은 오래 준비하여 2022년 1월, 문화체육관광부에 '사단법인 독도도서관친구들'로 등록을 마쳤습니다. 독도도서관친구들은 이제야 첫걸음을 떼기 시작했습니다. 아기 걸음으로, 천천히, 그러나 오래 가보겠습니다. 이 세상에 온전한 평화가 올 때까지. 함께 가실까요?

저는 도서관친구들 활동을 하면서 많은 사람을 만났습니다. 스치는 인연으로 공적인 자리에서 한 번 만났을 뿐 언제 다시 만난다는 기약도 할 수 없는데 선뜻 친구가 되어주셨습니다. '친구하기 신청서'를 쓱쓱 써내려가 제 가슴을 먹먹하게 해준 전국의 친구들을 생각할 때면, 저는 그저 시도 때도 없이 코끝이 시큰해집니다.

도서관친구들과
나

세상일 모두 사람이 한다

보령도서관에 처음 도서관친구들을 만드는 데 큰 힘을 썼던 박찬희 관장님께 언젠가 들었던 이야기가 생각납니다.

"도서관 사서는 책을 좋아하는 사람이 아니라 사람을 좋아하는 사람이어야 한다."

도서관에 갈 때마다 곰곰 생각해보는 말이 되었습니다. 새삼 '사서만 그럴까, 세상 모든 일이 다 사람으로 이루어지고 사람으로 엮어지게 되는 것이 아니던가?' 싶어집니다.

저는 도서관친구들 활동을 하면서 많은 사람을 만났습니다. 스치는 인연으로 공적인 자리에서 한 번 만났을 뿐 언제 다시 만난다는 기약도 할 수 없는데 선뜻 친구가 되어주셨습니다. '친구하기 신청서'를 쓱쓱 써내려가 제 가슴을 먹먹하게 해준 전국의 친구들을 생각할 때면 ,저는 그저 시도 때도 없이 코끝이 시큰해집니다.

저야 대표라며 등 떠밀려 어쩔 수 없이 한다고 하지만 순전히 자발적으로 힘을 내고 시간을 내서 모임을 만들어가고 있는 많은 친구들을 보면 참 여러 가지 생각이 듭니다.

『도서관친구들 이야기』가 처음 나왔을 때 5년간 함께했던 친구들 이름을 하나하나 불렀던 기억이 납니다.

친구 따라왔다가 본인도 자원활동부장이 되어 달마다 친친행사를 진행해준 박연혜 씨, 가끔 차가 필요하거나 몸으로 하는 일이 있으면 어김없이 나타나 척척 도와주었던 해결사 이주하 씨, 강 건너 대치동에서 차를 두세 번은 갈아타고 와야 하는데도 일 있을 때는 빠짐없이 나타나는 정말 고마운 윤은경 씨, 머뭇머뭇거리다 왔다고 하지만 누구보다 친구들과 가까웠던 전 사무국 문화부장 신향연 씨, 도서관친구들 책시장에 책 사러 왔다가 친구가 되어 친정엄마와 딸까지 친구로 만든 조주연 씨, 도서관을 좋아해 늘 도서관에 살면서 일이 있으면 흑기사처럼 짠하고 나타났던 김영일 씨, 주변의 친구들을 모두 도서관친구들로 만들어 후원팀장이 되다시피 한 아름다운 윤미자 씨, 가까운 곳에 계셔서 걸핏하면 찾아가 이런저런 부탁을 드려도 언제나 포근하게 맞아주시는 자문위원 최복수 이사장님, 운영비 지원을 아낌없이 해주시는 에이스독서대 염정훈 사장님, 도서관친구들 상징물품을 정말 튼튼하고 꼼꼼하게 잘 만들어주시는 지킴이기획 김종현 사장님, 건강하고 예쁜 도서관친구들 양초를 특별 제작해주시는 기무니양초 김훈 사장님, 개인적인 일로 바쁜 가운데서도 큰 행사가 있으면 어김없이 나타나 말없이 꼭 필요한 곳에 힘을 보태주는 친구들도 정말 많습니다. 정다운 나의 낮술 친구 이소영 씨, 이제는 그림책 작가가 된 김지연 씨, 이제이 교수님, 박순애 선생님, 조항미 선생님, 장하린 교수님……, 한 분 한 분 이름을 다 불러보고 싶은 고마운 분들입니다.

이 가운데 몇몇은 떠나고 새로운 친구들이 그 자리를 맡아 일을 해주고 있습니다. 직장에 출근하게 되어 모임이나 활동에 참여하지 못하게 된 친구들도 있고, 생각이 달라져서 다른 모임을 만들어 그곳에서 도서관 돕는 일을 하는 친구들도 생겼습니다. 모두 좋은 일이라고 생각합니다. 한 가지 일을, 그것도 자원활동으로 10년씩 하는 것이 큰일은 아니지만 그렇다고 평범한 일 또한 아닌 것 같습니다.

모임이 만들어져 10년이 되니 크고 작은 변화들이 많이 생겼습니다. 운영위원회가 만들어져 전에 같으면 사무국에서 몇몇 사람이 하던 일을 많은 사람들이 하나씩 나누어 맡아 하게 되었습니다. 여럿이 하니 훨씬 좋습니다. 도서관친구들 운영위원이 되면 후원금을 내면서 정회원비도 내고 따로 또 특별운영위원회비도 내며 일해야 합니다. 때때로 미안하고 송구한 마음이지만, 그래도 즐겁게 함께 하면서 배우는 것이 정말 귀하고 좋습니다. 한 분 한 분 정다운 마음으로 이름을 불러보고 싶습니다.

무엇보다 모임이 어려움을 겪고 있는 가운데로 성큼 들어오셔서 의연히 3대 회장을 맡아주신 이주영 선생님, 힘들다는 소문만 듣고도 선뜻 나서주셔서 큰 힘이 되었던 초대 운영위원장 조철현 사장님, 말없이 따뜻한 손 잡아주시며 기꺼이 자리를 맡아주신 전 위원장 이현숙 선생님, 멀리 제주에서도 빠지지 않고 운영위원회에 참석해주시는 허순영 제주도서관친구들 대표님, 성공회대 김창진 교수님, 원주에 처음으로 도서관친구들을 만들었던 이광민 전 대표님, 부천에 새로운 도서관친구들을 만들고 계시는 무한 긍정 강선순 대표님, 어려운 곳에는 반드시 나타나는 최규승 시인, 작은 도서관을 직접 만들어 운영하시던 보령의 김은정 관장님, 3기 사무국장으로서 사립어린이도서관 운영의 새로운 모델을 만들고 계시는 성공스님, 전남도립도서관친구들 발대식과 전국운영진밤샘모임이 같은 날이라 낮에 발대식 하고 밤 12시에 서울 왔다가 다음 날 새벽 5시에 목포행 기차를 타고 가시던 전남도립도서관친구들 권미영 대표님, 보이지 않는 곳에 있으나 필요한 때면 언제나 나타나는 도서관친구들 홍보대사 이제이 교수님, 한 걸음 한 걸음 천천히 다가오고 있는 최은비 선생님, NGO 활동 전문가 동북아평화연대 황광석 이사님, 젊은 청년 목수 박승보 씨, 아름다운 우리 한송이, 강선아 간사님 고맙습니다.

　도서관 측에서는 도서관친구들을 어떻게 생각할까, 관장님과 사서 선생님들은 과연 얼마나 만족하실까 늘 마음 쓰며 활동해오는 동안 저는 정작 함께 활동하는 우리 친구들의 생각이 참 궁금했습니다. 무엇을 어떻게 느끼고 어떤 생각들을 하고 있는지 그들의 이야기를 한번 들어보고 싶었습니다.

마을 도서관 운동과 연대의 아름다움

이주영 | 도서관친구들 3대 회장, 어린이문화연대 대표

사회는 한 사람 한 사람이 동참하여 만든 갖가지 모임으로 이루어진다. 한 사람이 분자라면 모임은 세포와 같은 존재다. 세포 하나하나가 건실해야 생명체가 잘 살아갈 수 있듯이, 사회를 이루는 모임들이 발전해야 그 모임이 구성하는 사회가 발전한다.

나는 이렇게 생각하기 때문에 여러 모임에 참여하고 있고, 그 모임이 민주주의 원리에 맞게 운영될 수 있도록 노력해왔다. 그렇게 운영되어야 민주주의 사회로 발전할 수 있을 것이다. 그런 마음으로 여러 가지 교육과 독서문화 관련 단체에서 활동하고 있다.

도서관친구들은 어린이문화연대 결성 초기에 연대 단체로 참여한 모임이므로 관심 있게 살펴보고 있었다. 지역 도서관에서 작은 책모임으로 시작했다가 회원 참여가 늘어서 2005년 임의단체로 시작한다는 소식을 들었다. 월 2,000원씩 내는 후원회비를 모아서 도서관과 도서관 사서를 돕기 위해서라고 했다. 그 뒤 여기저기에서 도서관친구들이 활발하게 활동하는 이야기를 들었고, 후원회원이 빠른 속도로 늘어난다고 했다. 도서관친구들 활동을 보면서 21세기 도서관과 독서문화를 새롭게 만들어가는 좋은 모임이 되겠다는

생각이 들었다. 어쩌면 도서관 문화를 지역 주민 생활 중심으로 바꾸는 새로운 길을 여는 단체로 성장할 수 있겠다 싶었기 때문이다.

우리 사회에서 도서관은 오랫동안 도서관 문화라고도 부르기 민망할 정도로 지역 주민의 삶과는 동떨어져 있었다. 곧 도서관이 사람들과 너무 떨어진 구석진 곳에 음침하고 우울하게 숨어 있었다. 공간 위치만 꼭 그렇다는 것이 아니라 일상 속에 들어와 있지 못한, 지역 주민 삶과는 거의 관계가 없는 시설이었다는 뜻이다.

도서관은 글자 그대로 책을 모아놓는 곳이다. 그러나 도서관이 제구실을 하려면 책만 모아놓아서는 의미가 없다. 그 책을 보는 사람들이 있어야 하고, 그 공간을 살갑게 이용하는 이들이 있어야 한다. 곧 도서관에 책을 좋아하는 사람이 있어야 하고, 지역 주민들이 사랑하는 도서관이 되어야 한다. 그런데 1990년대 전후까지만 해도 대부분 공·사립 도서관은 삶에서 떨어진 구석에 처박혀 있었다. 도서관이 도서관이 아니라 학생이나 취업생들이 교과서나 참고서 들고 가서 틀어박혀 시험 공부하는 곳이었다. 심지어 동사무소 2층이나 마을회관 한쪽에 있는 마을문고에 가보면 책만 쌓아두고 정작 즐겁게 책을 읽는 사람은 볼 수 없는 개점휴업 상태인 데가 많았다. 나는 그런 도서관을 '깡통도서관'이라 불렀다. 언제부터 우리 도서관이 이렇게 지역 주민 생활문화와는 관련 없는 죽은 도서관, 깡통도서관이 되었는지 궁금하다.

책을 모아놓은 시설을 누가 얼마나 활발하게 이용할 수 있는가는 그 사회가 얼마나 자유롭고, 민주주의가 생활문화로 자리를 잡았는가 알 수 있는 척도가 될 수 있다. 책을 읽을 자유의 확대는 곧 인간 해방의 역사와 그 궤를 같이하기 때문이다. 우리도 예전에는 궁궐에 책을 모아놓는 곳이 따로 있어 왕실이나 귀족들만 이용할 수 있었다. 고구려가 멸망했을 때 당나라 설인귀가 평양에서 고구려 책을 산더미로 쌓아놓고 석 달이나 태웠다는 기록이 있다. 백제나 신라가 망했을 때도 궁궐 도서관에 있는 책을 모두 태웠다고 한다. 삼국시대에도 왕궁 서고나 귀족 개인 서실에 책이 많았다는 걸 알 수 있다. 그런 서고나 서실이 도서관 구실을 했고, 그 책은 왕족이나 귀족들만 이용할 수 있었을 것이다. 조선시대에 궁궐에는 규장각을 두었고, 각 지역에는 양반들이 서원과 향교에 서고를 두었다. 그 도서관 역시 왕족과 양반들만 이용할 수 있었다. 조선 후기에나 개인 책가게나 대여점이 생기면서 중인들까지 책을 볼 수 있게 되었다.

대한제국 시기에 애국계몽운동이 일어나면서 각지에 세운 학교 도서관이나 야학 방에 모아놓은 책이 지역의 마을 도서관 역할을 했고, 글자를 아는 사람들이 마을 사람들을 모아놓고 신문과 책을 읽어주면서 더 많은 백성들이 책을 가깝게 할 수 있게 되었다. 항일 투쟁기에 윤봉길 의사처럼 농민운동을 위해 만든 마을문고는 지역 주민들 삶에 많은 영향을 주었다.

해방 후에도 이런 정신을 이어받아 마을문고 운동이 지속되었던 것으로 보인다. 공공도서관은 일제강점기 때 관료 중심으로 만들어서 운영했기 때문에 식민지 백성들이 쉽게 이용할 수 없었다. 또 식민지 정책은 일반 백성들이 책을 가까이 하는 걸 두려워했기 때문에 지역 주민들이 공공도서관을 쉽고 즐겁게 활용하는 여건을 마련하지 않았다. 수많은 독서회 사건에서 볼 수 있듯이 식민지 백성들이 책을 읽는 걸 불온하게 보았고, 조금만 이상해도 검거해서 감옥에 가두면서 탄압했다. 그러니 지역 주민이 공공도서관에 가까이 할 수가 없었다.

이런 공공도서관 정책과 운영방식은 해방과 정부수립 뒤에도 큰 변화 없이 1990년대 말까지 지속되었다고 볼 수 있다. 그러나 지역 주민이 스스로 만든 마을문고는 해방과 함께 활발하게 확산되었다. 2001년에 고흥반도를 여행하다 오래된 마을 도서관을 보았는데, 해방 뒤에 만든 거라고 했다. 그 시기 책을 손포장을 해서 소중하게 보관하고 있는 걸 보고 놀랐다. 1950년대 말부터 엄대섭과 같은 탁월한 도서관 운동가들이 앞장서면서 마을문고 만들기는 큰 호응을 받았고, 전국 깊은 산골까지 영향을 끼쳤다. 그러나 1960년대 정부에서 추진한 재건문고가 개입하고, 1970년대 말에 반 강제로 새마을문고로 통합되면서 그 생명력을 잃었다.

순수 민간 도서관운동이 관변단체 도서관운동으로 바뀌면서 문제가 생겼다. 도서관을 만들고 운영하는 지역 주민들이 스스로 책을 매개로 하는 독서문화운동을 펼쳐나갈 자발성을 잃었던 것이다. 수많은 책을 중앙본부에서 출판사로부터 무조건 받아서 선별 없이 내려보냈다. 그 책들 대부분은 출판사에서 팔리지 않는 책을 보낸 게 많았다. 지역 주민이 직접 책을 골라서 모으고, 그 책을 주민들이 같이 읽으면서 함께 정신문화를 발전시키는 기쁨을 느낄 수 없었다.

1980년대에 관변단체에서 주도하던 새마을문고가 전국에 수만 개나 있는데도 지역 주민들은 공공도서관이나 새마을문고를 생활 속에서 실재하는 도서관으로 느끼지 못했다. 1960년대 활발하게 만들었던 학교 도서관도 1980년대는 대부분 없어지거나 책 창고로 전락했다. 그런데 새마을문고와는 다른 새로운 마을문고, 작은 도서관 만들기 운동이 일어나기 시작했다.

아마 다시 마을문고를 시작한 사람은 청십자운동을 하던 채규철이 아닌가 한다. 청년 시절 안면도 누동학원에서 마을문고 운영을 경험했던 그가 1978년에 서울 잠실 시영아파트 자기 집에 어린이를 위한 마을문고를 만들었던 것이다. 그 마을문고를 본보기로 1980년 서울양서협동조합에서 서울 봉원동에 마을문고를 만들었고, 어린이도서연구회에서 부천 고강동 마을회관에 마을어린이문고를 만들었다. 새마을문고에 속하지 않는 새로운 민간 주도 작은 마을 도서관 만들기였는데, 주관하는 단체인 서울양서협동조합 산하 어린이도서연구회가 어린이독서문화운동을 내세웠기 때문이다. 그러나 한편 새마을문고와 다른 마을문고라는 걸 또렷하게 나타내기 위해 마을어린이도서관이라는 이름을 새로 만들었던 측면도 있다.

1990년대 어린이도서연구회 동화읽는어른모임 회원들이 사당동에서 파란나라어린이도서관을 시작으로 여러 곳에서 가정 어린이도서관이나 지역 어린이도서관을 만들어 모범을 보이면서 새마을문고와는 다른 어린이도서관, 작은 도서관 운동이 일어났다. 1950년대 말부터 활발하게 일어났다가 1970년대 좌절된 마을문고 만들기가 새로운 모습으로 되살아난 것이다. 이 새로운 도서관들은 주민이 직접 만들고, 회원들 중심으로 책을 선정하고, 어린이와 어머니들이 함께 책을 읽으면서 독서를 생활문화로 창조하는 다양한 활동을 했다.

어린이도서연구회는 학급문고와 학교 도서관 바꾸기, 학교 도서관 사서 채용 운동을 했고, 나아가 1997년부터는 공공도서관에 어린이실 만들기, 공공도서관에 독서모임 만들기, 공공도서관 사서 교육을 비롯한 공공도서관 문화를 비꾸는 일에도 적극 앞장섰다. 물론 2000년대 전후 시작해서 현재까지 변화해온 학교 도서관과 공공도서관 모습을 어린이도서연구회가 전부 했다고 주장하는 것은 절대 아니다. 어린이도서연구회가 앞장서 시작했지만 곧 더 많은 각 지역에 독서문화 발전을 위한 활동가들이 나타나서 적극 활동을 했기 때문에 가능했던 일이다. 그러나 그 시작은 어린이도서연구회에 있다는 사실을 부정할 수는 없다.

문제는 2010년을 넘어서면서부터 나타나기 시작했는데, 작은도서관진흥법을 비롯해 국가와 지방자치단체들이 작은 도서관에 대한 지원에 나서면서부터다. 도서관은 공공의 이익을 위한 시설이고 국가와 지방자치단체가 당연히 지원해야 하니까 좋은 일이긴 한데, 그 지원 방법이 너무 관료적이었다. 지역 주민이 중심이 되어 공공도서관과 마을 도서관 문화를 주도적으로 바꿔나가야 하는 민주주의 원리를 고려하지 않고, 일방적으로 지원하고 간섭했기 때문이다.

현재 전국에 수천 개나 되는 작은 도서관이 생기고 있는데, 그중 상당수가 책만 쌓아두고 사람은 없는 깡통도서관이 되어가는 조짐이 보인다. 공공도서관들 역시 아직도 지역 주민이 주인으로 나서는 걸 귀찮아하거나 간섭으로 여기는 예전의 인식이 모두 사라졌다고 보기 어렵다. 이런 현상을 그대로 두면 겉모습과 시설은 화려한 도서관이 늘어나도 지역 주민 생활 속에 독서문화를 뿌리 내리는 도서관이 되기는 어렵다.

도서관친구들은 이런 시기에 이런 문제를 해결하기 위해 태어났다고 해도 지나친 말이 아니라고 생각한다. 도서관친구들이 가장 중요하게 생각하는 활동 원칙이 스스로 서는 일이기 때문이다. 그들은 정부나 기업 후원을 받지 않고 한 달에 2,000원씩 도서관 후원을 위해서 내는 회비로 도서관과 도서관 사서를 돕고자 한다. 돕는 방법은 다양하다. 도서관마다 필요한 도움이 다르기 때문이다.

그들은 더 나아가 각 지역 도서관마다 그 지역 도서관을 이용하면서 돕는 도서관친구들을 만들고자 한다. 각 지역 도서관, 자신이 쉽게 친구처럼 이용하거나 돕고 싶은 도서관에 도서관친구들을 만들어서 각각 자율성을 갖고 활동하면서 다른 지역 도서관친구들과 서로 돕자는 것이다. 올 2015년만 해도 우포에 만드는 도서관을 위해 여러 지역 도서관친구들이 후원금과 책을 보내고, 책장을 짜거나 설치를 도왔다. 개관하는 날에는 전국에서 모인 회원들이 건설자재인 나무판을 책걸상으로 쓸 수 있도록 사포로 다듬어주기도 했다.

각 지역 도서관친구들에서 독서문화 행사를 할 수 있는 원화를 비롯한 자료나 행사비를 지원한다. 지원 원칙은 지역 도서관친구들에서 반을 준비하면 나머지를 도와주는 것이다. 곧 각 지역 자발성을 중요하게 보고, 나머지를 서로 돕는 것이다. 이런 몇 가지 활동 원칙과 단체 운영 방식은 지금까지 여러 독서문화운동 단체들과는 다른 새로운 점이다. 한마디로 도서관을 생활문화 중심에 두는 풀뿌리 지역 모임을 동네 도서관마다 만들고, 그 풀뿌리 모임들이 서로 손을 잡고 함께하는 것이기 때문이다. 이런 모임이 약해 보일지는 몰라도 제대로 뿌리를 내리기만 하면 어떤 비바람에도 버텨내며 초원을 지키는 풀뿌리들이 될 수 있을 것이다.

더 나은 세상을 향한 소망

최복수 | 전 도서관친구들 자문위원, 구의 광장 새마을문고 이사장

"안녕하세요? 여희숙입니다."

미소를 머금고 중년 여인이 다가선다. 중저음의 음성으로 건네는 첫인사가 인상적이었다. 굳이 계절로 치자면 가을 들판의 풍요로운 느낌이라고 할까. 그날 마주 앉은 자리에서 도서관친구들 모임의 동기와 계획을 차분히 설명하는 여희숙 선생님을 보면서 저 순수한 마음과 깊은 곳에서 우러나오는 열정이 무언가를 꼭 이루겠구나 하는 확신이 들었다. 그게 벌써 9년 전의 일이다.

그 세월 동안 도서관친구들은 전국의 도서관을 사랑하는 사람들의 손길을 모아 이 사회에 뜻있는 일들을 하나씩 세워갔고, 그 계획을 차근차근 이루어갔다. 옆에서 도서관친구들의 활동과 성과를 지켜보다 보면 '이 세상에 정말 불가능이란 없구나' 하는 생각이 든다. 더불어 나까지 덩달아 뭔가를 하고 싶다는 의지가 솟구쳤다.

요즘 부모들의 대화는 '평등'에 집중돼 있다고 한다. 아파트 몇 '평'짜리, 아이들 성적 '등'수에서 벗어나지 못한다는 이 시대의 슬픈 유머다. 그런데 도서관친구들 엄마들의 대화는 조금 다르다. 저마다 읽어온 책을 들고 옹기종기 모여 내용을 두고 토론한다. 그 광

경을 지켜보면 절로 유쾌해진다. 서로의 뜻을 존중하고 배려하면서 나누는 진솔한 대화들을 듣고 있다 보면 가슴 언저리가 따뜻해진다. 그것이 책이 가진 힘, 책을 사랑하는 사람들의 힘일 것이다.

책읽기와 토론을 할 때에는 사뭇 진지하지만 행사 계획을 세우고 준비할 때 도서관친구들은 180도 변신한다. 어디에서 그렇게 다양한 아이디어가 샘솟는지 놀랍기만 하다. 이렇게 작은 모임을 소중하게 열어가면서, 서로를 미소 짓게 만드는 힘이 있다. 한번은 작은 카페를 얻어서 일일호프 행사를 하고 수입금을 상세히 보고하면서 회원들의 동의를 얻어 집행하는 과정을 지켜보았다. 사소한 것들을 놓치지 않고 챙겨가고 마음과 뜻을 모아가는 풍경을 보면서 이런 과정들이 사람들의 신임을 얻었으리라 믿음이 갔다.

여희숙 선생님은 첫 만남부터 지금까지 늘 한결같은 모습이다. 하루는 "요즘 어디를 다니시느냐"고 물어보았다. 들어보니 그야말로 '전국구'다. 전국 어디든 선생님의 발길이 안 닿는 곳이 없어 보였다. 편안한 옷에 가방을 등에 메고 먼 길 마다하지 않고 어디든 달려가는, 그것도 입가에 미소를 머금고 찾아가는 그 모습이 아름답다.

도서관친구들은 책과 도서관을 향한 애정을 중심에 두고 모였지만 그보다 더 깊숙한 곳에는 '더 나은 세상을 향한 소망'이 놓여 있다. 지금도 도서관친구들은 우리가 사는 마을·사회·나라·지구를 조금 더 낫게 하기 위해 궁리 중이다. 그 열정과 노력은 말하지 않아도 자라나는 새싹들에게 희망의 텃밭을 만들어주고 있을 것이다. 무한한 가능성을 만들어주는 책 속의 비밀들을 보다 많은 사람들에게 알려주려는 도서관친구들, 그들이 있어서 내일이 밝다.

우리의 미래는 '도서관친구들 이야기'에 있다

정병규 | 한국도서관친구들 대표

제주, 남원, 부산, 진주, 울산, 서울(광진구), 대구 등 우리나라 18개 지역 1,200여 명의 이야기를 엮은 『도서관친구들 이야기』가 출간된 지 10년이 넘었습니다. 이 책은 전국 도서관친구들의 생생한 목소리를 담고 있습니다. 무엇보다 '도서관친구들'이 조직되던 2005년 무렵부터 전국을 발로 뛰며 한 사람 한 사람 친구로 만들어낸 여희숙 대표님의 노력이 고스란히 기록되어 있습니다. 한 권의 책이 10년 이상 버틴다는 것은, 웬만한 스테디셀러나 고전이 아니고서는 어려운 일입니다. 『도서관친구들 이야기』가 이런 위치에 놓여 있다는 것은, 지금도 전국 여러 곳에서 도서관을 위해 헌신하는 '친구들'이 있어서 가능한 일입니다.

지금도 이어지는 친구들 이야기는 '도서관친구들'이 그동안 결코 헛된 걸음을 내딛지 않았고, 그릇된 망상에 휘둘리지 않았음을 증명해줍니다.

첫째, 후원회비는 도서관을 위해서만 쓴다.
둘째, 도서관의 운영에 대해 불평불만을 하지 않는다.

셋째, 정기적으로 책을 읽고 생각 나누기를 한다.

넷째, 상을 받지 않는다.

다섯째, 정부와 기업의 후원을 받지 않는다.

도서관친구들은 위의 약속들을 처음부터 지금까지 어김없이 지켜왔다고 말할 수 있습니다. 그만큼 유혹을 떨치기 어려울 때도 많았습니다. 세상에 상을 받고 싶지 않은 사람이나 단체가 어디 있겠습니까. 외부의 공공기관이나 기업 등에 손을 벌리지 않을 정도로 평정심을 갖기가 쉬운 일이겠습니까. 그러나 도서관친구들은 스스로 한 다짐을 끝까지 지켜왔고, 바로 그런 정신이 주변의 여러 오해와 의혹들을 물리치는 힘이 되었습니다.

이 책이 앞으로도 '한국도서관친구들'을 흔들림 없이 지켜내는 정신적 버팀목이 되었으면 좋겠습니다. 우리나라의 공공도서관과 사립도서관, 그리고 작은도서관 서가에 이 책이 꽂혀 있고 널리 읽혀서, 사서들과 시민들이 '도서관친구들'이 되어주기를 희망합니다.

우리는 미래를 만드는 도서관을 돕는 친구들이며, 사람을 존중하고 도서관을 사랑하는 친구들입니다.

아픈 친구를 치유하는 책과 친구들

이현숙 | 전 도서관친구들 운영위원장

나는 학교에서 독서지도와 도서실 담당하고 있다. 책을 좋아하는 편인데 책보다는 친구를 더 좋아하는 것 같다. 굳이 말하면 친구·책·도서관이고, 친구 따라 강남 가는 스타일이다.

여희숙 선생님과 나는 2000년 여름 서울교대에서 진행된 어린이토론교육연수에서 처음 만났다. 훤칠한 키에 몸가짐과 미소가 부드러웠다. 포스코교육재단에서 아이들을 대상으로 하는 토론교육을 육성하고 있을 때였다. 참가자들은 초등교실의 토론교육 사례를 발표하고, 어린이 토론대회도 함께했다.

그 후 2004년에 다시 만났을 때는 서로 상황이 조금 달라져 있었다. 여 선생님이 서울로 이사해왔으나, 원치 않게 자유인이 되었다는 것이 아닌가. 그녀는 학교 밖의 선생님이 되었다는 사실에 몹시 아쉬워했지만 나로서는 그 자유가 은근히 부럽기도 했다.

서로에게 호감을 가졌던 우리는 그해 겨울, 개인적으로는 처음 만나 그동안 살아온 이야기를 나누었다. 창밖으로 한강이 보이는 그 집에서 그녀는 내 이야기를 참으로 따뜻하게 들어주었다. 당시 나는 몸이 조금씩 아픈 상태였는데, "선생님, 이렇게 해보세요!" 하면서 민간 처방을 알려주기도 하고, 여러 번에 걸쳐 정성스레 필요한 걸 보내주기도 했다. 그러고는 녹색평론에서 주관하는 일리치모임과 한일합동교육연구회에 나를 소개하고 데려가주었다.

일리치모임에 다닐 때는 경희초등학교 고향옥 선생님과 셋이서 학부모를 위한 소식지『봄비처럼』을 만들어 학교와 도서관에서 나눠주기도 했다. 학부모들이 신자유주의 경쟁 교육에 편승해서 비교육적으로 아이들을 기른다고 걱정하면서, 아이들을 제대로 돌보고 가르치는 방법으로 좋은 책 소개, 교실 풍경, 아이들 글들을 실었다. 참 재미있었다.

그사이 여 선생님은 2005년부터 광진도서관에 봉사활동을 다니면서 '도서관에 힘이 되는 사람들'이라는 작은 단체를 만들기 시작했다. 처음에는 열다섯 명 정도의 친구들과 시작을 했는데, 이름을 '도서관친구들'로 바꾸고 재미나게 활동하면서 100명, 200명, 500명, 1,000명으로 회원이 늘어났다. 선생님은 현직에 있을 때부터 독서교육과 토론교육을 착실하게 실천해온 사람으로 도서관 운영에도 남다른 경험이 있었기에 도서관을 돕는 일은 누구보다 잘해나갈 수 있었고, 깊은 정열이 있었다. 따뜻하고 호소력이 높은 선생님의 독서교육 특강은 잊을 수 없는 만남을 만들고, 거기서 만난 많은 교사와 학부모들이 도서관친구들이 되어준 것이다. 도서관친구들은 점점 커져서 전국적인 네트워크로 퍼져나가 재미나고 큰 행사를 열면서 정말로 '도서관에 힘이 되는' 일들을 착실하게 해냈다.

호사(好事)에 다마(多魔)라 했던가? 몇 년 사이 서로 바쁜 시간이 흘러갔다 기분 좋은 소식만 계속될 줄 알았는데 내부의 사무국장과 외부의 전공자, 지회의 일꾼으로 일하던 협력자 몇몇이서 도서관친구들이라는 아름다운 단체와 여희숙 선생님을 비방하고 흠집 내며 자기들이 그걸 탈취하려 한다는 것이 아닌가. 좀처럼 다급한 이야기를 하지 않던 이 선생님이 2013년 7월부터 급히 징회원 가입을 부탁하고, 10월 5일 비상총회에 참석해주기를 바란다고 연락했다. 기막힌 일이었다. 사람이 하는 일이라, 좋은 의도도 때로는 나쁘게 보일 수 있고 조금씩 취향과 의견이 다를 수는 있다. 그러나 그런 사정을 끝내 이야기로 풀지 못하고 법적 소송으로 가져가는 그들이 한편으로는 가엾고 한편으로는 성가시기 그지없었다. 이것은 다음과 같은 이야기나 마찬가지다.

어떤 사람이 8여 년간 하루도 빠짐없이 열심히 일해서 황무지를 가꾸어 논밭을 만들었다. 이제 거기서 곡식도 거두고 과일도 나게 되었다. 그런데 옆에서 지켜보고 덕담을 하며 도와주는 척하던 몇몇 사람이 이제는 그 밭이 탐나서 이런 저런 트집으로 돌을 던져 사람을 괴롭히고 그 논밭 내놓으라고 하는 것과 똑같은 형국이었다. 나는 화가 났다. 도서관의 일이기 때문이 아니라 친구 여희숙 선생님의 일이라 나도 나서게 되었다.

나는 2013년 10월 5일, 도서관친구들 비상총회 이후 도서관친구들을 탄탄하고 소중하게 운영하는 데 힘을 보태고, 여희숙 선생님의 아픈 마음에 조금이나마 힘이 되고 싶어서 운영위원으로 활동하게 되었다. 이주영 선생님을 제3대 회장으로 모시고, 뜻있는 사람들이 자비를 들여 매달 운영위원회를 열고 민주적 의사결정에 따라 1년의 계획과 월별 활동을 진행해나갔다. 그래야 전국의 많은 후원회원들의 뜻을 살려, 도서관과 도서관친구들 지회에 조금이라도 도움을 주며 우리 사회를 책과 함께 성장하는 사회, 시민, 친구들로 만들 수 있기 때문이다.

나는 도서관친구들의 운영원칙 네 가지가 참 마음에 든다.

- 기금은 도서관을 위해서만 사용합니다.
- 불평불만 하지 않기(2,000개 도서관이 만들어질 때까지)
- 상 받지 않기
- 한 책 읽고 토론하기

특히 세 번째 '상 받지 않기'라는 이 약속은 참 매력적인 원칙이 아닐 수 없다. 학교에서도 상을 받기 위해서 공부하는 아이들, 상을 받기 위해 아이들 가르치는 교사들이 가끔 있다. 그들은 상이라는 목표를 향해 매진하여 종종 목표를 달성하지만, 마음은 공허하고 욕심은 점점 커간다. 친구를 빼앗고, 생각할 시간과 이야기를 빼앗고, 순수함을 잊어버리게 하는 것이 상인 듯 하다.

상 받지 않기는 어른들의 일에서 '보수 없이 일하기'나 '재능기부'와 통한다. 보상 없는 순수한 봉사의 기쁨으로 참여하고 운영하는 도서관친구들 운영원칙은 참으로 깊은 생각이다. 그러나 한편으로는 이 지점에서 주의사항이 필요하다는 생각이 든다. 원칙이나 정관에서 정한 매운 약속으로 인해 참가자의 피로감을 무시하고 그들의 수고를 모른 척 한다면 안 될 것이다. 참가자 중에도 유형의 보수나 보상에 목이 마른 사람, 욕심으로 아픈 사람, 질투로 아픈 사람이 있을 수 있기 때문이다. 그런 의미에서 내분을 일으키고 소송을 걸어 도서관친구들을 힘들게 하는 그들이 참 아픈 사람이었다는 생각이 든다.

자신의 개인적 욕심으로 도서관친구들 일을 하는 사람들이라면 일단 도서관친구들이라는 사회적 자아에서 한 발짝 물러나, 가족과 함께 맛있는 음식과 좋은 이야기를 나누고 먼저 건강하고 행복한 개인이 되도록 노력해야 할 것이다. 그것이 여의치 않다면 좋은 저자와 책을 만나 스스로를 치유해야 할 것 같다. 그런 경우라면 도서관(또는 도서관친구들)이라는 매개 없이 개별적으로 만나는 한 권의 책이 더 결정적인 만남이 될 것이다.

최근에 도서관친구들 운영위원들은 그들이 제소한 소송에 대응하느라 도서관친구들 본연의 일보다 많은 힘을 빼앗기고 있다. 그러나 좋은 사람들과 머리를 맞대고 잘 대응하고 있으니 곧 좋은 결과로 사건이 종료될 거라 믿으며 함께하고 있다. 학교 밖의 단체활동에서 이렇게 운영위원 체제로 서로 다른 의견을 조율하고 결정하는 과정에 함께하면서, 어려운 국면에 빠진 단체 운영이 얼마나 힘든 일인지를 실감하고 있다. 전국의 후원회원과 정회원의 첫 마음을 생각하며 미소와 응원으로 피곤함을 이기고 잘해나가야겠다. 나는 얼마나 건강하고 행복한가? 나 자신에게 물어가면서.

올해로 여희숙 선생님이 도서관친구들을 만든 지 10주년이 되었다. 어쩌다 한번 하는 봉사활동·후원행사는 누구라도 할 수 있다. 그러나 지속적으로 하는 무보수 봉사는 쉽지 않다. 좋은 일에도 방해꾼이 있고 생각지 못한 국면에 부딪치는 게, 한 단체의 운명도 인생과 같다는 생각이 든다. 책장 열기 전에 친구들끼리 서로 덕담과 힘이 되는 말 한마디를 더 나누기를 권하고 싶다. 그리고 같은 책을 읽고 이야기를 들을 수 있는 도서관친구들을 발견하기를! 그러면 우리 삶도 덜 외롭고 재미난 어떤 것이 될 수 있지 않을까. 그리고 여력이 있을 때, 좋은 이야기 좋은 일에 앞장서는 친구들이 많아지면 더욱 좋을 것이다. 아픈 사람이 많은 우리 사회에서 좋은 친구, 좋은 책을 만나면 환하게 맑아지지 않겠는가? 그곳이 도서관이다.

착한 물방울들이 모여 이루는 바다

임서녕 | 남원노동조등학교 노서관신구들

첫 아이의 첫 번째 입학식. 내가 처음으로 학부모가 되던 그날, 기대와 설렘보다는 두려움이 더 컸던 것 같다. '아이가 잘 적응할 수 있을까?' '나는 학생의 엄마로서 무엇을 해야 하고 어떻게 도와야 하지?' 이런 생각들로 오히려 엄마인 내가 더 긴장되어 입학식을 치렀다.

입학식을 마친 후 아이들은 각자 선생님을 따라 교실로 가고, 부모님들은 교육이 있으니 시청각실로 향하라는 안내가 들렸다. '요즘엔 입학식 날 이런 것도 다하는구나'라는 생각을 하며 교육장에 들어섰다. 그때 단상 정면에 '책날개 입학식'이라는 플래카드가 걸려 있었던 듯하다. 그리고 그곳에서 여희숙 선생님을 처음 뵈었다. 좀 떨어진 곳에 앉아 있었지만 선생님에게서는 우윳빛 찔레꽃 같은 달콤하고 부드러운 향기가 났다. 따뜻하고 착한 미소 때문이었을 것이다. 그 다정한 분위기가 전해져 와 강의를 듣는 내내 기분이 좋았다.

그날 선생님은 우리에게 북스타트 운동, 책꾸러미, 책날개 시범학교 등 '책'과 관련된 이야기를 많이 해주셨다. 특히, 도서관을 돕는 사람들의 모임을 소개해주셨고 우리 학교에 학부모 밑줄독서모임을 만드실 거라고도 하셨다. 처음 학부모가 되었던 날, 선생님의 희망적이고 확신에 찬 좋은 말씀들에 첫 아이를 얻었을 때의 행복한 감정 같은 것을 느꼈다. 그때 내 가슴은 책을 통해 더욱 가까워질 나와 아이들의 모습을 상상하며 기쁘게 두근거리고 있었다.

밑줄독서모임을 시작하면서 그 기분 좋았던 상상은 현실이 되었다. 책을 한 권씩 더 읽을 때마다, 책 친구들과 이야기를 나누는 횟수가 늘어감에 따라 어제보다 오늘 더 사람에 대한 이해심이 깊어지고 사랑이 많아진 나를 발견한다(『내 영혼이 따뜻했던 날들』에서 작은 나무의 할머니는 이해와 사랑은 같은 것이라고 했다).

『부모와 아이 사이』를 읽고 이 세상에 단 하나뿐인 우리 세 아이들을 공평하게가 아니라 각자 '특별하게' 사랑해주려고 노력하게 되었고, 『아이는 기다려주지 않는다』를 읽고 아이가 스스로 자랄 공간을 비워두고 함부로 침범하지 않도록 조심하게 되었다. 『다 다른 노래 다 다른 아이들』을 읽고 "세상에 노래 못 하는 아이는 없으며, '얘는 노래를 못해'라고 말하는 어른만 있다"라는 구절에 밑줄을 그었고, 그림·노래·몸짓·이야기 등 '아이들이 하는 모든 표현은 예술이다'라는 삶의 철학을 조금은 이해하게 되었다. 우리 어른들도 진심으로 사랑을 담아 무언가를 한다면 그 모든 행위가 예술일 것이며, 결과 또한 아름다운 예술작품이 아닐까라는 생각도 했다.

또한 『춤추는 평화』『왜 세계의 절반은 굶주리는가』『농부로부터』를 읽고 쌀 한 톨의 무게와 무엇이 참 평화인지에 대해서도 고민해보았다. 『알래스카, 바람 같은 이야기』『희망을 여행하라』에서는 장대한 알래스카의 자연을 담은 사진들에 매료되었고, 공정여행의 즐거움도 배웠다. 『나는 런던에서 사람 책을 읽는다』에서 한 사람을 한 권의 책으로 읽는다는 건 지금 생각해도 신선하고 매력적인 일이며, 나노 다른 사람을 위한 한 권의 책이 되고픈 꿈도 꾸었다. 마침 한국에서 지내다 자기 나라로 돌아가는 영국인 친구에게 런던에 가면 꼭 '리빙 라이브러리'에 가서 사람책을 빌려서 읽어보라고 추천도 해주었다.

『뇌가 좋은 아이』『옛 이야기 들려주기』를 읽고 이야기의 힘을 알게 되었고, 우리는 전보다 이야기를 더 많이 나누는 가족이 되었다. 『나무소녀』『바르톨로메는 개가 아니다』를 읽고 밤새 눈이 퉁퉁 붓도록 울었고, 『내 영혼이 따뜻했던 날들』『오래된 미래』를 읽고 자연에 순응하며 사는 영혼이 맑은 사람들로부터 울림이 크고 깊은 지혜를 배웠다. 『별 헤는 밤』『십대, 별과 우주를 사색해야 하는 이유』를 읽고 광활한 우주 안에서 한 점에 불과한 나를 생각하며 겸허함을 배웠고, 지구 밖의 더 큰 세상을 볼 줄도 알았다.

『책만 보는 바보』『동경대생들에게 들려준 한국사』『28자로 이룬 문자혁명 훈민정음』을 읽고 우리 민족의 자주성과 우수성에 뿌듯했고, 잘못 알려진 부분에 대해서는 그지없는 안타까움을 느꼈다. 『정민 선생님이 들려주는 고전 독서법』『책만 보는 바보』에서는 책을 통해 우리 선현들과 즐거운 만남도 가질 수 있었고, 고서의 묵은 책 향기도 좋았다. 그리고 『생각의 좌표』『그대 아직도 부자를 꿈꾸는가』를 읽고 좋은 가치들로 내 생각의 틀을 마련할 수 있었다.

지금까지 모임에서 읽은 책들을 통해 얻은 게 너무나 많아서, 언급하지 않은 책들에 미안할 뿐이다. 하지만 여기서 끝이 아니다. 계속해서 나를 선한 쪽으로 변화시키는 깨우침의 경험은 매주 책모임을 통해 여전히 현재 진행 중이다.

다시 말하지만, 내가 책과 밑줄독서모임에 가상 고마운 점은, 감격적인 책날개 입학식 이후 내 안에 사랑이 점점 많아지고 있다는 것이다. 사실 사람이 품을 수 있는 사랑의 양은 한정이 없기 때문에, 우리는 얼마든지 마음속의 사랑을 풍성히 할 수도, 빈곤하게 할 수도 있다. 그것은 우리의 선택 문제다. 마음만 먹으면 맑은 영혼 속에 고이 키운 사랑을 다른 사람에게 끊임없이 내어줄 수 있다. 그리고 희한하게도 사랑은 내어준다고 해서 줄어드는 것이 아니라 줄수록 많아져서 종국에는 생명의 바다를 이룬다. 우리는 사랑을 퍼내고 퍼내서 가난한 이웃과 나누었던 어떤 분들을 알고 있다. 그 중 테레사 수녀님에 관련된 일화 하나만 소개하고 싶다.

한번은 기자가 마더 테레사에게 짓궂은 질문을 했다. "수녀님, 수녀님이 돌아가시면 이 세상은 전과 똑같을 겁니다. 그토록 가난한 사람들을 위해 애쓰셨는데 대체 세상은 뭐가 바뀐 거죠?" 마더 테레사는 여전히 밝게 웃으며 말했다. "제가 이 세상을 바꿀 수 있다고 생각한 적이 없어요. 바다에 붓는 저의 노력은 물 한 방울이에요." 마더 테레사가 전 세계에서 펼친 수많은 활동과 업적이 어찌 '물 한 방울'에 불과하겠는가! 그러나 마더 테레사는 기꺼이 스스로를 낮추어 말했다. "맞아요. 내가 이 세상에 한 일은 바다에 물 한 방울을 더한 것에 지나지 않아요. 다만 내가 물 한 방울을 더하지 않았다면 바다는 물 한 방울이 부족했을 거예요." 기자가 아무 말도 하지 못하자, 마더 테레사가 다시 말했다. "기자 양반, 왜 당신도 물 한 방울이 되려는 노력을 하지 않나요? 그렇다면 우리는 두 방울이 되지요.

결혼했나요?""네.""그럼 벌써 세 방울이네요. 아이들은 있나요?"
"세 명입니다.""그러면 벌써 여섯 방울이네요. 부인과 아이들에게
꼭 이야기해주세요."

　•『아홉살 인생멘토』에서

　우리가 모임을 통해 궁극적으로 이루고 싶은 가치는 아마도 '공
동선'이 아닐까 싶다. 그것은 나도 모르는 사이에 착해지고, 좋은
것이 생기면 나누고 싶고, 연약한 존재를 보면 눈물이 나고, 그렇게
우리 눈가에 사랑이 눈물이 마르지 않게 해주는 선함이 아닐까. 여
희숙 선생님을 비롯해 도서관친구들을 만날 때면, 그런 기운이 서
로에게 전달되고 확산되는 느낌을 받곤 한다. 홍순관 님의『춤추는
평화』에 나오는 구절처럼 "평화는 착한 생각들이 살아 움직여 땅과
하늘이 제 숨을 쉬는 것"이라면, 도서관친구들 한 명 한 명은 테레
사 수녀님이 말씀하신 소중한 물 한 방울들이라고 생각해본다. 그
리고 생명의 바다에 착한 물방울들이 날마다 조금씩 더해져, 언젠
가 우리 사는 세상이 진실한 사랑으로 넘실대기를 꿈꾸어본다.

책과 우정의 연금술사

김경애 | 도서관친구들 사서

어떤 것을 좋아하게 되는 이유는 여러 가지가 있다. 오래 전에 어디선가 도서관친구들이라는 단체를 보았다. 이름에 도서관이 들어가 있어서 잠깐 주목했지만 별 관심 없이 지내오다가 우연히 『도서관친구들 이야기』를 읽게 되었다. 그리고 도서관친구들을 만든 분을 모셔 이야기를 나누면 좋을 것 같아 강의를 요청했다. 그런데 다음과 같은 메일이 왔다.

"다른 날은 안 될까요? 그날은 제가 도서관에 봉사를 하는 날이어서요."

봉사하는 날을 지키기 위해 어쩌면 분신과도 같은(책을 읽은 후 그런 느낌을 받았다) 도서관친구들 이야기를 뒤로 미룰 수 있다니! 보통 봉사 일을 다른 사람과 바꾸게 마련 아닌가. 그 메일이 내 마음에 작은 물결을 일으키더니, 이내 뇌의 상층부에서 '이런 철학을 가진 분이라면 꼭 모셔야 한다!'는 명령이 순식간에 떨어졌다.

그런 인연으로 내가 근무하던 도서관에도 도서관친구들이 만들어졌다. 발대식을 갖기까지 준비과정에서 도서관친구들이 보여준 열정적 참여는 직접 민주주의를 몸소 체험해보는 순간이기도 했다. 무슨 일이든 회의를 통해 의견을 나누고 모으고 움직이는 것이었다. 도서관친구들은 자발적으로 회원을 모으고, 도서관을 어떻게 놀고 어떻게 알릴지 사서보다 더 깊이 고민했다. 도서관 책 축제를 주관하고 지역 행사에 도서관친구들의 이름을 걸고 함께해주었다. 이처럼 친구들은 도서관에서 홀로 하기 벅찬 일들을 흔쾌히, 즐거운 마음으로 도와주었다. 아니, 앞장서주었다.

시간이 흘러 이제 나는 도서관친구들 사서로 일한다. 제대로 된 준비도 없이 사서로서는 최고의 자리에 서게 된 것이다. 단지 도서관친구들이 좋아서 이 일을 맡았다. 세상에나, 좋아해서 신나게 할 수 있는 일이 있다는 것은 얼마나 큰 행운인가! 그래서인지 내 얼굴은 점점 하회탈이 되어가고 있다.

보르헤스가 한 말처럼 "천국이 있다면 그곳은 도서관처럼 책의 향기가 가득할 것"이고, 그 옆에는 도서관친구들이라는 천사들이 있을 것 같다. 세상에서 가장 아름다운 도서관은 도서관친구들이 있는 도서관일 것이다. 도서관친구들을 한마디로 정의한다면, 사람들이 도서관에서 책과 사람을 통해 새로운 일과 관계를 찾아가면서 성장하는 봉사 모임일 것이다.

도서관에서는 사람을 모이게 하는 여러 방법에 대해 고민한다. 사서의 일은 좋은 책을 구비함은 물론, 좋은 프로그램을 기획하고 진행하는 것이다. 후속 모임으로 동아리가 만들어지고 그곳에서 서로 교류하고 함께 공부하면서 나와 가족과 지역과 세상을 알고, 세상을 좀 더 살 만한 곳으로 만드는 일에 실천적인 변화를 이끌어내는 일이라고 생각한다.

사서는 사람과 사람, 사람과 책, 책과 책을 이어주는 역할을 할 수 있어야 한다. 사람을 부르는 도서관, 사람이 남는 도서관, 사람을 변화시키는 도서관! 사서는 누구나 그런 도서관을 꿈꾼다. 그 꿈을 함께 현실로 만들어가는 사람들이 도서관친구들이다.

여기, 그냥 도서관이 좋아서 모인 사람들이 있다. 서울 불암산에서부터 제주섬까지, 공공에서 사립까지, 지역과 관종을 불문하고 도서관을 이용하면서 그 도서관을 돕기 위해 자발적으로 친구가 된 사람들이다. 벌써 10년 전부터 시작된 아름다운 사람들의 이야기는 들을수록, 알수록 감동적이다.

도서관은, 특히 사서들은 도서관친구들에게 도와달라는 요청을 편하게 할 수 있으면 좋겠다. 도서관친구들은 전국에 도움이 필요한 도서관을 위해서 무엇을 할 것인가를 늘 고민하는 사람들이기 때문이다. 그런 면에서 도서관친구들도 할 일이 점점 많아질 것이다. 인생과 마찬가지로 단체도 성장하면서 침체를 겪는다. 그 과정도 성장의 한 부분이다. 힘들고 어려워도 그런 시기를 거치면서 차츰 연금술사가 되어가는 게 아닐까?

도서관친구들은 각 도서관이 정해진 예산과 환경 아래서 할 수 있는 영역 밖의 일을 찾아서 도서관을 더욱 활성화시키는 일을 도모하고 있다. 책과 독자와 출판계의 접점을 늘리는 일에 힘을 쏟고 있는 것이다. 그로 인해 도서관은 다양한 문화행사의 장을 펼치고 있다. 도서관친구들 장터, 정기적인 독서 모임과 나눔에서 확장된 인문학 강연, 친구출판사의 저자와의 만남, 원화 아트프린팅 전시회, 인형극 공연, 클래식 공연이 접목된 북콘서트, 공동체 영화 상영, 다문화도서관에 어린이 잡지 지원 등등.

최근 도서관 지원 사업으로 윤봉길새책도서관을 돕고 있으며, 전국의 동무도서관친구들에게 도서관친구들 물품과 CMS 입금대행 및 서버 아이디 관리 비용을 지원한다. 그러니 사서 분들께 어떤 프로그램을 기획하고 누구를 강사로 모실까 고민이 있으면 도서관친구들에게 도움 청하기를 바란다.

언니도서관친구들은 '내 인생의 첫 책 출판기념회', '내 인생의 첫 책 이야기', '역자와의 만남' 등도 진행하고 있다. 이제 도서관친구들이라서 할 수 있는 일이 점점 많아지고 있어서 행복하다. 제주에서는 가정폭력 피해자들이 임시로 거처하는 곳에 도서관을 꾸미며 엄마와 아이들이 편히 쉴 수 있는 공간을 마련했다. 그렇다. 도서관은 쉴 수 있는 곳이어야 한다. 가만히 생각할 수 있는 장소여야 한다. 생각이 나무처럼 자라고 마음 깊이 호흡하며 희망을 찾을 수 있는 공간이어야 한다.

독도수비대원들에게는 매달 새 책을 보내주고, 도서관 건물만 있다는 강원도 고성의 한 군부대에도 좋은 책을 꽂을 것이다. 성매매 피해 여성들의 거주 공간에 포근한 책방을 꾸미는 일도 진행하고 있다. 앞으로 도서관친구들은 사회적으로 소외된 사람들을 찾아 새로운 희망의 씨를 뿌리는 일을 펼쳐나갈 것이다. 이런 일은 전국의 도서관친구들 모두가 기꺼이 함께해주리라 생각한다.

도서관친구들 사서로서 책을 만나고 좋은 사람들과 연대하며 그 속에서 배우고 성장하는 복 받은 삶에 대해 감사한다. '도서관친구들이 있는 도서관'을 꿈꾸는 사서 분들 앞에 이곳의 문은 활짝 열려 있다. 용기가 우리를 행복하게 하고, 연대가 세상을 변화시킨다.

큰 걸음으로 친구들에게 다가서다

신향연 | 전 도서관친구들 문화부장

사람들은 자신이 가보지 않은 곳, 잘 알지 못하는 어떤 곳에 대해 아련한 동경을 가지고 있습니다. 제게는 2006년 우연히 알게 된 '우포늪'에 대한 감정이 그랬습니다. 책 속 사진에 담긴 우포늪과 우포를 지키는 사람들에 대한 이야기를 접하고서 한동안 마음이 그곳에 머물렀습니다. 대한민국 땅 안에서 마음먹은 곳이면 어디든 갈 수 있지만 아이를 키우는 엄마, 그것도 운전을 못하는 '뚜벅이'가 우포를 찾아가기란 쉽지 않았습니다. 머뭇거리며 키워온 우포에 대한 애정과 그리움은 지금도 마음에 가득합니다. 그리움을 갖게 된 가장 큰 이유는 우포를 지키는 사람들이 그곳에 있기 때문입니다. 얼굴도 알지 못하는 사람들을 그리워하다니, 제가 좀 그렇지요.

이런 제게 도서관친구들은 가까이 있으면서도 쉽게 발길이 닿지 않는 곳이었습니다. 너무 가까이 있어서 굳이 들여다보지 않아도 많은 것을 보여주고 알려주었습니다. 하지만 그곳을 잘 알고 싶다는 생각은 들지 않았습니다. 입회서에 이름을 적어놓고 2~3년 동안 간간히 참석했던 정기 모임은 왠지 불편하고 피곤한 자리였습니다. 공부하고 싶지 않은 아이를 억지로 학원에 보내면 이런 마음이 아닐까 하는 생각이 들었지요. 도서관과의 관계는 자연스러웠지만 광진도서관친구들에게는 서먹함이 쉽게 가시지 않았습니다.

몇 년 동안 도서관친구들 주위를 배회하며 부담스러웠던 것은 열심히 활동하는 분들이 보여주는 모습이었습니다. 편히 쉬는 주말에 도서관에 나와 사람들을 만나고, 그 사람들에게 도서관친구들을 알리는 '친친행사'는 제가 이 모임에 쉽게 참여하지 못하게 했던 이유였습니다. 누가 시키지도 않겠지만 도서관친구들 회원이라면 해야 하는, 따로 정해진 사람만 하는 일은 아니라고 생각했습니다. 내가 무엇을 하는지 주위에 알리는 일도, 좋은 것을 보는 일도 그냥 혼자서 하는 것이 편했기 때문이지요.

생각해보니 도서관친구들 모임을 할까 말까 고민한 이유가 또 하나 있네요. 만남의 시간이 정확하지 않았던 점입니다. 10시에 시작하는 모임이 30분이 지나도 한두 명 앉아 있을 때가 많았고, 끝나는 시간은 도대체 언제인지도 모르는 모임이 이해가 되지 않았습니다. 저 또한 시간을 엄격히 지키는 사람은 아니지만 애매하게 시간을 보내는 것도 좋아하지 않았습니다.

그렇지만 책시장에 참여하며 느꼈던 즐거움은 오랜 시간 마음속에 머물러 있습니다. 아침 햇빛 쏟아지는 한강을 바라보며 친구특강을 듣는 멋스러운 여유는 도서관친구들이 주는 선물 중의 하나입니다. 물론 친구특강은 모든 사람들에게 열려 있지요.

2009년 도서관친구들 4주년 기념행사에 참석하게 되었습니다. 그리고 알게 되었지요, 내가 이 사람들을 그리워하고 있었구나. 우포를 지키는 사람들처럼. 이런저런 만족스럽지 못한 점들을 뒤로하고 2010년 정회원으로 활동하게 되었습니다. 서먹하던 낯설음도 시간이 지나자 곧 희미해졌습니다. 그러다 보니 체계 있는 광진도서관친구들을 만들어가는 일에 함께하고 싶은 마음이 들었습니다.

점점 도서관친구들이 늘어가겠지요. 작은 관심을 가지는 사람들도 많아지겠고요. 누군가는 광진도서관을 떠올리며, 그곳을 함께 가꾸고 키워가고 있는 도서관친구들을 생각하며 애틋함이 생기지는 않을까요? 가보지도 만나보지도 않았던 도서관과 그 친구들에게 가지는 그리움 말이지요.

반대로 도서관친구들이 있는 지역은 이제 제 마음속 '우포'가 될 것입니다. 머뭇머뭇 맴돌던 걸음을 멈추고 큰 걸음으로 도서관친구들에 발을 내딛었습니다. 사무국 문화부장으로서 할 일이 무엇인지 고민하고 행동해야 하는 큰 숙제가 있지만, 많은 친구들을 위해, 또 새로운 친구들을 위해 하는 일이니 기쁘게 해나가려고 합니다.

나의 것을 먼저 꺼낼 때

한송이 | 전 도서관친구들 간사

"한송이 선생님, 도서관친구들 간사를 맡아주시지 않겠어요?"

"간사가 무슨 일을 하는데요?"

"CMS 신청서를 등록하고 도서관친구들의 간단한 일들을 도와주는 일이에요. 어려운 부분이 있으면 그 전에 했던 것 참고해서 하면 되고, 제가 다 도와드릴게요."

그때는 도서관친구들이 혼란을 겪던 시기였습니다. 미소를 지었지만 여희숙 선생님의 얼굴은 한껏 수척해져 있었습니다. 왠지 내가 아니면 이 일을 할 사람이 없을 것 같다는 몹쓸 책임감이 고개를 들었습니다.

"네, 제가 할 수 있는 일이라면 해볼게요."

가끔씩 되새기며 후회하곤 했던 장면입니다. 여 선생님의 말은 절반은 참말이고 절반은 거짓말이었습니다. 도서관친구들 간사 일은 간단치 않았습니다. 비상시국이라 자주 만나야 한다는 회장님의 명에 따라 운영위원회는 한 달에 한 번씩 열렸고, 시시때때로 열리는 행사와 지회 지원, 때마다 경비를 정산하고 회계를 정리하는 일은 귀갓길에 발걸음을 멈추게 하고 눈물을 쏟게 했습니다.

'내 인생에 회계는 없다'는 다짐을 품고 살았던 내가 대체 이 일을 왜 한다고 했을까, 후회가 막심했습니다. 가족들에게 간사 일이 어렵고 힘들다고 투정을 부리면 그게 무슨 자원활동이냐며 그만두라고 했습니다. 회사원들이 양복 안주머니에 사표를 넣고 다닌다는 것처럼 "저 간사 그만둘래요"라는 말을 가슴속에 품고 다니며 말할 기회만을 찾았습니다.

문제는 여희숙 선생님이 했던 절반의 참말이었습니다. 사업 진행 중에 어리둥절하고 있으면 어디에서 어떤 자료를 찾아봐야 할지 알려주었습니다. 이현옥 전 간사가 사업과 회계를 말끔하게 정리해서 넘겨준 덕분에 자료만 잘 찾으면 처음 겪어보는 사업 진행도 얼추 해낼 수 있었습니다. 일이 밀려서 쩔쩔 매고 있거나 표정이 어두워지면 선생님은 어떤 어려운 점이 있는지 묻고는 어떻게 해결하면 좋을지 고민해주었습니다. 신기하게도 선생님과 이야기를 하면 나를 그렇게 힘들게 했던 복잡한 문제가 간단해지고 마음이 가벼워졌습니다. '이제 더는 못 하겠다'고 먹은 마음이 '해볼 만한데!'로 바뀌는 것이었습니다.

선생님은 언제나 정성으로 도와주셨고 나는 그 힘으로 다시 도서관친구들을 도울 수 있었습니다. 그런 일들이 이어졌고 마음의 사표는 끝내 제출하지 못한 채 간사로 지내온 지 어느 새 2년이 다 되어갑니다.

처음부터 우는 소리를 좀 하긴 했지만, 돌이켜보면 8할은 재미있고 즐겁고 마음 내키는 일들이었습니다. 우선 도서관친구들은 좋은 일을 합니다. 어떻게 이 단체는 이럴 수가 있을까 싶을 정도로 좋은 일만 합니다. 정말 너무한 단체입니다. 글로벌기업 버진의 회장 리처드 브랜슨이 이런 말을 했습니다.

"가장 값싸게 하는 방법이나 가장 빠르게 하는 방법을 생각하지 마라. 가장 훌륭하게 하는 방법을 생각하라."

이 문장을 보자 도서관친구들이 떠올랐습니다. '도서관과 사람을 돕자. 전국에 도서관이 2,000개가 될 때까지 돕자. 이 모든 것을 시민들의 힘만으로 하자'는 도서관친구들의 목표와 원칙은 천천히 가더라도 도서관을 제대로 돕는 훌륭한 방법이라는 생각이 들었습니다. 그중에서도 가장 마음에 드는 부분은 '선한 순환'을 지향한다는 것입니다. 기꺼이 주되 돌려받을 것을 기대하지 않고, 감사히 받되 준 사람이 아닌 다른 사람에게 돌려줄 수 있다는 말입니다.

도서관친구들이 내는 후원금도 그렇고, 도친장터도 그렇습니다. 친구출판사가 도서관친구들에게 반품도서를 기증해주면 그것으로 도친장터를 열 수 있고, 시민들은 좋은 책을 저렴한 가격으로 구입할 수 있습니다. 수익금이 생기면 도서관친구들 운영에도 보탬이 되고 친구출판사는 새 책을 판매할 수 있고 도서관은 좋은 책을 기증 받을 수 있으니 친구출판사, 도서관, 시민들 누구하나 좋지 않은 사람이 없습니다. 초등학교 선생인 저와 친구들은 도친장터에서 구입한 책으로 학급문고를 만들 수 있었고, 그 덕분에 아이들은 좋은 책들과 만날 수 있었으니 이 또한 기쁜 일이 아닐 수 없습니다.

다른 사업들도 그랬습니다. 새롭게 시작한 '내 인생의 첫 책' 사업도, '도서관 건립' 사업도, '다문화도서관 지원' 사업도 도움을 받는 사람들이 기뻐할 방법을 고민했고, 우리가 누군가에게 도울 수 있는 일과 도울 수 있는 힘이 있어서 좋았습니다. 물론 이런 기대도 살며시 해봅니다. 이 사업을 통해서 누군가는 더 멋진 책을 써야겠다는 생각을 하지 않을까? 누군가는 새로운 꿈을 키울 수 있지 않을까? 누군가는 왠지 모르게 기분이 좋아지지 않을까? 그런 행복한 기대를 하게 됩니다.

뭐든지 계산하고 손익을 따져서 주는 것만큼, 아니 그 이상으로 받아내려고 하는 풍조가 만연한 세상입니다. 세상에 공짜라는 말은 널렸지만 진짜 공짜는 없고 준 만큼 돌려받지 못하면 바보 같다고 놀리기도 합니다. 그 속에 도서관친구들처럼 줄 수 있어서 감사하고 기뻐하는 바보 같은 단체가 있다는 사실에 큰 위안이 됩니다.

밑줄독서모임에서 장일순 선생님의 이야기를 담은 『좁쌀 한 알』이라는 책을 읽은 적이 있습니다. 물고기 두 마리와 떡 다섯 개로 오천 명이 먹고 남았다는 오병이어의 기적을 장일순 선생님은 '예수가 거기 모인 사람들 주머니를 턴 것'이라고 설명하십니다. 예수가 먼저, 가진 모든 것을 내놓고 나눔으로써 다른 사람들도 자신의 주머니에 있는 것들을 꺼내어 나눌 용기가 생겨나게 한 것이겠지요. 내 것은 주머니에 숨겨놓고 네 것을 먼저 꺼내라고 했으면 오병이어의 기적은 없었을 것입니다.

도서관친구들도 첫 발을 떼기 시작했을 때 누군가가 먼저 자신이 가지고 있던 오병이어를 내놓았을 것입니다. 그 마음에 감동하여 하나 둘씩 주머니를 열었을 테고 그것으로 도서관을 돕는 일들을 조금씩 시작할 수 있었을 것입니다. 처음에는 정성만으로 도울 수 있는 일에서 재정 지원과 물품 지원도 할 수 있게 되었고, 지금은 작지만 예쁜 도서관을 만들어주는 일까지 할 수 있게 되었습니다. 도서관친구들 10년 중 끝자락에 합류한 저는 그 시작과 과정을 생각하면 가슴이 뭉클해지고 고마운 마음으로 가득해집니다. 아낌없이 자신의 오병이어를 꺼냈던 사람에게 동참해서 자신의 주머니를 털었던 사람들 모두가 소중하고 고맙습니다.

도서관친구들 15년, 전국에서 10,000명에 가까운 시민들이 자발적으로 자신의 주머니에 있는 것을 내어주고 있습니다. 자기 주머니의 음식을 자기 입에 넣지 않고 이웃과 나누고 있습니다. 도서관친구들이 그 나눔의 힘을 꾸준히 키워나갈 수 있으리라 믿습니다. 앞으로의 10년은 더욱 단단하게 커나가리라 믿습니다. 그래서 5천만 국민의 배를 채우고도 열두 바구니가 남는 기적을 보는 그날까지 도서관친구들의 역사가 계속되기를 꿈꿔봅니다.

사랑의 힘, 질문하는 능력

이제이 | 성공회대 신문방송학과 교수, 문화기획 '그래' 대표

바람의 끝이 달라진 9월의 어느 날, 교보문고를 향해 길을 건너다가 멈칫했다. 멀리 보이는 글판의 글 때문이었다.

'우주가 우리에게 준 두 가지 선물, 사랑하는 힘과 질문하는 능력.'

눈물이 날 것 같았다. 지난 봄 읽다가 밑줄 친 구절 아닌가. 시인 메리 올리버의 책 『휘파람 부는 사람』의 한 구절이 거기에 있었다. 메리 올리버와 만나던 그날 책상 앞의 풍경이 스쳐간다. 고요한 밤에 책을 읽으면 마치 텐트를 치고 야영을 하고 있는 듯한 착각에 빠진다. 은밀한 적막이 외로움을 저만치 밀어놓는다. 게다가 이 책을 읽으면서는 절대로 외로울 수 없었다. 책에서 나는 눈 맑은 저자 메리 올리버와 만났고, 그가 지금의 자신을 만들었다고 소개했던 소로, 에머슨, 프로스트 그리고 에드거 앨런 포를 만났다. 그날 나는 소로처럼 숲속에, 월든 호숫가에 텐트를 치고 삼림욕을 하는 기분이었다.

메리 올리버가 소로와 에머슨으로부터 정신적 유산을 받았다면 나 또한 그 유산의 상속인이다. 소로와 에머슨의 책을 읽으며 세상 보는 눈을 키워갔으니까. 우리는 그렇게 누군가의 글을, 누군가의

생각을 양식 삼아 성장해간다. 책에서 밑줄 그은 구절들은 그대로 몸에 새겨진다. 내가 읽는 책은 오늘의 나를 만들었다. 이제껏 들었던 음악과 감동받은 그림과 걸었던 길들이 나를 만들었다. 내가 만난 사람들 또한 지금의 나를 만들었다. 도서관친구들이 그랬다.

도서관친구들과 처음 만났던 때가 언제던가. 첫날의 기억은 사람들의 미소로 가득하다. 낭독회가 열리는 행사장 앞에서 사람들을 맞고 있는 도서관친구들은 하나같이 웃음을 머금고 있었다. 그리고 그 앞에는 사람을 닮은 단정한 주먹밥들이 나란히 손님을 맞고 있었다. 사회생활을 하다보면 슬프게도 친절을 친절 그대로 받아들이지 못할 때가 있다. 계산된 포장인 듯하여 때로 마음 한구석 접고, 얇은 가면 하나 쓰고 만나게 되는 일을 피하기 어렵다. 하지만 도서관친구들과의 만남에는 알면서도 서로 속이는 겉치레 예절의 장막이 필요하지 않았다. 꼭꼭 씹을수록 달큰한 맛이 입 안에 감돌던 그날의 주먹밥처럼, 그날의 낭독회와 도서관친구들과의 만남은 두고두고 되씹어보는 내 안의 정겨운 풍경이 되었다.

지구가 끌어당기는 힘으로 우리가 중심을 잡고 설 수 있듯 사람과 사람 사이에도, 그리고 사람과 음악, 사람과 책, 사람과 세상, 모든 것의 관계에는 끌어당기는 힘이 작용한다. 그 이끌림, 그 매혹이 우리로 하여금 사랑에 빠지게 하고, 살아가게 하고, 다시 일어나게 하고, 눈물 흘리게 하고 눈물을 닦아주기도 한다.

아메리카 원주민 사이에서는 'I love you'라는 말 대신 'I kin ye'라는 기묘한 영어가 쓰인다고 한다. 일종의 현지화된 영어인 셈인데, 한마디로 '나는 당신과 동족이다'라는 뜻이다. 살과 피가 나누어진 사이라는 이 표현은 사랑이라는 말보다 더 애틋하다.

함석헌 낭독회와 김사인 시인을 초대한 시 낭독회, 한 달에 한 번씩 여는 특강 등을 통해 서로의 영혼에 힘을 불어넣는 도서관친구들. 우리는 곳곳에서 작은 혁명을 이루어가고 있다. 우포늪에 도서관을 열었고, 제주에는 새로운 삶의 둥지가 될 도서관을 마련했으며, 독도에 세울 도서관도 꿈꾸고 있다. 저자와의 만남도 다양화해서 첫 책을 낸 초보 저자들을 위한 '내 인생의 첫 책'을 열었고 앞으로는 번역자를 초대하는 '번역자와의 만남'을 펼쳐가려 한다. 그 어디에서도 볼 수 없던 새로운 기획들이다.

"책을 굳이 읽어야 할까?"

학기가 시작되면 수업 첫 시간에 나는 꼭 이 질문을 던진다. 아이들은 고개를 갸웃거린다. 정말 책을 읽어야할까? 굳이 돈을 들이고, 시간을 들이고, 온 정성을 기울여 읽어야만 하는 걸까? 질문은 계속된다. 도서관이 굳이 있어야 할까? 글을 꼭 써야 할까? 생각을 해야만 할까? 이러다보면 질문의 끝에는 이런 물음과 맞닿는다.

"우리가 굳이 살아야 할까?"

살다가 막다른 길에 왔을 때, '이제 끝이다'라고 생각할 때, "다른 길이 있어"라고 말없이 손 내밀어주는 사람, 내 인생에 새롭게 밑줄을 긋게 하는 사람, 그가 바로 도서관친구들이다. 적어도 나에게는 그렇다.

나는 도서관친구들에게서 두 가지 선물을 받았다. 사랑하는 힘, 그리고 질문하는 능력.

내가 행복해지니 아이들도 행복해졌다

김진수 | 윤봉길새책도서관친구들

도서관에서 수많은 활동이 이루어지는 동안, 같은 광진구에 있으면서 나는 거기에 대해 전혀 듣지도 생각지도 못한 채 살고 있었다. 내가 스스로의 상처를 안고 거기에 빠져 허우적거리고 있는 사이, 사람들은 남을 위해 또는 자신을 위해 열심히 나아가고 있었던 것이다. 오늘을 계기로 나 또한 스스로를 변화시킬 수 있을 것 같은 생각에 가슴이 뛴다. 나도 아이들에게, 주변 사람들에게 책읽기의 행복을 알려주고 싶다.

이 글은 도서관친구들을 처음 만난 그때 읽고 있던 책에 짧게 메모했던 내 생각이다. 내가 도서관친구들을 처음 만난 것은 2013년 봄이었다. 우연한 기회에 '책 읽는 엄마학교'에서 밑줄독서모임을 하게 되면서 그분들을 만났다. 당시 나는 심신이 많이 지친 상태였고, 나 자신의 존재는 돌아보지 못한 채 보통 엄마들처럼 고만고만한 어린 세 아이에게 몰두하며 살아가고 있었다.

처음 독서모임에서 나를 소개하던 날, 가슴이 벅찼고 눈시울까지 붉어졌다. 책을 마지막으로 잡아본 적이 언제인지 가물가물했다. 감명 깊었던 책을 기억하느라 머릿속을 헤집어야 했다. 결혼 후 처음으로 나에게 집중하여 나만을 위한 계획을 세워보면서 부언지 모를 깊은 감정에 휩싸였던 것 같다. 얼마 후, 도서관친구들에 대해서도 알게 되었다. 엄마학교 독서모임이 도서관친구들의 후원과 뒷받침으로 시작되었다는 이야기를 듣고 작은 후원을 하기 시작했다.

도서관친구들 이야기를 하면 빼놓을 수 없는 이름이 하나가 있다. 도서관친구들의 첫 시작부터 지금까지 한결같음으로 자리를 지켜온 여희숙 선생님이다. 책을 좋아해 도서관을 자주 다니다 도서관을 돕고 싶다는 마음을 갖게 되었고, 그런 사람들과 힘을 모아 지금의 도서관친구들까지 이끌게 되셨다.

독서모임에 처음 간 날 뵈었고 내가 작은 후원을 하고 있을 때만 해도 먼발치에서 바라보며 그저 감사한 분으로만 여겼다. 그렇게 엄마학교 독서모임을 하면서 도서관 행사나 다른 모임을 통해 문화적 호사를 누리며 작은 인연을 이어가고 있을 즈음, 도서관친구들과 선생님한테 일어난 안타까운 소식이 들려왔다. 그 일을 계기로 도서관친구들에 더 집중하게 되었다.

나는 그때 다른 것은 생각하지 않았다. 안면도 없던 한 사람을 만나 책을 잡게 되었고, 책을 읽고자 하는 마음이 생겼으며, 그를 통해 생각과 삶의 변화가 일어났고 행복해질 수 있다면 그것 하나만으로도 족하고 충분히 감사하다고 여겼다. 그래서 내가 할 수 있는 것으로 도서관친구들과 여희숙 선생님을 돕는 길을 찾으려 했다. 그런 마음으로 도서관친구들 정회원이 되었고, 이제 내 마음속에 도서관친구들이라는 이름이 더욱 크게 자리 잡게 되었다.

내 머리로는 상상할 수조차 없는 아픔을 겪으며 2013년 겨울이

가고, 2014년 새해를 맞았다. 도서관친구들에 새로운 회장님이 오셔서 단체를 이끌게 되었다. 여희숙 선생님은 아픔의 한가운데 있으면서도 늘 꿋꿋하게 도서관친구들과 함께하셨다. 그리고 새봄을 맞아 도서관친구들은 양재에 위치한 윤봉길기념관 안에 새책도서관으로 보금자리를 옮겨 새롭게 출발했다. 윤봉길새책도서관친구들이 생기면서 나도 조금의 힘을 보태게 되었다.

도서관친구들은 처음부터 지금까지 내게 큰 것을 요구하지 않았고, 나도 많은 시간을 내서 활동하지는 못했다. 하지만 나는 도서관친구들에게 그 이상의 무언가를 받았다. 밑줄독서모임을 통해 책과 늘 가까이 하게 되었다. 독서는 활동의 기본이면서 생각을 키워주는 큰 힘이었다. 밑줄독서모임은 책을 읽고 생각을 나누며 밑줄 그은 부분을 보물상자에 기록하는 모임이다. 큰 부담을 주지 않으면서도 책을 편안하게 접하게 해준다. 아이들도 쉽게 따라할 수 있고 아이들이 어느 정도 자라면 가족이 함께 할 수도 있다.

이따금씩 가는 문화 나들이 또한 지친 삶에 신선한 쉼표를 찍게 해주었다. 내가 도서관친구들 안에서 행복을 찾으니 아이들도 더불어 행복해졌다. 내가 책을 읽으니 시키지 않아도 저절로 책을 가까이 하는 아이로 자라게 됨을 배웠다. 나는 지금 부족하나마 도서관친구들을 닮아가고 있는 중이다. 아이들도 이런 나를 닮아가고 있으리라는 생각에 뿌듯하다. 누구에게 칭찬받기 위해서나 생색내기 위해서가 아닌 너와 나, 우리가, 그리고 더 많은 사람들이 서로 돕고, 더 많은 사람들이 행복해지는 것, 이것이 도서관친구들의 소망임을 이제야 조금 알았다.

나는 도서관친구들로서 앞으로 해보고 싶은 일에 대해 꿈을 꾼다. 일상에 지쳐 꿈이란 나와 거리가 멀다고만 여기며 살던 한 사람이 남을 위한 일을 꿈꿀 수 있게 되다니, 모두 도서관친구들 덕분이고 모두를 이끌어주신 여희숙 선생님이 계시기 때문이었다. 어떤 이들은 도서관친구들과 여희숙 선생님의 관계를 두고 비아냥거리지만 어떤 면에서는 떼려야 뗄 수 없는 관계일 수밖에 없다고 말하고 싶다. 선생님의 뜻이 담긴 채 한결같은 모습으로 지금까지 이어져왔는데 그렇게 생각하는 것이 당연하지 않을까.

앞으로도 도서관친구들이 널리 퍼지고 더 많은 이들이 함께하여 행복해지길 기대한다. 스스럼없이 우리를 '여희숙의 친구'라고 불러주시는 선생님께 존경의 마음을 전하고 싶다.

꿈꾸는 도서관

허선영 | 불암문고도서관친구들 대표

도서관을 디자인하고 계획·관리하는 일은 도서관을 오랫동안 관련 연구를 해온 전문가와 실무경험이 탄탄한 사서 선생님들이 해야하는 일이겠지요. 그래야만 시행착오 없이 잘 운영이 될 것입니다. 그렇지만 엉뚱하다는 반응과 성과에 대한 염려 때문에 꿈을 꾸지 않는다면 안전한 길만 좇는 쳇바퀴 같은 삶에 갇힐지도 모릅니다.

저는 전문가도 아니고 직책에 따르는 책임이 없으니 부담 없이 황당한 꿈을 꾸며 사는 사람입니다. 그런데 우리 동네에도 도서관이 개관하게 되었다는 소식을 듣고 매일 어떤 꿈을 꾸게 되었습니다. 제가 꿈꾸는 도서관에서의 하루를 함께 해보시겠어요? 꿈 속 주인공은 김호순 씨입니다. 중계동에서 살고, 중학교 1학년, 초등학교 5학년 두 딸을 키우며 시간제 근무 알바를 하는 40대의 반업주부이지요. 이제 이야기가 시작됩니다.

작년에 작은 아이와 같은 반이었던 나영이 엄마에게서 문자가 왔다.

'을효 엄마, 최근에 민구 엄마한테 책 한 권을 추천받아 읽었는데 혼자 읽기 아까워서 문자를 보내요. 103동 뒤에 새로 생긴 '달리함께' 도서관 로비에 책을 맡겨놨어요. 꼭 찾아서 읽어보세요.'

김호순 씨는 생각한다.

'그래, 우리 동네에 도서관 지어준다는 공약을 보고 작년에 동네 사람들한테 선거운동까지 하고 다녔었는데, 막상 개관을 했다는 소식을 듣고도 아직 못 가봤네. 오전 알바를 마치는 대로 바로 가봐야겠다.'

그렇게 첫걸음을 한 도서관 입구에는 아기자기한 야생화 꽃들이 가득했다. 수선화와 하늘매발톱이 이름표를 달고 맞이해주었다. 나도 소리 내어 꽃 이름을 부르며 하나하나 눈길을 주며 인사를 나누었다. 도서관 담을 타고 오르는 담쟁이덩굴 앞에는 도종환 시인의 「담쟁이」라는 시가 씌어 있었다. 시를 한 편 읽으니 급히 달려온 마음이 조금 편안해졌다.

문을 열고 들어서니 귀에 익은 클래식 음악이 흐른다. 하지만 클래식은 아무리 들어도 작곡자와 곡명이 잘 기억나지 않는다. 이런 생각을 하는데 친절하게 대답이라도 하듯이 한쪽에 놓인 칠판에 다음과 같이 적혀 있었다.

'지금 들으시는 음악은 쇼팽의 녹턴 야상곡 제2번 E플랫 장조입니다. 녹턴은 낭만파의 독특한 소품 형식입니다.'

기분이 좋아졌다. 음악이 머리를 맑게 해준 것이다.

'들어오자마자 똑똑해진 듯한 느낌, 좋은데!'

흐뭇하게 책을 찾으러 안내 데스크로 갔더니 이번에는 눈에 익은 그림이 사서 선생님 옆에 놓여 있었다. 누구의 작품인가 보니 그림 옆에 꽂힌 화가 얀 페르메이르에 관한 책과 도록들이 눈에 들어

왔다. 사서 선생님은 '이달에 만나볼 화가'라는 이야기와 함께 책을 꺼내 보이며 각 책에 대한 설명을 해주었다. 당장 다 읽어야만 할 것 같은 독서 의욕이 솟았다.

북카페처럼 아늑하게 꾸며진 로비에는 남녀노소 할 것 없이 많은 사람들이 소파에 앉아 책을 쌓아놓고 읽고 있었다.

'가만 보자…… 아, 만화책을 저렇게들 보고 있구나!'

식음을 전폐하고 만화방에 살던 왕년의 만화광인 내 눈이 번쩍 뜨였다. 로비 한쪽 벽면에 가득한 만화책 서가의 이름은 '느티나무 만화방'이었다. 과거와 현재의 훌륭한 만화가들의 잔칫집에 온 듯 순간 나를 들뜨게 했다. 요즘 아이 키우는 어느 집에나 수십 수백 권씩 책장을 차지한 학습만화는 단 한 권도 없었으니 이 만화방의 높은 수준을 가히 짐작할 수 있었다.

"참, 책 받아야지. 저는 김호순인데요, 을효 엄마 이름으로 맡겨놓은 책이 있다고 해서요."

내 말을 들은 사서 선생님은 나무 모양 옷걸이에 주렁주렁 걸려 있는 에코백 중 하나를 가져왔다. 나영이 엄마가 무슨 책을 추천했을지 궁금하던 책은 서정홍 시인의 『부끄럽지 않은 밥상』이었다. 사서 선생님은 책표지 안쪽에서 카드를 꺼내 내 이름과 날짜를 쓰고 책을 건네주었다. 그리고 "김호순 님, 도서관에서 하는 '책 이어 읽기'에 참여하게 되셨습니다"라며 축하해주었다. 카드에 있는 리스트를 보니 내 이름이 민구 엄마, 나영이 엄마 다음으로 일곱 번째로 올라 있었다. 에코백을 받아드니 왠지 큰 사명을 받은 느낌이 들었다.

그 자리에서 내가 좋아하는 윤동주 시인이 그려져 있는 카드를 골라 도서관 회원증을 만들고 2층으로 올라갔다. 인근 중학교의 교복을 입은 서너 명의 아이들이 책을 쌓아놓고 포스트잇을 붙여가며 노트에 열심히 옮겨 적고 있었다. 학원에 가 있을 시간인데 뭐하나 싶어 들여다보는데, 마침 딸아이 친구가 있었다. 학교별로 주제 발표 시합이 붙었다고 한다.

'이번 주 주제: 동학농민운동. 학교별로 선수 3명을 모아 오시면 선착순으로 신청하실 수 있습니다'라는 안내문이 붙어 있었다. 네이버에서 검색해도 될 텐데 도서관에 나와 힘을 합쳐 열심인 아이들의 모습을 한참 바라보았다. 신선한 충격이었다. 이 친구들은 평소에 숙제도 도서관에서 한다고 했다. 발품, 손품 팔아가며 친구들과 도움을 주고받으며 숙제를 하는 아이들이 대견했다. 한편, 인터넷에만 매달려 있는 우리 큰아이는 과연 이렇게 할 수 있을까 하는 걱정도 들었다.

3층으로 올라가니 서가 입구에 이런 구절이 적혀 있었다.

'책읽기를 시작하는 것은 인생에서 가장 즐겁고 자랑스러운 변화다.'

나는 도서관에서는 책을 읽기보다 책 제목과 저자 이름을 쭉 살피며 서가 돌아다니기를 좋아하고 책은 대출해서 집에서 읽는 편이다. 문학 서가에서 좋아하는 소설가의 신간 제목을 읊으며 돌아다니다 마지막 서가에 다다르니 갑자기 조명이 어두워지고 중세 수도원의 지하 도서관에 온 듯 깊고 따스한 기분이 들었다. 벽을 따라 일인용 테이블이 줄지어 놓여 있고 벽돌로 마감된 테이블 옆 벽에는 작은 호박색 램프가 하나씩 박혀 주황색 불빛을 발하고 있었다.

'지금부터 마법의 두 시간이 시작됩니다. 가방과 전화기는 맡겨

두세요. 오로지 한 권의 책과 한 잔의 차만이 함께하는 전력독서 공간으로 초대합니다.'

해리포터의 마법학교에서나 볼 수 있음직한 고딕풍의 포스터 옆 사서 선생님 자리에는 '마법의 책을 처방해드릴까요?'라는 안내 문구가 씌어 있었다. 내게 꼭 맞는 약과 같은 책을 골라주신다니, 그런 특별한 대접을 받고 싶기도 했지만 이미 내게는 누군가가 권해준 책이 있으니 아쉽지만 다음을 기약했다. 집에 와서 나를 찾을 딸아이들에게 두 시간 동안 통화가 안 될 거라는 메시지를 보내고 휴대폰을 맡겼다. 문득 비밀이 생겨 기분 좋은 일탈을 하는 느낌이 들었다.

개인 컵을 준비하지 않아 도서관에 비치된 머그잔에 핫초콜릿을 한 컵 가득 타서 구석에 자리를 잡고 앉았다. 푹신하게 생겼는데 보기와는 달리 딱딱한 소파였다. 주위를 둘러보니 시계도 없고, 다만 옆에 켜진 램프가 두 시간 후면 꺼진다고 한다. 10분이나 지났을까 시간이 궁금하고 전화가 왔을까 하며 마음을 들썩이기를 서너 번, 그러고는 불이 깜박깜박거리다 꺼지는 순간, 아, 눈 깜빡할 사이에 두 시간이 흘렀다! 내가 앉아 있는 공간과 시간이 먼 여행에서 돌아온 듯 낯설게 여겨졌다.

책을 받으러 들어와 어찌하다 한나절을 다 보내고, 벌써 밤이 되지 않았는지 두리번거리며 열람실을 나섰다. 들어올 때는 보지 못했던 앙드레 지드의 문구가 내게 미소를 선물했다.

'나는 책 한 권을 뽑아 읽었고 그 책을 꽂아 놓았다. 그러나 나는 조금 전의 내가 아니다.'

3층 열람실을 나서자니 지금의 내 마음을 어떻게 딱 알아챘는지

'우리 아기 북스타트' 안내문 옆에 '엄마도 다시! 북스타트'라는 제목의 안내문이 붙어 있는 게 아닌가. 결혼하고 아이 키우느라 정신 없었던 10여 년 동안 독서는 내 인생에서 한쪽 구석으로 밀려나 있었다. 2주 동안 한 권의 책을 읽고 '다시! 북스타트'에 참가하는 엄마들과 밑줄독서모임을 갖는다고 한다. 망설임 없이 신청서를 내고 권장도서 다섯 권 중 첫 번째 책과 밑줄 독서노트가 든 책꾸러미를 받아들었다.

책이 든 보따리를 두 개나 들고 뿌듯해하며 계단을 내려오는데 조용한 음악과 함께 안내방송이 나오기 시작했다.

"책 읽고 있는 친구들, 잠시만요."

옆에서 친구가 귓속말로 속삭이듯 사서 선생님이 조심조심 얘기했다.

"이제 곧 도서관 문을 닫을 텐데요, 도서관을 나서기 전에 로비에 잠시 모여 시를 읽고 가면 어떨까요? 낭독해주는 친구들은 예쁜 시를 집에 가져갈 수 있어요."

시 낭독? 학창시절에 벌벌 떨면서 읽었던 시 낭독이란 말인가? 읽는 사람이 있을까 하는 호기심에 내려가보니, 웬걸! 예닐곱 명이 줄까지 서서 기다리고 있었다.

시는 엷은 갈색 종이에 그림과 함께 예쁘게 프린트되어 한 명씩 골라 읽도록 준비되어 있었다. 낭송회가 시작되었다. 더듬더듬 동시를 읽는 아이도 있고, 제법 시를 외워 눈을 감고 낭송하는 근사한 아저씨도 있었다.

"마지막 한 편이 남았네요, 누가 낭독해보실까요?"

문득 저 예쁜 시를 나도 집에 가져가고 싶다는 마음과 함께 '나는 조금 전의 내가 아니라는' 응원이 내 안에서 들려왔다. 손을 번쩍 들고 나가는데 다리가 후들거렸다. 시가 적힌 종이를 펼쳐보니 다행히 아는 시였다.

누가누가 잠자나

목일신

넓고 넓은 밤하늘엔
누가누가 잠자나
하늘나라 아기별이
깜빡깜빡 잠자지

깊고 깊은 숲 속에선
누가누가 잠자나
산새 들새 모여앉아
꼬박꼬박 잠자지

포근포근 엄마 품엔
누가누가 잠자나
우리아기 예쁜 아기
새근새근 잠자지

나도 모르게 마지막 연을 노래로 흥얼거렸고, 시를 듣던 사람들과의 합창으로 시 낭송은 무사히 끝났다. 안도의 숨이 나오는데, 몇

편 더 읽고 싶은 이 아쉬움은 무엇이었을까. 도서관을 나서니 어둠이 내려앉았다. 흐린 밤하늘에 가려 보이지 않는 별이 내 눈에는 가득 빛나고 있었다.

살다보면 우리는 어릴 적 어린이날에 종합과자세트를 선물로 받아 원 없이 과자 파티를 하는 날도 있지만, 가끔 한두 개 얻은 과자를 더 맛있게 먹는 일이 많지요. 이런 꿈 같은 도서관이 하늘에서 뚝 떨어지기를 바라는 마음보다, 이웃 한 사람 한 사람에게 따뜻한 관심을 건네는 도서관을 바라는 마음으로 글을 써보았습니다. 책을 읽어 지식을 머리에 남기려고 우리는 도서관에 가지만, 꿈속 주인공 호순 씨는 편안하고, 흐뭇하고, 뿌듯한 느낌을 가득 안고 도서관을 나섭니다. 늘 새로운 변화로 꿈틀거리는 감동 있는 도서관에서, 함께 다른 꿈들을 키워나가는 공동체를 꿈꿔봅니다.

들꽃이야기도서관 이야기

김숙 | 부산 들꽃이야기도서관 관장

이름에 담았어요

처음 시작은

25여 년 전, '서재를 도서관으로'라는 문구를 내걸고 '작은 도서관'이라는 개념으로 도서관을 열며 세로 현판을 걸었다. 신고제였던 1997년 1월, 당시 법적 명칭은 '문고'였고 지금도 신고증에는 '문고'로 되어 있다. 1996년 겨울에 부산시 남구 문화체육과에 신고를 한 다섯 개 도서관 가운데 '들꽃이야기도서관'만이 신고증을 받았다. 그때 이후로 단 한 번도 이사를 하지 않은 채 이 자리에서 처음 품은 뜻 그대로 도서관을 운영하고 있다.

이후 좋은 책을 만나고 마음껏 책을 읽을 수 있는 공간을 꿈꾸는 개개인이 지역마다 작은도서관을 열었다. 더 나아가 전국에서 같은 뜻을 가진 대표와 관장들이 모여 협의회를 만들었고 지금의 '(사)어린이와 작은도서관협회'로 자리를 잡았다. 초창기 협의회에는 제주 '설문대', 부산 '들꽃이야기', 청주 '초롱이네', 백담사 '솔방울', 서울 '파랑새'와 '책읽는 엄마 책읽는 아이' 등이 참여했다.

우리는 함께 작은도서관과 책과 어린이와 어린이 마음을 가진 책 읽는 어른에 대해 고민했다. 독서 문화의 구체적인 변화를 위해 도서관법을 개정하는 데 앞장섰다. 전국 도서관대회에 참가하고, 영부인인 권양숙 여사와 더불어 책잔치를 열어 전국에 작은도서관을 알렸다. 이 일을 계기로 정부 부처 안에 작은도서관진흥팀이 만들어졌다. 국립중앙도서관 작은도서관진흥팀에서 발행했던 월간 '작은도서관' 12월호에 들꽃이야기도서관 소식이 실리기도 했다.

이름에 담았어요

들꽃은 스스로 아름다우면서도 주변의 사물과 함께 살아간다. 바위 옆에서는 바위와 함께, 풀 옆에서는 풀과 함께, 나무 옆에서는 나무와 함께, 꽃 옆에서는 꽃과 함께 잘 어우러진다. 도서관에 다니는 아이들 역시 저 혼자 잘난 것이 아니라 다른 이들과 잘 지냈으면 하는 마음에 '들꽃이야기도서관'이라는 이름을 붙였다. 들꽃은 그야말로 각양각색이다. 모양도 색도 향도 자라는 환경도 다르지만 저마다 아름답다. 아이들 역시 타고난 각자의 재능과 개성을 살리며 자랐으면 좋겠다. 도서관 서가에는 수없이 많은 책들이 꽂혀 있다. 책이 그 자체로 독자적이듯이 아이들 역시 온전한 자신으로 책을 향유하기를 바란다. 또한 도서관이 그런 아이들을 기르는 역할을 할 수 있기를 바란다.

좋은 책이 있는 공간

책이 있는 공간에는 서점도 있고 서재도 있다. 하지만 도서관은 달라야 하고 이곳에서 만나는 책도 달라야 한다. 작은도서관 역시 공적인 역할을 하는 공간으로서 공공도서관이 하지 못하는 역할을 할 수 있어야 한다. 동시에 누구나 읽고 싶은 책, 누가 봐도 좋은 책을 선정하고 비치해야 한다.

들꽃이야기도서관은 모든 연령대가 이용할 수 있지만 주요 서비스 대상은 어린이와 청소년이다. 책 읽는 어른으로 성장하는 데 정말 중요한 시기이다. 그때 좋은 책을 쉽게 만날 수 있어야 하고, 독서가 즐겁다는 사실을 경험해야 한다.

도서관에 비치하는 책은 그림책과 어린이와 청소년 책과 성인을 위한 책으로 나뉜다. 그림책은 우리 도서관에 비치한 전체 책 가운데 60퍼센트의 비중을 차지한다. 그림책은 미취학 어린이를 대상으로 하지만 동심을 가진 누구나 즐길 수 있다. 어린이와 청소년 책은 주제 의식을 잘 갖추어야 할 뿐만 아니라 두꺼워도 손에서 놓을 수 없을 만큼 재미있고 흥미진진해야 한다. 성인 책은 역시 인문학 관련이 주를 이룬다.

책과 만나다

좋은 책을 만나기 위해서는 쉼 없이 노력해야 한다. 출판사에서 도서목록을 받아보고 북페어, 독서 대잔치 등에서 신간 소식을 면밀히 살핀다.

독서 프로그램

책 관련 프로그램은 아이의 성장과 발달 단계에 맞게 기획한다. 유아와 초등 저학년을 위한 '책이랑 놀아요'는 도서관이 문을 연 이후로 한 번도 쉰 적이 없는 그림책 읽어주기 프로그램으로 매주 수요일에 열린다. 청각과 시각 발달에 맞춰, 보고 싶은 것만 보는 것이 아니라 보여주는 것을 보고, 듣고 싶은 것만 듣는 것이 아니라 들려주는 것을 듣게 하여 자기 생각을 자기 입말로 표현하고 그림 문법을 스스로 알게 한다.

방학이면 작가를 모시고 글쓰기와 책 읽기 관련 프로그램을 진행한다. '혼자' 읽는 책에서 '함께' 읽는 책읽기를 하고, '혼자 생각'에서 다른 사람과 상호작용을 통해 '자기 생각'으로 가져가게 한다. 또한 내가 속한 공동체의 문제를 함께 이야기한다.

그리고 다양한 문화예술을 경험하고 전문가와 만나는 시간이 있다. 그림책 만들기, 업사이클링 팝업북 만들기, 문화가 있는 날, 책 친구 등 책과 연관된 문화와 예술 분야의 전문가를 초청해 프로그램을 진행한다. 해마다 주제를 다르게 선정한다.

박물관이 살아있다

역사란 현재를 비추는 거울이며 미래를 내다보는 창이다. '박물관이 살아있다'는 올바른 역사 인식을 위한 프로젝트로 10년째 자체 기획하고 실행하는 프로그램이다. 매해 주제를 정해 공부하고 사전답사를 통해 역사의 현장을 마주한다. 300년 내력의 종가를 찾아 종손 어르신의 말씀을 듣고, 국난 극복의 현장을 가고, 사람을 키워냈던 공간을 찾아, 그곳에서 올곧은 정신과 용기와 지혜를 함양한다. 역사는 이렇게 이어진다.

부엉이와 보름달

매월 보름달이 뜨는 밤에 헤드렌턴 빛 하나에 의지해 모험과 탐험을 즐기는 야간산행 프로그램 '부엉이와 보름달'이 열린다. 산악회 대장이 인솔하는 가운데 산행을 한다. 안전하고 즐거운 산행을 위해 공부를 하고 어린이 · 청소년 산행대장을 뽑아 사전답사를 하고 산에 오른다. 달이 뜨기 전에 출발해 깜깜한 산길을 걸어 정상에 오르면 하늘에서 별이 빛나고 그 별처럼 빛나는 자신과 만나게 된다. 보름달을 볼 수도 있고 못 볼 수도 있지만 프로그램 이름은 제인 욜런의 그림책 제목에서 따왔다.

사진 특공대

사진작가와 함께 하는 프로그램으로 비언어적 커뮤니케이션을 위한 시각적 문해력을 기르기 위해 기획했다. 휴대폰의 사진 기능으로 사물을 찍고 설명하고 이해하고 의미를 해석하고 편집하고 텍스트로 만드는 여러 과정을 경험한다. 휴대폰의 순기능을 활용한 것으로 사진을 찍어 이미지를 읽어내고, 해석하는 과정에서 시각 언어를 만들어낸다.

그 외

백일 동안 날마다 책을 읽는 '백일서사'. 방학 동안 아침부터 저녁까지 묵언하며 책 속에 푹 빠지는 '열렬한 책읽기' 등이 있다. 책 읽는 아이로 성장하기 위해 스스로 책 읽는 환경을 조성해 책과 친해지고 그 속에서 노닐게 한다.

서로의 성장을 돕는다

동아리

아이와 함께 성장하는 엄마, 아이보다 먼저 책을 읽는 엄마들이 자발적으로 동아리를 만들기도 하고 기존 동아리에서 활동을 하기도 한다. 도서관 회원은 물론 비회원도 참여할 수 있다. '그림책과 어린이' 동아리는 그림책을 읽고 분석하고 작가를 초청하는 등 그림책과 관련한 활동을 하는데 유아와 어린이의 부모인 회원이 주를 이룬다. '박달나무 아래에서'는 역사에 관심이 있는 부모들의 모임인데, 주로 전문직에 근무하는 부모들이 참여하며 격주 토요일에 만난다.

동아리마다 매년 공부할 주제를 정해서 활동한다. 2021년 '그림

책과 어린이'는 그림책 한 장면 그리기를 하고 '박달나무 아래에
서'는 역사 영화를 보고 독서 토론을 했다.

동아리 워크숍
방학에는 전체 동아리 회원이 각자의 자녀들과 모여 워크숍을
연다. 유아부터 중·고등학생까지 한데 어울린다.

놀며 배운다

작은도서관은 책만 보는 곳이 아니라 오히려 잘 노는 곳에 가깝
다. 놀면서 노는 법을 배우고, 좋은 친구를 만나고, 책을 만나고, 민
주주의를 체험한다. 놀면서 어른과 대화하는 법을 배우고, 규칙을
존중하고, 배려하는 법을 배운다. 책에서 읽은 간접 경험이 아니라
직접 경험을 하며 스스로 배운다. 도서관은 그 자체로 떠들썩한 책
이다.

작은도서관은 설립 주체와 운영 주체에 따라 자기만의 정체성을
가진다. 들꽃이야기도서관은 역사·문화·예술의 교육공동체를 지
향한다.

우리의 사랑방이 따뜻한 이유

박소영 | 들꽃이야기도서관친구들 초대 대표

들꽃이야기도서관은 저에게 사랑방 같은 곳이었습니다. 독서를 기반으로 아이들과 함께 다양한 것을 배우고 책 읽는 엄마들과 교류하기 시작하면서 독박육아에 지친 일상에 햇살이 스며드는 느낌이었습니다.

그렇게 몇 해를 보내다가 들꽃이야기도서관은 민간도서관으로 국가의 지원을 받지 않는다는 사실을 알게 되었습니다. 그때부터 나에게 당연히 제공되는 공간과 생수와 커피가 각별하게 보였습니다. 여기를 드나드는 식구가 몇인데, 도대체 어떻게 꾸려가는 걸까? 이 공간이 계속 유지되어야 할 텐데, 만약 이용할 수 없게 되면 어떡하지? 이런 걱정은 우리가 어떻게 도울 수 있을까 하는 궁리로 이어졌습니다.

'그림숲을 거닐며(그림책과 어린이 전신)' 동아리 회원 3명이 아이들과 함께 '제주 작은도서관 나들이'를 떠났습니다. 거기서 순천 기적의도서관 관장을 지내셨고 지금은 제주 도서관친구들을 이끄는 허순영 관장님을 만나게 되었습니다. 관장님 댁에서 하룻밤 머물며 '도서관친구들'에 대한 많은 이야기를 들었습니다. 우리는 들꽃이야기도서관을 지킬 방법을 찾을 수 있었습니다.

부산으로 오자마자 동아리의 한 회원이 우리도 '도친'을 하자고 제의했고, 그렇게 함께 모이게 되었습니다. 가장 중요한 것은 회원 모집이었습니다. 논의하는 중에 "이 방에 모인 사람들부터 50명을 만들어봅시다!"라고 했지요. 당시에는 그것이 가능한 일인지 가늠할 수 없었습니다. 그런데 순식간에 50명의 후원자가 생겼습니다. 시어머니와 친정엄마, 친정아버지, 남편, 동생과 친구들에게 전화를 했습니다. 도서관을 이용하고 도서관 활동을 하면서 자연스럽게 스며드는 법을 배운 '변화된 나' 자신이 가장 큰 공로자입니다.

'과연 할 수 있을까?'라는 고민은 이내 사라지고 가슴 벅찬 감동을 받았습니다. 2월 말에 바로 출범식을 가졌습니다. 여희숙 대표님이 이렇게 빨리 조직된 도서관친구들은 처음이라며 놀라워했던 기억이 납니다. 오로지 변화 의지가 만든 일이었습니다. 서둘러 조직된 '부산들꽃이야기도서관친구들'이지만 회원들의 애정만큼은 오랜 시간 고아낸 곰국처럼 깊고 진했습니다. 그 애정이 우리 모임을 탄생시켰습니다.

이후 책시장, 밑줄독서모임, 도서관친구들 워크숍을 경험하며 도서관친구들에 대해 더 많이 알게 되었고, 그럴수록 도서관친구들의 존재가 참 고맙기만 했습니다. '들꽃이야기도서관친구들'은 들꽃이야기도서관 사랑방에 지금도 따끈한 군불을 지피고 있습니다. 도서관친구들 덕분에 들꽃이야기도서관에서 오손도손 더 재미나게 지내고 있답니다.

2006년, 국사학자 이태진 교수님의 『동경대생들에게 들려준 한국사』라는 책을 읽었습니다. 독서 모임에서 소개했더니 모두 놀라워했습니다. 역사에 대한 새로운 관심과 호기심을 갖게 된 우리는 교수님을 광진도서관에 모셔서 구민들을 위한 특강을 해보자 했습니다.

도서관친구들 활동을 막 시작했을 때이고 처음 주최한 큰 행사라 긴장도 되었습니다. 특강이 열린 토요일 오후 2시, 영화음악감상실은 청중으로 가득 찼습니다(도서관이 생긴 이래 두 번째로 많은 청중 수라 했습니다). 그러나 교수님은 한동안 강의 진행을 못 했습니다. 자료를 보여줄 컴퓨터가 제대로 연결되지 않았거든요. 집에 있는 노트북을 가져오고 컴퓨터 기사까지 달려왔으나 30분 가까이 지연되었습니다. 사정을 설명하는데 등줄기로 식은땀이 흘렀습니다. 그날의 기억은 지금도 가끔 꿈에 나올 정도입니다.

교수님은 그런 우리를 위로해주시느라 밤늦게까지 강연보다 더 진한 뒤풀이에 함께해주셨습니다. 약소한 강사비는 전부 도서관친구들에 기부로 돌려주셨지요. 강연은 성황을 이루었고, 교수님 덕분에 잘 마무리를 할 수 있었습니다. 그 뒤로도 용감하게 벌여만 놓고 여전히 부족한 것투성이지만 그래도 모이면 즐겁고 보람이 있어서 함께해온 시간이 벌써 15년을 넘겼고, 사람들의 이야기는 한 권의 책이 되었습니다.

글을 쓰다 보니 마음에 걸리는 부분도 없지 않습니다. 글을 읽고 혹시 누군가의 마음을 다치게 하는 건 아닐까 염려가 되었고, 저마다 생각이 다를 텐데 제 입장에서만 쓴 것 같아 조심스럽고 송구스럽기도 합니다.

그래도 책을 묶으며 마음속에 작은 씨앗 하나 심게 되었습니다. 불암문고도서관친구들 허선영 대표가 쓴 「꿈꾸는 도서관」에서 '엄마도 다시 북스타트!'하기 위해 밑줄독서모임에 가입하는 장면을 보면서 엄마들을 돕는 도서관친구들이 되려면 어떻게 해야 할지 또 고민하기 시작했습니다. 엄마들이 도서관에 모여 각자의 생각을 펼쳐 보이며 서로 이해의 폭을 넓힐 수 있으면 얼마나 좋을까.

사실 책을 쓰려고 마음먹은 건 6년 전이었지만 쓸 자신이 없어 자꾸만 미뤄왔습니다. 그런데 모임은 자꾸 커지고 어떤 형태로든 단체의 성격을 분명히 해야 했습니다. 연대하는 친구들과도 어떤 모양으로 서로 돕는 관계를 만들어야 모두에게 좋을지 고민이 많았습니다. 단체를 만들거나 단체에 속해서 뭘 해본 경험도 없고, 학교에서 아이들과 지내거나 혼자 일해 버릇해서 모든 것이 어려웠습니다.

그때 도서관친구들 중 성공회대 NGO대학원에서 공부하던 송해석 이사와 이야기를 나누다가 공부를 좀 더 해보기로 했습니다.

NGO가 무엇이고, NPO와는 어떻게 다른지 구분도 못 하던 저였으니까요. 자리가 사람을 만든다지만 일을 맡아보니 저의 부족함을 절감할 때가 많았습니다. 중요한 기준과 원칙을 정하거나 의사결정을 해야 할 때면 두려웠습니다. 앞서간 사람들의 경험을 더듬어 찾았습니다.

성공회대 NGO대학원에서 만난 많은 친구들(물론 모두 도서관친구들이 되었습니다)과 교수님들의 관심·격려·충고 그리고 참신한 생각들은 큰 도움이 되었습니다. 어려울 때 물어보고 의논할 친구가 있어서 여간 든든한 게 아니었지요. 10년 이상 시민단체 일을 해오고 있는 현장 활동가들의 한 마디 한 마디는 그대로 지침이고 보약이었습니다.

NGO 대학원 졸업논문으로 이 책을 썼고, 5년 만에 수정증보판을 냈습니다. 다시 5년이 지나 이번에는 아주 조금 다듬고 보탰습니다. 시간이 흘러도 성공회대 NGO 대학원 교수님들과 친구들의 고마움은 더 커지는 것 같습니다. 다시 한번 머리 숙여 감사드립니다.

생각해보니 고마운 분들이 정말 많습니다. "지구 전체가 여 선생님을 아니라고 해도 우리는 여 선생님을 믿어요!"라고 말해주시던 포항의 조유현 대표 내외분은 어려운 일이 있을 때마다 적절한 충고와 큰 성금으로 도와주셨습니다. 친구특강을 위해 거창에서 서울까지 와주시고, 도서관친구들이 시설관리공단과 소통이 끊어졌을 때 "알아줄 때까지 기다리지 말고 잘 알리는 것도 중요합니다"라는 말로 문제의 본질을 짚어주신 주중식 교장 선생님, 부탁하면 아무리 바빠도 토요일 하루 광진도서관풍경전을 촬영해주러 오던 경향신문 강윤중 기자님, 한번 써보면 누구라도 "튼튼하고 참 좋은 제품이에요!"라고 감탄케 하는 상징물품을 만들어주시는 지킴이기획의 김종현 실장님, 나무 냄새 은은한 도서관친구들의 최고급 상징 독서대를 만들어주시는 에이스독서대 염정훈 사장님, 처음 쓴 제 원고를 꼼꼼히 읽어주고 "언제나 나는 선생님 팬!"이라며 격려해준 정란희 작가(제가 정작가의 진짜 팬입니다), 내 오랜 친구 짱뚱이 오진희 작가도 참 고마운 사람입니다.

번거로운 책시장 행사에 필요한 책을 준비하는 데 언제나 친절히 도와주시는 행복한아침독서 한상수 이사장님과 위드북 김용수 사장님, 반품도서 골라내고 보내주시는 일이 얼마나 힘든 일인지 압니다. 친구출판사가 정말 고맙습니다. 책 배달을 도맡아 해주시던 온북티비도 그립습니다.

특히 서해문집 출판사가 고맙습니다.

2009년, 처음 책을 내려고 했을 때, "팔리지는 않겠지만 꼭 필요한 책이 있는데 만들어주시겠어요?" 이렇게 들이댄 부탁에 "그럽시다, 만들어드릴게요"라고 해놓고 딴 이야기 한참 하다가 "근데 아까 말한 거 무슨 책이에요?"라고 물었던 김흥식 사장님, 한번 만나면 누구라도 진심으로 대하게 만드는 김선정 편집장님의 따뜻한 조언과 전문가다운 일처리에 꼭 감사를 드리고 싶습니다. 그 책이 나왔기에 이 모든 일이 가능했습니다. 잊지 않겠습니다.

10주년 행사준비를 하면서 원고 수정과 정리까지 하느라 초판 낼 때보다 더 바쁘고 힘이 들었던 개정판 작업이었습니다. 때마침 박희진 편집장님을 만나 비로소 가능했네요.

"편집장님! 10월 31일 오후 4시까지 파주 지지향에 책이 도착해야 합니다!"라며 원고를 보낸 것이 3주 전이었습니다. 이번에도 편집장님만 믿고 앞으로 나아갑니다. 독도도서관친구들이 펴낸 안중근의 『동양평화론』 『안응칠역사』도 편집장님의 힘으로 만들어졌습니다. 고맙다는 말만으로는 안 되겠지요?

저는 친구(親舊)라는 말을 참 좋아합니다. '오래 두고 가깝게 사귄 벗'을 가리키는 말이라지요. 비슷한 또래를 흔히 친구라고 하지만 친구의 진정한 뜻은 그보다 훨씬 엄중한 것 같습니다. 김성동 선생님은 '같은 뜻을 지니고 같은 길을 함께, 어깨 겯고 갈 수 있는 사람'만이 참된 친구라고 했습니다. 깊이 신뢰하고 어디든 함께 갈 수 있는 사이를 말하겠지요. 이런 친구라면 함석헌 선생님은 단 한 사람만 있어도 좋다 하셨는데, 저는 이렇게 많은 도서관친구들과 어깨를 겯고 가고 있으니 참 운이 좋은 사람입니다.

나는 책꽂이 속에서 서로 어깨를 맞대고 서 있는 수백 권의 책을 올려다본다. 서로 몸을 기대야만 편안하게 서 있을 수 있는 책들, 나도 그런 책들 중 하나였으면 좋겠다. 그렇게 누군가에게 기대고 누군가의 무게를 받쳐주면서 살고 싶다.

나는 책을 한 권씩 뽑아서, 내 허물 같은 먼지들을 털어내고 책갈피를 넘긴다. 내게 새로운 생명을 준 책들, 비록 영어 수학은 지진아였어도 나에게 새로운 세상을 볼 수 있는 마음속의 눈을 자라게 해준 위대한 마법사, 끝이 없는 세상! 책은 맨 처음 나를 받아들이던 그 모습 그대로 아무런 말 없이 나를 기다리고 있었다. 고맙다. 책들이, 저 위대한 생명체들이 고맙다.

이상권 작가의 『난 할 거다』라는 책에 나오는 한 단락으로 책을 향한 사랑의 고백입니다. 밑줄 그어두고, 베껴 쓰고, 도서관친구들 소식지에 실어 나누기도 했습니다. 도서관에 가면 이렇게 좋은 책과 친구가 있어서 참 좋았습니다.

자료 모으고 원고 마무리할 때면 언제나 낮과 밤을 거꾸로 살게 됩니다. 그동안 전화도 못 받고 연락도 제때 못 드렸습니다. 답답하고 서운하셨을 친구들에게 미안합니다. 끼니도 제대로 챙겨주지 못하고 마음 편히 여행도 같이 못 간 식구들에게도 미안합니다. 그저 앞으로 더 열심히 하겠다는 다짐 하나 꾹꾹 눌러 쓰며 감사의 인사를 올립니다.

도서관친구들 15년을 축하하며

한국도서관친구들의 15주년을 축하합니다.
10주년 기념으로 발간된 『도서관친구들 이야기』를 읽으며
친구가 되길 꿈꿨는데, 어느새 다섯 해도 더 지나서
부산들꽃이야기도서관친구들 이름으로 함께 길을 걷고 있네요.
늘 곁에서 힘이 되어주어서 든든합니다.
소중한 인연, 앞으로도 계속 이어갔으면 합니다. 늘 고맙습니다!
  • 부산들꽃이야기도서관친구들 전혜경

선한 행동과 마음이 도서관을 돕고 이웃을 돕습니다.
한국도서관친구들이 15년 동안 우리와 함께하고 있습니다.
비 온 뒤에 땅이 더 단단해지듯이, 어려움을 이겨내고 꿋꿋이 나아가며
모두의 기쁨이 되고 선물이 될 시민단체로 성장하고 있습니다.
100년 뒤의 친구들을 기다리는 마음으로 초석을 놓습니다.
감사하고 사랑합니다.
  • 원주교육문화관도서관친구들 이광민

15년, 진심으로 축하합니다!
내년이면 울산도서관친구들도 10주년을 맞는군요.
그동안 책과 도서관을 좋아하는 사람들이 모여 여러 정책을 논하며
도서관친구들의 발전을 기원했고, 지금까지 그 맥을 이어왔습니다.

모두 한국도서관친구들이 있었기 때문입니다.
지부에서 의견 충돌이 있을 때마다 도움받고 의지하고 배우면서
도서관친구들을 지켜낼 수 있었습니다.
앞으로도 더 많은 도서관친구들이 생겨날 수 있게 이끌어주세요.
늘 응원하겠습니다!

• 울산도서관친구들 강성자

한 발 한 발 걸어온 15년의 발자취가 우리 가슴속에,
도서관 문화 속에 남아 세상이 더 밝아지고 더 아름다워졌음을 실감합니다.
앞으로 나아갈 길도, 지나온 길만큼이나 의미 있으리라 믿기에
언제 어디서나 응원합니다! 진심으로 축하드립니다!

• 제주도서관친구들 신민경

도서관친구들을 만나고, 두 아이가 책을 좋아하게 되었고
도서관의 힘과 따뜻함을 알게 되었습니다.
우리 마을과 사회를 단단하게 연결하는 도서관을 돕는
도서관친구들의 15주년을 진심으로 축하합니다!
공공도서관 2천 개가 될 때까지 쭉 쭉 쭉!

• 독도도서관친구들 김수연

15주년을 진심으로 축하드려요.
20년, 30년 계속 우리와 함께 성장하며 큰 나무가 되기를!
도서관친구들, 응원합니다. 파이팅!

• 남원도통초등학교도서관친구들 서연미

15년이라니 질풍노도의 청소년이 됐네요.
방황도 하고 갈등도 겪으며 성숙한 어른이 되어가듯이
도서관친구들이 제2의 성장을 향해 도약하기 바랍니다.
더 좋은 도서관이 되기 위한 힘찬 반항을!
　• 제주도서관친구들 이종희

세상에서 가장 평등한 공간인 도서관.
그 아름다운 도서관을 돕는 도서관친구들!
잘 포장된 도로는 아니지만 걸어가는 동안
우리의 이웃을, 이름 모를 풀과 꽃들을 만날 수 있는 길!
도서관친구들의 과거와 현재, 미래를 응원합니다!
15주년, 진심으로 축하합니다!
　• 김영수도서관친구들 신인기

지난 15년 동안 든든한 울타리가 되어줘서 고맙습니다.
도서관 10년 공동체 '마하도서관친구들'은 시작부터 지금까지
한국도서관친구들이 있어서 자리를 지킬 수 있었습니다.
"도서관이 좋다! 친구들이 있어 좋다!" 그렇게 흥얼거리며
오늘도 도서관에 갑니다.
한국도서관친구들, 사랑합니다! 감사합니다!
　• 마하어린이청소년도서관친구들 양미선

도서관친구들 이야기

제1판 제1쇄 2010년 10월 15일
개정판 제1쇄 2015년 10월 31일
개정2판 제1쇄 2023년 1월 31일

지은이 여희숙 외
펴낸이 여희숙
펴낸곳 독도도서관친구들

편집 박희진
본문디자인 노승우

출판등록 2019년 4월 25일 제2019-000128호
주소 서울특별시 마포구 동교로 114, 태복빌딩 301호(서교동)
전화 (02) 571-0279
팩스 (02) 323-2260
이메일 yeoyeoum@hanmail.net

ⓒ 여희숙, 2023
ISBN 979-11-967279-3-2 03060